Minerva Shobo Librairie

新しい時代の
観光学概論

持続可能な観光振興を目指して

島川 崇

[著]

ミネルヴァ書房

はじめに

「観光学は学際的な学問である」。

この言葉を何度聞いたことか。社会学，文化人類学，都市計画，経営学，経済学，語学…あらゆる分野から研究者が観光学に集っている現状を表した言葉である。

しかし，その出自が確立された学問分野であればあるほど，自分の研究分野（ディシプリン）が「観光学」であると語ることを躊躇する研究者をよく見てきた。今は観光が注目を浴びているから，観光に集ってきているけれど，これがもし世間の観光への注目がなくなったら，または，最悪，世間が観光を目の敵にしたりするような事態になったら，そのような人たちは，自分の観光への関与の痕跡を我先に消すだろう。

観光学を学んで観光学の研究者や大学教員になった人はまだ数えるほどしかいないから，それはある意味やむを得ないのかもしれないが，そこに，観光学というこの新しい学問を確立させようという気概は感じられない。私は，2017年に観光学概論の講義を受け持つこととなり，テキストとなる文献を読み比べた。ほとんどが共著であった。章によって，温度差が否めない。共通言語がない。最初から最後まで一貫したメッセージや大切にしている哲学がない。著者間で想いが共有されていない。それどころか，政策系，計画系の人は，産業のことを知らず，産業系の人は政策のことを知らず，多くの人は世界で起こっていることを知らない。そして，世界で起こっていることを知っている人は，残念ながら，日本はガラパゴスだと，はなから小馬鹿にする。そのような言葉をまた役所が必要以上にありがたがる。これでは，この学問はいつまで経っても一人前にはならない。

観光学そのものを学んだ数少ない人間として，学士課程ではリベラルアーツ，修士課程では経営学と社会学と時々文化人類学からの観光学，博士課程では都市計画と，多分野を知った人間として，産業界とアカデミズム両方に足を突っ

込んだ人間として，地方において観光でまちづくりを目指す志の高い人々と協働した人間として，産業界でも，航空業に身を置きながら，旅行業と接し，総合旅行業務取扱管理者資格を有し，総合旅程管理主任者資格も取って添乗業務の内情を中からの視点で見て大いなる理不尽を実感し，旅行業では大手と中小手の両方とビジネスを共にし，旅行業の構成員では真の多数者である中小手で働く人々の代弁者として，単著で観光学概論を書くべきだとの強い想いに駆られた。

　今，観光学には一貫したメッセージが必要である。それがないから，外部環境の急激な変化にただおろおろするばかりなのだ。今観光学が考えていかなければならないことは，何よりも観光の持続可能性だ。そして，観光を持続可能にするためには，商業的に成立すること，すべてのステイクホルダーが倫理観を持つこと，歴史や背景，ストーリーを大切にすること，それを語る語り部の存在をもっと大切にすること，地元の雇用創出につなげること，人間の存在と積み重ねてきた業績をリスペクトすること，*For Others, Be Professional!* これを最初から最後まで貫き通した今までにないテキストとなったと自負している。

　　2020年6月

島川　崇

新しい時代の観光学概論
――持続可能な観光振興を目指して――

目　次

はじめに

序　章　観光リーダー列伝 ……………………………………………………………… 1

　1　セザール・リッツ ……………………………………………………………… 1

　2　山口仙之助・正造 ……………………………………………………………… 4

　3　岩切章太郎 ……………………………………………………………………… 7

　4　松下幸之助 …………………………………………………………………… 11

第1章　観光の意味 …………………………………………………………………… 15

　1　「観光」とは――国の光を観る …………………………………………… 15

　2　観光と旅行の違い …………………………………………………………… 19

　3　観光研究の潮流 ……………………………………………………………… 20

第2章　観光の功と罪 ………………………………………………………………… 25

　1　観光地化のメリット ………………………………………………………… 25

　2　観光は両刃の剣――負のインパクト …………………………………… 27

　3　観光に蔓延する一見さん商法とブーム至上主義 …………………… 31

　4　観光客・地域住民・観光事業者の三方一両得 ……………………… 33

第3章　観光で実現する持続可能な発展 ……………………………………… 35

　1　SDGs と観光の関係 ………………………………………………………… 35

　2　サステナブル・ツーリズムが生まれるまでの経緯 ………………… 40

　3　サステナブル・ツーリズム概念の定着 ………………………………… 46

第4章　日本の観光発展史 ………………………………………………………… 55

　1　開国，そして不平等条約改正と観光の関わり ……………………… 55

　2　喜賓会からジャパン・ツーリスト・ビューローへ ………………… 56

　3　外国人観光客誘致の受難と克服，そして戦争の時代へ ………… 58

　4　力強い戦後復興と旅行会社の相次ぐ誕生 …………………………… 64

　5　東京オリンピックを契機に加速した観光基盤整備 ………………… 66

　6　旅行代金の低廉化によるアウトバウンド全盛 ……………………… 67

　　7　旅行の流通革命——HIS と AB-ROAD ·· 69

　　8　再び，アウトバウンドからインバウンドへ ·· 71

第5章　観光産業論Ⅰ：旅行業 ·· 77

　　1　旅行業の類型 ·· 77

　　2　企画旅行における旅行業の 6 つの義務 ·· 82

　　3　旅行業のさらなる活用 ·· 86

第6章　観光産業論Ⅱ：旅行業の流通 ·· 95

　　1　旅行業界の複雑な流通 ·· 95

　　2　添乗（旅程管理）業務を担う派遣添乗会社の存在 ··························· 97

　　3　OTA の台頭とそのビジネスモデル ··· 99

　　4　OTA とホテルの最低価格をめぐる攻防 ·· 102

第7章　観光産業論Ⅲ：交通機関と宿泊機関 ··· 105

　　1　航　　空 ·· 105

　　2　鉄　　道 ·· 116

　　3　バ　　ス ·· 123

　　4　船　　舶 ·· 129

　　5　その他の交通 ·· 131

　　6　ホテル・旅館 ·· 133

第8章　ホスピタリティ論 ·· 143

　　1　ホスピタリティ＝おもてなし？ ·· 143

　　2　安心保障関係 ·· 144

　　3　相互信頼関係 ·· 145

　　4　新たな関係性としての「一体関係」 ·· 148

第9章　観光行政・政策論 ·· 155

　　1　観光政策が重要政策課題となるまで ··· 155

　　2　観光政策を取り巻く現状 ·· 160

　　3　観光を担当する組織 ……………………………………… 162

　　4　観光プロモーションの様々な手法 ……………………… 167

　　5　観光まちづくりの力 ……………………………………… 169

　　6　MICE ……………………………………………………… 173

第10章　観光資源論Ⅰ：人文観光資源と自然観光資源 ……… 179

　　1　観光資源の類型 …………………………………………… 179

　　2　人文観光資源 ……………………………………………… 183

　　3　自然観光資源 ……………………………………………… 198

第11章　観光資源論Ⅱ：その他の観光資源と世界遺産 ……… 209

　　1　複合観光資源 ……………………………………………… 209

　　2　社会観光資源 ……………………………………………… 213

　　3　無形観光資源 ……………………………………………… 214

　　4　世界遺産と観光 …………………………………………… 217

　　5　観光の光と影の資源——被災地観光，戦跡観光 ……… 223

結びにかえて　観光のこれから ………………………………… 233

参考文献　239

人名・事項索引　242

コラム

　　1　横浜市民が誇る震災復興の象徴：ホテルニューグランドのサービス　60

　　2　杉原千畝から繋いだ JTB の命のリレー：大迫辰雄　62

　　3　モルディブ旅行をモルディブ専門の旅行会社にお願いして大満足だった話　90

　　4　三陸復興のシンボル：三陸鉄道　120

　　5　沖縄の特色あるバスガイド　126

　　6　おかげ犬　196

　　7　台湾に生きる国立公園設立に向けての日本人の志　203

序章
観光リーダー列伝

観光に関する理論を学ぶ前に，観光の発展に寄与した立役者の足跡をたどってみることにする。観光にその生涯を賭けた人たちは，何を想ってその志を遂げたのか，そして，その生涯は現在の私たちに何を訴えかけているのかを感じることから，観光学の始まりとしたい。

1　セザール・リッツ

"The King of Hoteliers" "The Hotelie of Kings"

セザール・リッツは，"The King of Hoteliers（ホテリエの王）" または "The Hotelie of Kings（王たちのホテリエ）" と呼ばれる伝説のホテリエ（ホテル支配人）である。今も最高級ホテルチェーン「リッツ・カールトン」に彼の名がつけられているように，近代ホテルサービスの礎を築いた人と言っても過言ではない。

セザール・リッツは，1850年2月23日，スイスのニーダーワルト（図序-1）にて羊飼いの13番目の息子として生まれた。父ヨハン＝アントン・リッツは，貧しいけれど，村長を務めていた。父は彼に朝から晩まで羊を追う生活に明け暮れることなく，勉強することを勧めた。

セザールは，15歳のとき，語学学校に行き，外国語を習得した。

セザールはまずウェイター見習いとしてホテルで働き始めるが，上司は彼の手先が不器用なことを指摘し，「お前はこの仕事には向いていない」と言って解雇した。しかし，人から喜んでもらえることの価値を知った彼は，そんな上司の言葉だけではあきらめなかった。彼は，17歳のとき，万国博覧会で沸くパリに移り，万博スイス館での給仕として働くこととなった。万博が終了したあ

図序-1 セザールの故郷，ニーダーワルト

とは，ホテルの給仕や靴磨き，売春宿のボーイ等の仕事を転々として食いつないだ。

その後，ウェイター見習いとして有名レストラン「ヴォワザン」に入り，ここで頭角を現し始める。著名な料理人でその後のホテル運営のパートナーとなっていくエスコフィエとの最初の出会いも，このヴォワザンだった。

20歳でヴォワザンの総支配人となった。しかし，このとき普仏戦争が勃発し，フランスの敗戦とともにパリは荒れ果ててしまう。そこで，ウィーンで万博が開かれることになったことを機に，23歳でウィーンに移り，万博のフレンチレストランで働くこととなった。これが，世界の人々，特に上流階級の人々と交流を深めるきっかけとなった。

1877年，セザールは念願のホテリエになることができた。モンテカルロ・グランドホテルの支配人になると，ありきたりのサービスではなく，巧みな話術と手の込んだ仕掛けで上流階級の人々を喜ばせ，1年で収益を倍にするなど敏腕を振るった。顧客がリピーターとなり，順調と思われたが，突然南フランスをコレラが襲った。予約はすべてキャンセルになってしまった。そこで，セザールはこの危機的状況をチャンスに変えることを思いつく。どこよりも衛生的なホテルにするという新たな目標を設定したのだ。清掃は入念にし，全従業員の身だしなみも整えた。自身も多い時は1日に4回もスーツを着替えるほどであったという。さらに，彼はトイレや風呂が各階に1つしかなかった時代に，ホテル界で初めて各客室にトイレとバスタブを完備した。この逆境に対してチャレンジしたことが評判を呼び，彼の名は欧州中に轟いた。

セザールは，1880年，スイスのグランド・ナショナル・ホテルの支配人を兼務した。冬は暖かいモンテカルロ，夏は涼しいスイスで彼は過ごした。セザー

図序-2 バーデンバーデンのホテルミネルヴァ

ルは，ラジオも映画もなかった時代に，宿泊客のために趣向を凝らした様々な
イベントを考え出し，ホテルは盛況を呈する。1884年，盟友エスコフィエをモ
ンテカルロのグランドホテルの料理長に迎え，レストランにも力を入れるよう
になる。1888年グランドホテルのオーナーの姪でモンテカルロ育ちのマリー＝
ルイーズとカンヌで結婚した。妻の一族との階級差を意識した彼は，その後一
流ホテルを買収するようになる。1889年にはエスコフィエとともにロンドンの
サヴォイ・ホテルも担当することになり，モンテカルロ，ドイツ，ロンドンと
飛び回る日々が始まった。図序-2は，買収により初めて所有したバーデン
バーデンのホテルミネルヴァである。

　1898年，セザールはパリのヴァンドーム広場にホテルを建てるための理想的
な場所を見つけた。オテル・リッツのオープン時には，イギリス，アメリカ，
ロシアなどの各国から著名人，知識階級，富裕層，貴族らが続々と訪れた。

　その後，マドリードやロンドンにリッツ・ホテルをチェーン展開した。

　順調に見えた彼の人生であったが，多忙のために家族に会えないことに寂し
さを感じ，自分の家柄や教養に関しては劣等感を抱いていた。また，5カ国12
ホテルすべての面倒をみなければならず，長いときには10数時間に及ぶ汽車で
の移動はセザールを肉体的にも精神的にも疲労させていた。

1901年，ヴィクトリア女王崩御に伴い，長年親交のあったプリンス・オブ・ウェールズがエドワード7世として即位した。セザールはその戴冠式の式典運営を一任されたが，エドワード7世の突然の病気で戴冠式は本番2日前に延期された。セザールは失意で精神的に病んでしまった。これ以上ビジネスが続けられないと判断され，1911年には役員を外されてしまったが，セザールのデザインとコンセプトはリッツ・シンジケートで踏襲され続けた。しかし，精神病を発症してから16年後の1918年10月26日，彼は療養所で孤独な死を迎えたのであった。

2　山口仙之助・正造

　近代ホテルの創始者であるセザール・リッツと同年代で，世界に通用するホテルを日本に作った男がいた。その男こそ，山口仙之助である。

　1851年，彼は漢方医を家業とする大浪昌随の五男として武蔵国橘樹郡大根村（現・神奈川県横浜市神奈川区青木町）に生を受けた。その後，遊廓「神風楼」の経営者・山口粂蔵の養子となった。神風楼は開国後の横浜にあって，外国人が多く利用した。そのときに外国人との関係が作られたのであろう，1871年に米国へ渡った仙之助は，生活難のため皿洗いに従事して金を貯めた。米国で牧畜業の可能性に触発され，牛を購入して日本に持ち帰り，牧畜業を志したが，結局その牛は内務省駒場勧業寮に売り払い，周囲の勧めで慶應義塾に入った。福沢諭吉から今後の国際観光の重要性を説かれ，それがホテル開業の決断につながった。仙之助は当時既に創業500年を経過していた箱根宮ノ下の温泉旅館「藤屋」を買収し，ここを外国人観光客に喜んでもらえる「ホテル」として開業することとした。1878年，旅館は洋風に改築され，外国人客を対象とした本格的リゾートホテル「富士屋ホテル」がオープンした。

　オープン後は，苦難の連続だった。特に交通の不便さは想像を絶するほどだった。パンや肉類は横浜から馬車で小田原へ運び，朝の食卓に間に合わせるため，毎朝小田原まで人夫を出して運搬した。輸送だけで，大変な労力を要したのだ。そのような地道な努力の甲斐あって，ようやく富士屋ホテルは軌道に乗

図序-3　1891年に竣工した富士屋ホテル本館
出所：富士屋ホテル（画像提供）。

り始め，難題だった箱根の道路事情も，後述するように革命的な進展を遂げて
いくのである。

　しかし，開業6年後，宮ノ下で発生した大火により，ホテルの建物とともに，
6年間の記録も失われた。それでもその1年後には見事に復興を果たした。

　現在も現役で活躍する「本館」が完成したのは，1891年である。その年，ロ
シアの皇太子ニコライ殿下が宿泊することとなった。大津事件により皇太子は
急遽帰国することになり，宿泊は叶わなかったが，ともかくも外国の要人の宿
泊所に指定されたことで全国に名を轟かせることとなる。富士屋ホテルは外国
人専業のホテルとして発展した。岩崎弥太郎が予約を依頼してきても仙之助は
それを断った。バジル・ホール・チェンバレン，アーネスト・サトウ，ラフカ
ディオ・ハーン等の明治期を彩った外国人に富士屋ホテルは愛された。

　仙之助は，本館完成に伴い，火力発電機を導入した。自家発電により，箱根
の山に初めて電灯を点した。さらに，水力発電も計画し，宮ノ下水力電気合資
会社を設立し，富士屋ホテルだけにとどまらず，地域全体に電力を供給した。
さらに，仙之助は自力で宮ノ下に至る道路の整備を行い，これが現在の国道1
号線になっている。

　明治が終わる頃，かつて一寒村であった宮ノ下は，毎年1万数千人の外国人

5

図序-4　今でも花があしらわ
れている富士屋ホテ
ルの部屋のキー

図序-5　富士屋ホテルに現在も
ある山口正造をかた
どった柱

を集客できる一大観光地となっていた。仙之助は村長として，地域の発展に多
大なる寄与をした。その功績に対して藍綬褒章を授けられた。

　山口正造は，1882年，富士屋ホテルと並ぶ日本リゾートホテルの草分けであ
る日光金谷ホテルの創業者，金谷善一郎の次男として生まれた。金谷善一郎は
もともと武士の出で，維新後は日光東照宮の雅楽師をする傍ら，来訪する外国
人を自宅に泊めるのを稼業とした。

　正造は立教学校で学んだ後，18歳で米国へ渡り，ホテルのコックや貴族家庭
のボーイをしながら各地を放浪した。その後，英国へ渡り，柔道の師範として
名を知られるようになる。見知らぬ異国の地で，見事成功を手にしたこの経験
は，後年のホテル経営に多大な影響を及ぼした。

　1907年，正造は帰国し，山口仙之助の長女孝子の婿養子として山口家の一員
となり，富士屋ホテルの経営に参画することとなる。

　正造はホテルの設計にもこだわりを見せ，正造自身のプロデュースによって
完成した花御殿は世界的にフラワーパレスの名で知られた。43室の客室には部

6

屋番号の代わりに花の名前がつけられ，客室のドア，鍵，そして部屋のインテリアにも各部屋の花のモチーフが使われている（図序 - 4）。またホテルの長年の懸案であった交通問題に関しても，正造は先を予見して，乗合自動車事業を開始する。

　すべてが順調に推移していたところに，1923年9月1日の関東大震災が富士屋ホテルを襲った。しかし，数日後には，正造の陣頭指揮により，従業員を総動員して復旧工事に着手し，富士屋ホテルは蘇った。

　震災の被害を乗り越えたのち，正造は，食堂の新築に着手する。チーク材を用い，和の意匠を凝らしたメインダイニングルームは「ザ・フジヤ」という名の通り，富士屋ホテルらしさが最も色濃く表れた場所として，現在も訪れるお客様の人気を集めている。

　1937年，盧溝橋事件をきっかけに日中戦争が勃発。これ以降，富士屋ホテルは長い暗黒の時代へと突入していく。ついに太平洋戦争が始まると，物資の欠乏や増税により，ホテル経営は深刻化した。そのような中，外務省会議に出席するため上京した正造は，帰路の列車内で倒れ，2日後の1944年2月14日に急逝した。

　今でも，富士屋ホテルのメインダイニングには，山口正造をかたどった柱の装飾がある（図序 - 5）。現在の富士屋ホテルのスタッフたちがきちんとサービスできているか，時を超えてにらみをきかせているかのようだ。

3　岩切章太郎

　宮崎県民が「観光宮崎の父」と親しみを込めて称えているのが，岩切章太郎である。宮崎県はかつて新婚旅行のメッカとされて，多くの新婚カップルが訪れたが，岩切章太郎がまさにその基盤を作った。戦後の日本が経済発展ばかりを望み，海岸という海岸が埋め立てられて工場の建設が進む中，自然保護の重要性を説き，自然を生かした観光事業の発展のために生涯を賭けた。その名は全国に轟き，当時の総理大臣佐藤栄作や元総理大臣の岸信介から全日空の社長になってほしいと三顧の礼で迎えられたにもかかわらず，故郷宮崎から離れず，

その要請を断った。気骨の人，岩切章太郎とはどのような人物なのだろうか。

　岩切章太郎は1893（明治26）年，ちり紙輸出や石油業を営む地元の資産家であった岩切與平，ヒサの9人兄弟の長男として現・宮崎市中村町に生まれた。

　宮崎中学校（現・大宮高校）時代は，学業は首席で通し，望洋会（生徒会）を組織するだけでなく，柔道や相撲の選手となり，文武両道を極めた。第一高等学校から東京帝国大学法学部に進んだ。

　卒業前に，前宮崎県知事で当時神奈川県知事だった有吉忠一を横浜の知事官舎を訪ねたときのこと，有吉に「岩切君，いよいよ卒業だね。卒業したらどうするの？」と聞かれ，岩切は「郷里に帰ろうと思います」と答えた。それに有吉は驚き，「宮崎に帰っても仕方がないじゃないか。いったい宮崎に帰って何をするつもりか」と聞くと，岩切は「民間知事をしようと思います」と言ってしまった。それを聞いた有吉は笑いだして「岩切君の考えそうなことだ。まあしっかりやってみるんだね」と激励した。岩切は晩年振り返って，このとき「馬鹿な考えはよせよ」などと言われたら民間知事構想は立ち消えになったであろうと言っている。このときに咄嗟の思いで出した「民間知事」という言葉が，その後の岩切の一生を貫く言葉になった。

　岩切は故郷に帰るにあたって，以下の3つの方針を立てた。それは，

第一　世の中には中央で働く人と，地方で働く人とあるが，あくまで地方で働くことに終始する。

第二　上に立って旗を振る人と，下に居て旗の動きを見て実際の仕事をする人とあるが，仕事をする側になる。

第三　人のやっていること，やる人の多い仕事はしない。新しい仕事か，行き詰って人のやらぬ仕事だけを引き受けてみよう。人のやっている仕事を自分がとって代わってみても，それはその人と自分との栄枯盛衰でしかない。しかし，もし新しい仕事を一つ付け加えたり，行き詰った仕事を立て直したりするならば，それだけ世の中にプラスになる。

　岩切は1926年に帰郷し，4台のバスで宮崎市街自動車株式会社（宮崎交通の

前身）を創立し，大淀駅（現・南宮崎駅）と宮崎神宮間に市内バスの運行を始め
た。

　その後，観光事業に力を注ぎ，1931年に定期遊覧バスの運行を開始した。自
ら率先してバスガイドの採用と養成に尽力し，1933年に開催された「祖国日向
産業博覧会」では，遊覧バスに乗れば，「純真な娘さん」のバスガイドの解説
で，その地方のすべてがダイジェストで分かる仕掛けが大好評を博し，宮崎バ
スの名前が全国的に一躍有名になった。バスガイドの原稿は，岩切自身が調査
して執筆したものだった。その後も宮崎バスのバスガイドは人気を保ち続け，
コンクールでも優秀な成績をいつも収めている。

　1939年に「こどものくに」を開園した。その当時，入園料は大人も子供も一
律10銭で，「おじいさんもおばあさんも，お父さんもお母さんも，お兄ちゃん
もお姉ちゃんも，今日は子供になって子供券をお買いください」と，ここにも
岩切の愛情溢れる想いが表れている。

　第2次世界大戦の後，観光事業をいち早く復活させる。1947年，宮崎観光協
会会長に就任。1950年には，観光バス新車14台を連ね，「東海道五十三次，声
の旅」観光宣伝隊が東京から宮崎まで宣伝行脚し，全国に話題を呼んだ。その
後，日南ロードパーク（こどものくに，堀切峠，サボテン公園），えびの高原，都
井岬等，「大地に絵を描く」の想いを込めて，宮崎の面的な観光開発を進めた。

　岩切の慧眼ぶりは，景観保護，自然保護ということが言われていなかった時
代に，日南海岸の復活と保護，自然景観を生かした観光資源の発掘と開発を行
ったことである。特に第2次大戦後，日本は経済成長ばかりを望み，海岸とい
う海岸が埋め立てられて，工場の建設が相次いで進められた。太平洋ベルト地
帯を中心に，日本の沿岸は工場からの排水で汚染された。日本全国でそのよう
な開発が進む中，岩切はまさに「民間知事」としてリーダーシップを発揮し，
自然美を生かした観光資源を生み出し，それを丹精込めて育てていった。特に，
全国に先駆けて，屋外広告物の規制や優れた景観を形造っている樹木の伐採規
制などを目的とした宮崎県沿道修景美化条例の制定に向けて県民運動を率先し
て展開した。また，365日花のある観光地であるように沿道に植栽したり，赤
松の自然林やミヤマキリシマの群落が鑑賞できる地点を整備したりした。

その結果，新婚旅行に宮崎を選ぶカップルが後を絶たなかった。1972年の新婚カップルは100万組を超え，そのうちの約4分の1が新婚旅行に宮崎を選んだ。その人数は57万人に達し，当時の宮崎県の人口の半分以上に相当する新婚旅行客が訪れていた。

　岩切の発言は，現在の観光振興にも大いに示唆に富むものに溢れている（富田，2018a；2018b）。

・宮崎の観光の特徴はロードパークであり，また会員バスの発展のためにも次々と新しい観光地作りが必要であるが，コスモスと梅林，梅の茶屋もきっと，その一翼を担ってくれるであろう。それにしてもコスモスでさえ10年がかりである。何事も10年，20年と黙々として努力を続けることが必要であるとしみじみ思うことである。

・経済発展と環境汚染，観光開発と自然破壊，この2つはどうしても両立し難いものであろうか。いやそうでは決してないのである。私共は既に自然破壊のない観光開発をいくつかやって来た。

・花好きの人は一本の花でも直ぐ気がついて，心にきざみつけていただくが，一般の人々は見ることは見られても，直ぐ忘れて仕舞われるらしい。ところが大群落があると凡ての人が，これは驚いて下さるばかりでなく，その時，今まで見て忘れていた沿道の花も一緒に思い出して，すばらしかったといい心に強く印象づけて下さるものらしい。だからどうしても，どこかに中心拠点になる大群落が出来ないと駄目だと言うのが私の考えである。

・自分が感心しないと人が感心するはずがない。観光とはそういうもので，地元で評判にならないものが，どうして他県人の共感を呼びますか。「あなたそこへ行ったか，いやまだいっていない。行ってみなさい，それはすばらしいところだ」そんなことを常に思っている。観光は常に工夫しなければならない。見どころをつくらなければいけない。何度いってもいい観光地にはそれだけの魅力がある。

　観光宮崎の父，岩切章太郎は，1980年に軽い脳血栓で倒れて体調を崩し，

1985年に死去，92歳であった。

4　松下幸之助

　松下幸之助の名前は，松下電器産業株式会社（現・パナソニック株式会社）を一代で世界企業にまで拡大した人物として内外に有名である。また，PHP 研究所を設立し，日本が戦後の荒廃から脱却し，物心ともに豊かな社会を構築するにはいかにすべきか，研究と実践に生涯を捧げた。さらに，松下政経塾を設立し，門閥や官僚組織によらない，志がある若者を次世代のリーダーとして育成することにも尽力した。

　そのような松下幸之助だが，戦後の工業化，高度経済成長下において，いち早く観光の価値に気づき，観光立国を唱えていたことはあまり知られていない。2009年9月に発足した鳩山内閣で国土交通大臣となった前原誠司は，就任記者会見の中で，公共事業の見直しとともに，「観光立国」のさらなる推進を図っていかなくてはいけないと述べた。さらに前原大臣は自身が松下政経塾で学んだことを引き合いに，「観光立国」という名前を初めて使ったのは松下幸之助であることを紹介した。この記者会見で，観光分野でも松下の発言が脚光を浴びることとなった。

　松下が観光立国について持論を披露したのは，『文藝春秋』1954年5月号に掲載された「觀光立國の辯——石炭掘るよりホテル一つを——」である。この論文における論点を整理すると，以下の通りである。

①観光に対する理解が官民ともに低調で，心なき人によって不調和な建物や施設が建設されて本来世界的に見て価値のある日本の景観が損なわれている。
②日本の美しい景観を日本人は今まで自国のみで独り占めしてきた。相互扶助の理念に立って広く世界に開放されるべきだ。
③物品の輸出貿易は日本のなけなしの資源を出すが，富士山や瀬戸内海はいくら見ても減らない。運賃も荷造箱もいらない。こんなうまい事業は他に

ない。

④観光予算に200億円が必要だ。観光は観光業界にとどまらず，他産業にも大きな波及効果がある。

⑤観光客を迎えることで日本人の視野が国際的に広くなる。すなわち居ながらにして洋行したと同じ効果を挙げることができる。

⑥観光は最も大きな平和方策である。持てるものを他に与えるという博愛の精神に基づいている。全土が美化され，文化施設が完備されたら中立性が高まる。

⑦観光省を新設し，総理，副総理に次ぐ重要ポストとして観光大臣を任命すべし。各国に観光大使を送り，国立大学を観光大学に切り替えるべし。

　松下は観光立国の根幹に流れる思想を「相互扶助」「持てるものを他に与える博愛精神」にあると説いている。この思想こそまさに現在の観光行政および観光事業者に欠けている考え方である。観光は今までいつも，有形・無形の「資源」からベネフィットをもらうことしか考えていなかった。しかし，これからは，観光が観光客に何らかの貢献ができないか，そしていつもベネフィットを享受するだけだった「資源」側に対しても何らかの貢献ができないかという発想を持つことを，松下は奨励しているのではなかろうか。この観光側の発想の転換こそが，観光という産業が一人前の産業として認知され，さらに資源も観光も持続的に共存していく要諦であると思えてならない。

　日本が「観光立国」として世界にアピールをするためには，単に国内の観光地を外国人に紹介することにとどまらず，観光の意味を再考し，名実共に「観光は平和へのパスポート」となる必要がある。松下はPHP（Peace and Happiness through Prosperity：（経済的）繁栄による平和と幸福）を主張したが，観光がそのPHPに関わるとするならば，PHPT（Peace and Happiness through Prosperity by Tourism：観光による経済的繁栄を通しての平和と幸福）といった観光の効果を単に経済的指標だけで計るのではなく，PHT（Peace and Happiness through Tourism：観光そのものがもたらす平和と幸福）でなければ，松下幸之助の思いを具現化することはできない。私も松下政経塾の一卒塾生として，平和と幸福を

追求できる観光のあり方を追求していきたいと強く感じている。

注

(1)　Peace and Happiness through Prosperity：（経済的）繁栄による平和と幸福。

第 1 章
観光の意味

1 「観光」とは——国の光を観る

わが国では「観光」という言葉が定着しているが，これは明治の先人がツーリズムの日本語訳として充てたもので，もとより中国から熟語としてそのまま移入したものではない。観光の語源を探ると，ツーリズムに対する先人の想いが時を越えてひしひしと伝わってくる。⁽¹⁾

（1）リーダーとしてのあるべき姿を示した『易経』
観光の語源は，中国古典四書五経の一つに数えられる『易経』に見られる「観国之光，利用賓于王。（国の光を観る，用て王に賓たるに利ろし。）」とされる。『易経』は古代中国の占いの書であるが，占いはもっぱら王の独占事項であり，国の行く末を決するような場面で利用された。すなわち，占いは決断に迷ったときリーダーのあるべき姿，取るべき態度を示す。その解釈を記した占いの書とは，要するに，リーダーシップの指南書である。

竹村亞希子（2012：2014）は，『易経』の冒頭に龍のたとえ話が掲載されていることに着目し，王が龍の成長プロセスをもとに，天下を治めるリーダーとして成長し，やがて力が衰えていくときにいかに生くべきか，その洞察力と判断力を養えるようになっていると説く。

そのプロセスを，以下の6段階に分けている⁽²⁾（図1-1）。

①潜龍（地中深く暗い淵に潜み隠れている龍，まだ世に認められる力はなく，その分，志を培う時期）

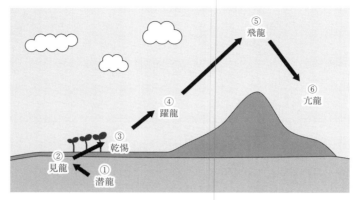

図1-1　『易経』におけるリーダーとしての龍の成長プロセス

②見龍（明るい地上に現れ，目が見えるようになる。修養のはじめとして，師を見習って物事の基本を学ぶ時期）

③乾惕（毎日同じことを繰り返して修養に励む時期。日進月歩の成長が期待できる）

④躍龍（修養を極め，リーダーになる一歩手前。独自性を発揮し，大空に昇ろうと躍り上がる時期）

⑤飛龍（天を翔け，雲を呼び，民に恵みの雨を降らせる。リーダーとしての能力を発揮し，志を達成する時期）

⑥亢龍（高みに昇り過ぎた龍は，やがて力が衰えて，降り龍となる。高みに昇り過ぎて雲はついていけない）

（2）『易経』の中での「観国之光」

この中の④躍龍の段階において「観国之光」の一節を見ることができる。躍龍は機を観る時期であると竹村は解説する。機を観る力，すなわち洞察力を養うためには，以下の5つの段階を踏むとされている。

第1段階「童観」（幼い子どもの目。見たまま，聞いたままの表明的な理解にとどまる）

第2段階「闚観」（のぞき見。人から聞いたことをうのみにしてしまう。童観や闚

観はリーダーにあるまじきものの見方とされる）

第 3 段階「主観」（わが身を省みて，自分の身の回りの出処進退が判断できるように
　　なる）

第 4 段階「国の光を観る」（地方を含む国全体の情勢を見て，物事を客観視する。
　　兆しを察知する。全体のために何をすべきかを瞬時に判断できるようになる）

第 5 段階「民を観て我が生を観る」（民の状況を自分の写し鏡のように観て，物
　　事全体を正しく導くために何をすべきか知る）

　「国の光を観る」のはリーダーとして必要な素養の一つである洞察力を身に
着けた完成形の一歩手前であるという考え方である。飛龍になる前の躍龍の段
階では，いろいろトライアンドエラーを重ねながら自分らしさがどこにあるか
を認識することが求められている。

　まさにそういう時期に，自国中を巡り，「光」に出会うことが有効であると
いうことが述べられている。光とは，漢字を読み解くと，光の別字で「炗」と
いう漢字があることが示しているように，上部の⺍は火を表す。下部の儿は人
を表す。すなわち，人工的な火，ピカピカ，ギラギラとした輝きを放っている
もの，または人でキラキラと光っている人を表しているのではなかろうか。そ
ういった本物に出会い，触れることで，真実を見抜く眼を養うことが求められ
ている。

　さらに，②見龍の段階において，「見龍田に在り。大人を見るに利ろし。」と
いう一節がある。まさにこの一節も「国の光を観る，用て王に賓たるに利ろ
し。」に通じるではないか。見龍とは，まさに龍が地中深くに潜んでいたとこ
ろから，地上に出てきたときである。世の中が急に見えるようになり，様々な
事象を見て学ぶことになる。そして，自分が「こうなりたい」と思う自分の将
来像を実現している師（大人）と出会うこととなる。龍は必ず雲を従わせてい
る。これは龍が水をつかさどり，人々に対して恵みの雨を降らせることができ
る力を持っていることを示している。そして，人々が育てて収穫を得るための
基盤である田に現れるということは，龍がこれから人々のために恵みをもたら
すことができる存在へと成長するために，立派な大人に出会う場所は，空の上

ではなく，田に在るということなのである。そのような人生の師となる大人と現場で出会い，その人となりを見て学ぶということの大切さをこの文は示している。

また，「観」は観るとも読み下されるし，観られる，観す（示す）とも読み下される。すなわち，観られるという受け身的存在となっていることも表している。「国の中にある本物（物でも，人でも）を（自分が）観ることで，真実を見抜く眼を持った立派な王になるだろう」という意味と，「国の中にある本物（物でも，人でも）を（他国の人に）観られることによって，（その国の財力や人材の豊富さに驚嘆される状況となり畏怖の念を抱かれることとなり）無碍に扱われることなく，鄭重に扱われるようになるだろう」という両面の意味を持つ。

すなわち，観光は，旅に行くことと，旅人を迎えることの両面であることが，ここからも明らかになっている。

さらに，「見る」と「観る」の違いは，「見る」は，目に見えるものを見る，「観る」は，見えるものだけでなく，目に見えないものも捉える。ここからも，ただ目の前のものの形や色等の表面を見るのではなく，その背景やたどってきた道，それを守ってきた人々の想いまで，想像力を駆使して考えるのが，観光のあるべき姿であるということが分かる。

（3）明治の青雲の志が「観光」を見出した

1871（明治4）年，右大臣岩倉具視が特命全権大使となって約100名の政府中枢のメンバーが欧米へと派遣され，不平等条約の改正と欧米の先進事例の視察を行った。岩倉は和装，その他のメンバーは洋装で揚々と欧米を歴訪したが，第一の目的である不平等条約の改正はことごとく不調に終わった。一人前の国家として国際的に認められないと条約改正は難しいことを悟ったに違いない。そして，岩倉は，欧米で見てきた新たなる国家像をわが国でも急ぎ実現することを心に定め，報告書『米欧回覧実記』の表紙扉に「観光」と揮毫した（図1-2）。明治の急速な近代化の推進は，使節団として派遣された約100名のメンバーの生きた知識が裏づけとなった。まさに，欧米の「国の光」を観て，わが国の「国の光」を磨き上げた。岩倉はそのような未来を描き，自分たちの旅がきっとこ

図1-2　岩倉具視の揮毫した「観光」の文字

　の日本を救うとの強い想いを持って「観光」という言葉を巻頭に書いたに違いない。それを考えると，『易経』が示す意味がまさに龍の如く生き生きと蘇る。

　まさに欧米に追い付こうと青雲の志を持った明治の先人たちは，「観光」の２文字をもって，国の未来に希望を託したのだと考えると，私たち現在の観光に関わる者は，表面的な入込客数や経済効果だけで観光を語ることの小ささを自覚せざるを得ない。日本が飛龍となって，世界の人々に恵みをもたらす存在になるように，これからの観光はどう進めばよいのか，知恵を出し合ってみんなで考えていかなければならない。

2　観光と旅行の違い

　「観光」に似た言葉で，「旅行」という言葉も挙げられる。

　旅行は，その文字通り旅に行くことである。すなわち，アウトバウンドである。それに対して，観光は，旅に行くことと，旅人を迎えることの両方を指す。

　英語では，観光に該当するのがツーリズム，旅行に該当するのがツアーまたはトラベルである。このツーリズムとトラベルの関係は，日本語の観光と旅行にそのまま合致する。トラベル，あるいは旅行は，その文字通り旅に行くことである。すなわち，アウトバウンドである。それに対して，ツーリズム，あるいは観光は，旅に行くことと，旅人を迎えることの両方を指す。すなわち，アウトバウンドとインバウンドの両方を意味する。日本旅行業協会はツーウェイツーリズムの推進を謳っているが，(3) そもそも，ツーリズムという言葉は，ツー

ウェイと頭に付けなくても，もとからツーウェイツーリズムなのである。

　ちなみに，トラベルの語源はトラブルに由来するとよく言われるが，実際にはトラブルではなく，フランス古語のトラバーユ（Travail）であり，かつて『とらばーゆ』という転職雑誌があったが，まさにトラバーユは仕事という意味である。トラブルの語源はラテン語の Turbidus であり，これは濁りという意味で，travail とは別物である。

3　観光研究の潮流

　観光学は複合的な学問領域であるということが言われて久しい。米国ではホテル経営学を中心に発展した一方，欧州では社会学や開発学から観光学が発展してきた。

（1）米国の観光学研究
　米国での観光学研究がホテル経営学から進んできた経緯は，米国の歴史的背景に起因する。18世紀以来，欧州各国からの移民たちは，アメリカ大陸の広大な土地を開拓するべく，東海岸から西へ西へと移動していた。開拓とともに町が形成されると，あとからやって来た者に対しての宿泊業が必要となってきた。米国はもともと行政機関を形成するより，民間でできることをやっていこうという機運が強く，ホテルはその地域のコミュニティセンター的な役割を担うようになってきた。

　さらに，起業家として成功した米国人は，キリスト教的価値観から，富を独り占めすることをよしとしなかった。そして，得た富を出身大学に寄付するか，地元にホテルを創設することに使った。それは，ホテルがその町のコミュニティセンターの役割を担っていたことから，その町の名士としての地位を確実なものにすることはもちろん，自身の引退後の住処とすることも考慮されていたと言われている。しかし，起業家たちは，ホテル業は専門ではなかったため，ホテル経営のノウハウを持つフランチャイズチェーンがその経営を担い，自身は経営にはタッチせず，所有するにとどまった。

　また，米国における鉄道は，農産物や工業資源の輸送が主流であり，旅客輸送にはいささか不便であった。20世紀初頭には庶民の移動のために高速道路網が米国全土に開設された。そうなると，広大な領土の高速道路沿いに，より安価な宿泊機関であるモーテルの開設が相次いだ。第2次世界大戦後は民間航空が隆盛を極めるようになるが，第1次，第2次大戦ともに本土に戦争被害を受けなかった米国が相対的に世界の覇権を握ることになり，民間航空業のルール作りも米国が中心となって行われた。そこで，第1泊目の宿泊場所が定まっていなければ航空券の発券ができないというルールが作られ，米国の民間航空会社は，自身の系列のホテルチェーンを保有することとなった。現在は米国の航空会社が直接保有している例はなくなったが，巨大ホテルチェーンが世界に進出したのは，この民間航空業のルールによるところが大きい。以上のことから，米国ではホテルが権威の象徴であり，地域の代表となってきた。ホテル業界の相対的な位置づけが高いのはそのためであり，大学でもホテル経営学が重要視されてきた。

（2）欧州の観光学研究の潮流

　一方，欧州で，社会学と開発学から観光学が派生してきたのも同様に歴史的な背景に起因している。

　欧州は，18世紀後半に産業革命が起こり，蒸気機関の発明と製鉄技術の改良から，19世紀に入り蒸気機関車が開発された。19世紀後半には，英国だけでなく，フランス，ドイツにおいても，国家統一を強固なものにするために蒸気機関車が走る国営鉄道網が一気に整備された。米国の鉄道は農産物や工業資源の輸送を主たる目的として建設されたが，欧州では工業資源の輸送としてだけでなく，当初から旅客輸送を目的とした路線も多く敷設されていたため，鉄道のネットワークを利用して人が移動することが珍しいことではなくなった。

　20世紀になると，フランスを中心に社会主義の影響が強くなってくる。もともと産業革命によって，工場労働者が激増し，労働者の権利を認めていく方向性が政治でも求められていたこともあり，有給休暇を制度として導入していくことが各国で進められた。そのことから，庶民を対象とする宿泊施設やキャン

プ場等が作られていくようになる。この文脈で，欧州では社会学の中に余暇学という研究分野が登場することになる。

　また，第2次世界大戦後，残存した軍用機を旅客機に転用し，チャーター航空会社が旅行会社の傘下に設けられることになった。このことによりパッケージツアーが安価かつ大量に送客することができるようになり，これが有給休暇の受け皿として大いに機能するようになった。チャーター航空機による海外旅行が大衆化したことで，余暇学の研究対象として観光が大きな位置を占めるようになった。

　同じく第2次大戦後，欧州各国の植民地であったアジア・アフリカの国々がそれぞれ独立を果たしていく。その中で，アカデミズムは植民地支配の是非も含め総括を行うことになる。チャーター機の目的地として新興国が観光開発されるが，その開発プロセスが，過去の植民地支配と重なるという警鐘をアカデミズムから発信することになる。これが，開発学において観光という現象が取り上げられるきっかけとなった。

　その後，近代化理論（モダニゼーション・セオリー：Modernisation Theory）と低開発理論（アンダーディベロプメント・セオリー：Underdevelopment Theory）の2つの理論の論争から観光開発の議論が始まり，これがグローバリゼーションの理論へと至り，そのグローバリゼーションの弊害を是正する立場でサステナブル・ツーリズム理論が強化されていくことになる。この経緯は第3章で詳述する。

（3）わが国での観光学研究の潮流

　わが国では，米国のホテル経営学，欧州の社会学という2つの領域に加え，建築学・都市計画，文化人類学からの研究が進んでいる。また，観光関連産業出身の研究者による産業論的な研究の占める割合も大きい。

　ただ，総合的な学問であるということを言い訳に，研究者は自分の専門分野のたこつぼ内から出てくることがない。すなわち，総合的な学問だから難しいという理由で，たこつぼ内から出てこない，あるいは，総合的な学問だから，たこつぼ的研究でも，その一部になれると思っている節がある。結局両者とも，

他分野には関心を持とうとしていない。さらに，研究内容もそれぞれの研究分野における観光のケーススタディといった色合いのものが多く，学問として観光学がいつまでたっても一人前として扱われる域に達していないと言っても過言ではない。総合的学問，学際的学問という言葉に甘んじることなく，もっと観光の多様な側面にも関心を持っていかなければならない。

　これまで，観光は経済効果の面から語られることが多く，国の戦略において重要視され始めたのも，その経済効果に着目されたことが大きい。経済学は人間の欲望に忠実に従った学問である。観光が経済学系の側面ばかりで語られたおかげで，むき出しの欲望がコントロールできなくなるばかりか，その暴走を加速させてしまった。そこで，本書では，観光の人文学的側面にさらに注目し，リベラルアーツの対象としての観光を新たに追求しようとしている。人文学が追求するのは，人間とは何か，そして自由とは何かである。リベラルアーツの言葉が示しているように，まさに自由を求める学芸である。観光はまさに自由を体現した活動である。あまりに経済的側面ばかりが強調されすぎて，観光の本質が今見失われつつある。人文学を追求すれば，自由とは「自己の欲望を満たすこと」という短絡的な見方が大きな誤ちであることに容易に気付くことができる。本書を通し，人はなぜ旅をするのかということを，人文学から解き明かしていくことに挑戦してみたい。

注
(1)　以下，本節（1）（2）の記述は一部，島川ほか（2020）に含まれる。
(2)　『易経』本文で実際に記述されているのは①②⑤⑥の4段階であるが，竹村が『易経』全文の文脈から判断して本文中に登場する③④を含めて6段階としている。
(3)　一般社団法人日本旅行業協会海外旅行推進委員会（2018）「ツーウェイツーリズムによる交流大国の実現に向けて」（平成30年3月16日）。

第2章
観光の功と罪

1 観光地化のメリット

　そもそも，最近なぜ観光が注目をされてきているのか，ここで受け入れ側の視点から観光の効果を整理しておく。クレバドン（Cleverdon, 1999）がまとめた「4つの観光の効果」に筆者が独自に1つ加えて，5つの観光の効果を紹介する。

　まず一番大きな効果として，直接的経済効果が挙げられる。すなわち，観光消費に伴う観光産業の売上により，原材料等の調達を通じ地域産業に発生する需要創発効果である。このように観光産業から卸小売業，農林水産業，工業，サービス業，建設業等様々な産業に需要創発効果が波及していくことを「観光のリンケージ効果」と呼ぶ。日本はこれから少子化が急激に進行し，人口が減少する。人口減少に伴う需要の減少を移民で補うのは賛否両論がある。一方，観光であれば，需要は増加し，その人々は短期で母国に帰国するので，移民に対して慎重論を唱える人も，許容するであろう。

　2番目に，直接的経済効果により，雇用を新たに創出することができる。観光で創出される雇用は他業種と比較して老若男女すべての人々にそれぞれ役割が分担できるという特徴を持つ。特に若者は都会に出たがる傾向が強く，そのような若者を地方にひきつけるために観光産業は有効に機能する。地方の雇用創出策としては今までは工場誘致が最も一般的だった。グローバリゼーションの進展により，工場はより安価な労働力を求めて海外に進出したが，最近は日本に戻ってくる傾向が多少見られるようになってきた。しかし，現在では工場はオートメーション化が進行し，大工場といえど，なかなか雇用創出には結びつかない例も多い。その点，観光産業は労働集約型であり，中規模の温泉旅館

でも100名程度を雇用することができる。さらに，新たに創出された雇用のおかげで雇用者所得が生み出され，これが域内消費に回ると，またさらに地域の直接的経済効果へとつながっていく。

　3番目に，アントレプレナーシップ（起業家精神）の高揚という効果も挙げられる。観光はアイデアさえあれば小資本で起業することができ，それが地方を活性化させる原動力となりうる。ただ，地方では既得権益を持った少数の伝統企業が力を持ち，そこに多数が阿ることで仕事をもらい，その地域で生きていく術としているような場所も多い。そういう地域では，新しく何かを起こそうとすると，潰す力学が働くこととなり，それが結果的に地域の活性化を阻んでいる。観光を振興するということは，外部の観光客を域内に受け入れることであり，今までは地元だけの論理が通用していても，外部の人には通じない。肥えた目を持つ観光客を満足させるためには，地元の独りよがりではうまくいかないため，必然的に，新たな風を求めるような風潮が生まれてくる。

　4番目に，観光の発展により地域の人々に間接的な利益がもたらされるという効果もある。観光地化することで，道路，橋，水道など社会インフラが整備される。この観光振興による社会インフラの整備は，開発途上国では大変ありがたがられるものである。一方で，社会インフラの整ったわが国をはじめとする先進国でもメリットは存在する。最近わが国では，よりよい景観を求めて電柱の地中化への要望も高まってきているが，すべての電柱を地中化することはもはや不可能であり，優先順位として人が集まる観光地から工事が行われているという傾向が見られる。また観光客向けのアトラクションが，地域住民のために無料招待券を配布するといったことも，この間接的な利益に当てはまる。

　最後に，観光を振興するということは，外部の人に自分の地元の魅力を紹介して来てもらうということなので，そのプロセスで，その地域らしさ，すなわちアイデンティティを自覚し，それを外部に対して効果的にアピールができるようになるという効果が挙げられる。観光を振興するまでは，当たり前すぎて，地元に誇りなど持てなかった地元住民たちが，外部に対してその存在をアピールし，外部から来た人たちに喜んでもらうことを経験することで，その誇りが定着する。観光振興のおかげで，失われつつあった伝統芸能や民俗文化を残す

ことができた例は世界中でも数多く報告されている。

2　観光は両刃の剣——負のインパクト

　しかし，この観光の5つの効果が果たしていつも受け入れ側の観光地を利する結果になっているのかどうか検証してみると，それぞれに対して負のインパクトが存在することが明らかになっている。

　まず，直接的経済効果は，観光から得る利益がすべて地元に残るわけではない。介在する旅行会社に多額の手数料を取られるのはもとより，もし，地元以外のディベロッパーが大規模に観光開発を行った場合，地元産業へのリンケージ効果はあまり期待できなくなる。特にこの傾向は開発途上国では顕著であり，持続可能な観光の実現を図るNGOであるツーリズムコンサーンの調査によると，タイの観光地では観光収入の70％は西側先進国の企業に流れてしまっている。このように折角観光客が落としていった収入が地元に残らず，マーケット側に流れてしまっている傾向を「観光のリーケージ（Leakage）効果」という。

　2番目に紹介した雇用機会の創出という点も，結局新たに創出されたのは，季節労働，単純労働のみで，マネージャー職はすべて先進国からの派遣という形をとる場合が多い。そして，観光業へ労働力が流れ，今まで脈々と続いていた地元の伝統産業の担い手がいなくなり，地元の産業構造がいびつになるという悪循環が生まれる可能性も否定できない。観光は季節に大きく左右される業界であるため，季節労働の側面が強く，それも正規雇用を阻む要因となっている。

　3番目のアントレプレナーシップについても，新たに立ち上げた企業はよほど独自性を発揮し続けなければ，大資本を投下することができる大企業に真っ向から勝負を挑まれると競合負けする場合が少なくない。最近の人気のある温泉地の傾向を見ても分かるが，結局大資本を投下してそのときのトレンドに合ったリノベーションをしなければ，すぐ顧客に飽きられてしまうという傾向があるのも事実である。

　4番目の間接的効果も良い面だけではない。観光客を受け入れることで，外部からのリスクを招くことになる。観光客目当ての犯罪が増加し，結局，平和

だった地域の治安が悪化したり，伝染病が蔓延したりといった，観光地になる前には考えられなかったリスクを負うことを想定しなければならない。最近は観光客相手のカジノを設立することが以前に増して議論されるようになってきているが，イスラエルのフェルセンスタイン（Felsenstein, 1999）らが行ったカジノと犯罪の関係の研究がある。それによると，イスラエルはもともとカジノを非合法扱いにしているが，毎年20万人以上のイスラエル人が合法カジノのある国へ賭博目的で旅行し，5億米ドル分が海外へと消えている現状を何とか食い止めるために，エイラートという都市に船上カジノを承認した。その後，このエイラートと同規模で，観光を主要産業としている都市と犯罪発生率を比較したところ，人口1000人当たりの犯罪発生率は，ビーチリゾート都市ナハリヤ市が45.3，歴史観光都市ティベリア市が70.1に対してエイラート市は121.2にも跳ね上がったと報告された。

　以上のように，観光振興によって観光客を狙う犯罪者が増えるだけでなく，不法滞在等，観光客も犯罪者になることがあることも念頭に置かなければならない。

　また，犯罪とまではいかないまでも，観光における商売において，地元住民が日常的に購入する価格よりも高めに値段設定している場合がしばしば見受けられる。一般的に，地元コミュニティを相手にしたときは，法外な利益をとる，いわゆる「ぼったくり」をした場合，地元住民にそっぽを向かれてその地域では商売ができなくなるので，自ずと適正な利益で商売をするようになる。それと比較して，観光客は基本的には大多数が「一見さん」なので，目の前の顧客からいかに利益を取るかという発想になってしまう。なので，どうしても，商売の方法が「さもしい」ものになる傾向がある。「観光地価格」と言われる所以である。山奥のコンビニでさえも同一料金なのに，今どきホテルや旅館の中の自動販売機が350ml の缶飲料を150円や200円で販売するところがまだ存在するのが，その傾向を強烈に物語っている。観光に関わり始めると，どうしても商売から倫理観や相手の気持ちを思いやる心が減ってくるのはこのためである。

　5番目のアイデンティティのアピールも，マーケットがそのイメージを決めた場合，その作られたイメージが現実の姿と乖離する場合が数多く見られる。

本当に発信したいメッセージが伝わらないことが極めて多いので，結局観光で誤解を増長させてしまうことになってしまう。

　この点でいったん失敗したが，見事克服した例として地中海のマルタ島が挙げられる。マルタ島は従来，スペインやギリシアの「代替」ビーチリゾートとして扱われることが多い。実際マルタ島にはビーチが1カ所しかなく，しかも砂も海水も上質ではない。以上のことからビーチで売れば，結局マルタ島の位置づけは，「代替」観光地という地位から抜け出せない。マルタはリピーターになりにくい観光地となってしまい，低価格で他の観光地との競合をしなければいけなくなる。となると，ますますマルタの地元に落ちる利益は減少していく。まさにマルタの観光は悪循環に陥ってしまったのである。

　結局，マルタ島本来の地域資源が生かされず，「代替観光地」として扱われてきたのは，マルタ島の政府観光局が観光のブランド・アイデンティティを明確に持たなかったためである。マーケットである英国，ドイツの旅行会社主導の商品ラインアップでブランド・イメージが形成されたのも当然の帰結といえる。

　ここで，マルタ政府観光局はイニシアチブを発揮し，古代から近世に至る遺跡史跡や教会が370以上も存在することから，遺跡史跡観光に重点を置くことにした。しかもイタリアが生んだ鬼才カラバッジオが17世紀初頭に描いた作品を数多く見ることができるということは彼らにとっての大きなメリットとなった。現在では，マルタはギリシアの代替ビーチとしての観光地から脱却し，見事な歴史観光地として生まれ変わったのである。夏季に偏っていた入込客数も年間を通じて獲得できるようになった。マーケットの既存イメージに流されたり迎合したりすることなく，地元が主導権を握ってアイデンティティを確立し，その上で自分たちの強みや伝えたいメッセージを発信することが，観光地と観光客の相互の満足度向上につながるのである。

　そのようなマーケットが勝手に抱くイメージと現実とのギャップを埋めるため，最近では，観光地側がイニシアチブを握ってツアーの企画をする「着地型観光」も注目を集めてきた。旅行会社も，マーケットだけでなく，観光地に存在する支店がツアー造成機能を持つような事例も生まれてきた。しかし，この

観光の正のインパクト　　　　　　観光の負のインパクト

観光の正のインパクト	観光の負のインパクト
	0.　環境負荷
1.　直接的経済効果	1.　利益が地元に還元されない
2.　雇用創出効果	2.　季節労働，単純労働
3.　起業家精神の高揚	3.　大企業に競合負け
4.　間接的利益	4.　外部リスクの受容
5.　アイデンティティの 気付きとアピール	5.　イメージと現実のギャップ

図 2-1　対応する観光の正のインパクトと負のインパクト

ような流れはまだ小さく，現実と異なるイメージをマーケットが抱いてツアー造成をしても，観光地側がマーケットに阿る場面が多く見られる。

　最後に，観光の5つの効果に唯一対応していない負のインパクトとして，環境負荷が挙げられる。観光客を受け入れるということは地域に環境負荷がかかることを看過している場合が極めて多い。エコツーリズムを振興する議論の中で，エコツーリズムを振興したらエコ意識が高い人が訪れ，地域住民との交流によりさらに意識が高まるという意見がよく出されるが，実際のところエコツーリズム振興によって環境が破壊されている例は世界中に枚挙に暇がない。

　観光を語る際，忘れてはいけない大前提として，観光は基本的にお客様を選べないのである。お金を払って来て下さったお客様はすべてお客様として歓迎しなければいけない，それが観光なのである。もちろん，より求める顧客像に近づけるために徹底的なマーケティング戦略を策定するのは言うまでもないが，それでもやって来たお客様はお客様として歓迎をしなければいけない。その大前提をないがしろにした観光振興を行い，結果的に環境が荒らされて「そんなはずではなかった」ということがよくある。観光とはそういうものであり，それを理解した上で，それでも観光開発をするという選択肢がその地域にとって最善であれば観光開発をすればよいのである。その覚悟がなければ，また，その対策を最初から講じることができないのならば，観光開発は負のインパクト

が勝ってしまうことは言うまでもない。

　結局，観光は発展の「打ち出の小槌」ではなく，使い方を誤れば「両刃の剣」になるということをもっと切実に認識しなければならない。そして，これらを検証して分かることは，観光開発が地元に根ざしていない大企業や中間者に主導権を握られて，地元の人々が地域の将来を冷静にイメージができなかったときに，このような問題が生じてしまう。

3　観光に蔓延する一見さん商法とブーム至上主義

　1990年代頃から，マスツーリズムから生じた弊害を是正するため，サステナブル・ツーリズムという考え方が広がり始めている。これは，ただ単に従来型マスツーリズムを否定して，エコツーリズムやグリーンツーリズムを振興しようというようなものではない。観光産業によって，観光デスティネーションである受け入れ側も，経済的にも政治的にも社会・文化的にも持続的に発展することを最大の目的として考えようという動きである（Mowforth and Munt, 2003；Holden, 2000；島川，2002ほか）（第3章で詳述）。

　サステナブルに発展できる観光地になるためには，リピーターの獲得が不可欠である。観光地でがっかりすることの一つに「ぼったくり」が挙げられることは前述した。受け入れ側が，今回しか会わない一見さん相手にいかにここで利益を得るかと少しでも心の中に考えた場合，観光客は敏感に察知して，心の交流は生まれず，結局リピーターとはならない。リピーターが増える（初訪率が低下する）ためには，観光地といえど，地域住民と接するときと同じように適正価格で物やサービスを提供することが求められる。さらに，観光振興において最近では行政も事後評価が求められてきているが，その指標として入込客数の対前年比で観光地の成功不成功を評価する傾向が見られる。しかし，この入込客数の対前年比を金科玉条のようにしてしまうと，後のことを考えずに，ブームを起こそうという発想が生まれてしまう。キャンペーンという売り出し方がそのいい例であるが，だいたいブームというものは，ひとたび過ぎ去ると，ブームが起こる前よりも落ち込むのが常である。

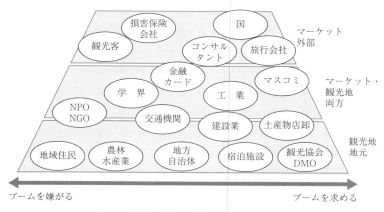

図2-2 観光に関わる多様なステイクホルダー

　観光には図2-2のように多様なステイクホルダーが関わってくるが，この中で，ブームを巻き起こしたいと思っているのは，紛れもなくマスコミである。マスコミ，とりわけテレビは視聴率を基準とした広告収入で成立しているので，一瞬の視聴率が稼げれば，後のことは全く気にしないということが徹底している。また，旅行会社も，それぞれの観光地というのは取り扱っている多くの地域のうちの一つなので，ブームが過ぎてしまえばまた別の観光地をプロモーションすればよいと考える。マスコミや旅行会社は別の地域をまたプロモーションすれば一つの地域が疲弊したとしても痛くも痒くもないのが現実の姿である。そして，本来地域住民の世論の代弁者でもあるはずの自治体も，前述の通り行政評価が定着してきたおかげで，マスコミや旅行会社とタイアップしてブームを巻き起こす動きをするところが後を絶たなくなってきた。

　一方，ブームを嫌がるステイクホルダーはまぎれもなく観光客，特にリピーターである。リピーターを大切にするためにマスコミの取材を一切断っている銘店もあるように，あまりにマスコミに踊らされると，本当に大切にしなければいけない主体を見失ってしまう。

　サステナブルという言葉には，単に持続的にという意味だけでなく，普段から乱高下なくという意味も含まれる。ブームを巻き起こすという手法は，短期

的には認知度を高め，入込客数を増加させるのに都合はよいが，長期的に見ると観光地を疲弊させ，本当に求めるべきターゲット層を見失うという側面を持つことを認識しておく必要がある。その意味でも，サステナブル・ツーリズムを実現するためには，ブームに頼らず，地道に顧客からの支持を積み上げていくことが求められる。

4　観光客・地域住民・観光事業者の三方一両得

　サステナブル・ツーリズムを実現するために，最も大切なポイントは，「観光客・地域住民・観光事業者の三方一両得」である（図2-3）。

　先ほどのブームが巻き起こった場合の弊害を考えると，観光客の中でも特にその地域を永続的に愛してくれるリピーターがブームを敬遠する。さらに，ブームが過ぎ去り，疲弊した地域が残ったとしても，観光地に住む地域住民にとってはかけがえのない故郷である。地域に根差した住民はそのまま住み続けなければならない。観光振興によって観光客，地域住民どちらかが幸せにならない状況が生まれるのであれば，それは本末転倒である。観光振興は福祉，教育，治安維持，公衆衛生等のような行政として必ず行わなければならない政策課題ではない。最近は「一地域一観光」とか，「住んでよし，訪れてよし」などといったキャッチフレーズが先行して，観光振興は地域活性化の打ち出の小槌のような扱いをされ，あたかも観光振興をしなければならないかのように言われている。しかし，観光の負の側面を直視し，そこに永続的に住む住民が観光振興によるデメリットが多いと判断して「観光地にしない」という選択肢もあっていい。どちらにしても地域住民の意思を無視して観光振興に走ることは許されない。

　さらに，もともと観光は，福祉や教育と異なり，それだけで商業的に成立できるものである。補助金を投入しなくても本来はやれるはずのものである。やれるところから小さく始めた方が，結局本当に地域を愛してくれるターゲットを見極めることができるので，観光地としての発展が持続的になる。

　しかし，最近では観光が政策課題として注目されてきたおかげで，観光に補

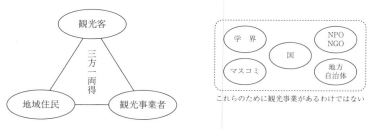

観光客

三方一両得

地域住民　　観光事業者

学界　　　　NPO
　　　　　　　NGO
　　　国
マスコミ　　　地方
　　　　　　　自治体

これらのために観光事業があるわけではない

図2-3　観光客・地域住民・観光事業者の三方一両得

助金がつくようになった。今まで観光関連企業はお金をいただく先がお客様だったので，少なからずお客様の意向を無視しては商売が成立しなかった。ところが，補助金という新たな金の出所を得て，補助金申請と実績報告に多大なる労力を投入する分，それに係る間はお客様への視点が全く失われてしまうということになった。特に地方の観光地でヒアリングをした際，お客様の需要やニーズよりも，補助金が出る事業へと視点がぶれてしまっている現状をよく目の当たりにするようになった。

　ここで三方一両得の一つの主体として観光事業者を入れているのは，純粋に観光から収入を得て，「商業的に成立させることができる状況」を作らなければならないという意味である。補助金が導入されれば報告義務が生じ，行政が喜ぶ報告を行わんがために，観光地，観光客の思いが無視される場合が生まれてくる。三方一両得の主体に行政が入らないのはその理由からである。マスコミを入れないのも同様である。

　結局，観光によって利益を享受できるのは，あくまでも，観光客・地域住民・観光事業者の3者であり，行政やマスコミは三方一両得の主役では決してなく，その三方一両得を実現させるためのサポート役に徹さなければならないと自覚する必要がある。自分たちの実績ではなく，目先の視聴率稼ぎではなく，観光地が子や孫の代までその魅力を増し続けていけるような観光開発・観光振興を関わる主体すべてが協力して進めていかなければならない。そのためには，何が幸せかを理解し，観光開発・観光振興によって誰が幸せになるのかを常に意識しながら状況判断を行うべきである。

第3章
観光で実現する持続可能な発展

1 SDGs と観光の関係

　最近，胸に色とりどりの細いドーナツのようなバッジをつけているビジネスマンをよく見かける（図3-1）。このバッジのデザインがSDGsの象徴である。

　SDGsとは，2015年の国連総会で決議された「持続可能な開発目標（Sustainable Development Goals）」のことである。これは，17の目標と169のターゲットによって構成されており，国連加盟国は，2030年までにこの目標とターゲットを達成することに合意した（図3-2）。

　SDGsは，公的セクターだけでなく，民間，市民も巻き込み，多様な主体によって達成を目指していくことが特徴となっており，そのために，日本においても，多くの行政マン，ビジネスマンがこのバッジを装着しているのである。

　観光分野においては，

　　8．持続可能な経済成長と働きがいのある
　　　人間らしい雇用の促進
　　12．持続可能な生産消費形態の確保
　　14．海洋・海洋資源の保全と持続可能な利
　　　用

の3分野に関して貢献ができると UNWTO（国連世界観光機関）では指摘している。さらに，その中でも，より詳細なターゲットの中

図3-1　SDGsのバッジ

1．あらゆる場所のあらゆる形態の貧困を終わらせる
2．飢餓を終わらせ，食糧安全保障及び栄養改善を実現し，持続可能な農業を促進する
3．あらゆる年齢のすべての人々の健康的な生活を確保し，福祉を促進する
4．すべての人に包摂的かつ公正な質の高い教育を確保し，生涯学習の機会を促進する
5．ジェンダー平等を達成し，すべての女性及び女児の能力強化を行う
6．すべての人々の水と衛生の利用可能性と持続可能な管理を確保する
7．すべての人々の，安価かつ信頼できる持続可能な近代的エネルギーへのアクセスを確保する
8．包摂的かつ持続可能な経済成長及びすべての人々の完全かつ生産的な雇用と働きがいのある人間らしい雇用を促進する
9．強靱なインフラ構築，包摂的かつ持続可能な産業化の促進及びイノベーションの推進を図る
10．各国内及び各国間の不平等を是正する
11．包摂的かつ安全かつ強靱で持続可能な都市及び人間居住を実現する
12．持続可能な生産消費形態を確保する
13．気候変動及びその影響を軽減するための緊急対策を講じる
14．持続可能な開発のために，海洋・海洋資源を保全し，持続可能な形で利用する
15．陸域生態系の保護，回復，持続可能な利用の推進，持続可能な森林の経営，砂漠化への対処，ならびに土地の劣化の阻止・回復及び生物多様性の損失を阻止する
16．持続可能な開発のための平和で包摂的な社会を促進し，すべての人々に司法へのアクセスを提供し，あらゆるレベルにおいて効果的で説明責任のある包摂的な制度を構築する
17．持続可能な開発のための実施手段を強化し，グローバル・パートナーシップを活性化する

図 3-2　SDGs における17の目標

出所：藤稿（2018）。

に，サステナブル・ツーリズムについて具体的に記述されているのが，以下の項目である。

　　ターゲット8.9　2030年までに，地域の文化や生産性を促進し，仕事を創出するようなサステナブル・ツーリズムを推進する政策を実行する

　　ターゲット12.6　地域の文化や生産性を促進し，仕事を創出するようなサステナブル・ツーリズムのための持続可能な開発をモニタリングするツールを開発し利用する

　　ターゲット14.7　2030年までに，小島嶼開発途上国と後発開発途上国において，漁業，養殖業，観光業の持続可能な管理を含めた海洋資源の持続可能な利用による経済的利益を増やす

このことからも，SDGsの達成のために，観光に対する期待は大きい。裏を返せば，観光には大きな社会的責任が課せられているのである。ファッションのようにSDGsのバッジをつけているだけで，または行政の計画にSDGsの文言を取り入れただけで，何かやった気分になっていたのでは本末転倒である。実際のビジネスにおいて，これはサステナブルなのかということを常に自己点検しながら事業を逐次検証していかなければならない。

　さらに，観光分野において，SDGsで示された目標さえ達成すれば，サステナブル・ツーリズムが実現するというものではない。第2章でも紹介した通り，サステナブル・ツーリズムの定義は，

　観光産業によって，観光デスティネーションである受け入れ側も経済的にも政治的にも社会・文化的にも持続的に発展することを最大の目的として考えようという動き

である。

　ここでのポイントは，次の3点に集約できる。

①主体は観光産業であること

②受益者はデスティネーション（受け入れ側）であること

③要素としては，経済的，政治的，社会・文化的の3項目であること

　まず，観光産業が主体となって行動しなければ，いくら行政や国際機関が主張したところで，サステナブル・ツーリズムの実現には至らない。その意味で，現在の日本の観光産業は，単なるアピールのため，それも観光客に対してではなく，行政に対してのアピールに終始しているように見受けられる。観光客は，ときに「旅の恥は掻き捨て」という言葉に象徴されているように，デスティネーションにとって不利益になることを行う場合もある。観光産業にはそのような行動を抑制し，観光を持続可能なものにしていく社会的責任があるのである。

　また，受益者はデスティネーション（地元住民）であるということも徹底しておかねばなるまい。もちろん，観光が成立するのは観光客からの支払代金をデスティネーションが収受するところから始まるが，そのことで，地元住民が苦痛を強いられては本末転倒である。

　最近世界的に問題になっているオーバーツーリズムの問題も，これは国家の発展のために地元住民の生活が犠牲になってしまっていることから起こっており，このような状況では，観光が持続可能に発展することはあり得ない。地元が喜んで観光客を受け入れる環境が整っていない場所に観光開発を行う資格はないと断言できる。

　最後に，持続可能とは，経済的，政治的，社会・文化的の3側面から判断するべきとされている。

　経済的な持続可能性とは，まず観光事業者が商業的に成立してはじめて観光は成り立つので，観光事業者が補助金を頼ることなく，観光客からの代金で事業が成立する環境であることが大前提である。その上で，その利益が漏えいすることなく，地元にきちんと還元されていること，そして，その利益が一部に偏ることなく，公平に分配されていること，地元の雇用創出，起業化に貢献できていること等が挙げられる。

　政治的な持続可能性とは，地球規模の環境保全にマイナスにならないような枠組みが構築されていること，地域の環境問題の解決に貢献していること，景観の保全に注力していること，犯罪が増加しないような取り組みを行うこと等が挙げられる。また，一般的に観光地（着地）側はマーケット（発地）に対して，「観光客を送っていただく」という態度を取ることで，一方的な劣位の関係が固定化されることが多い。よって，発地側は観光客を送ることをいいことに乱開発をしたり，着地側に対して無理な要求を突きつけたりして，着地側の主体性が脅かされることにつながる。発地と着地はホスト（主人）とゲスト（客人）という対等の関係になるべきであって，決して着地はサーバント（奴隷）になってしまってはいけない。観光はあくまでも国家のアイデンティティをアピールする手段と捉えたら，サーバントに成り下がってはいけない。着地側はいかなるときも主権を保持し，観光客を人質に取った不当な要求に屈することなく，自国のイニシアチブで観光開発を行う必要がある。

　そして，社会・文化的な持続可能性とは，観光資源が観光客の増加によって劣化しないこと（適正な入込客数を着地側が管理すること），地域住民が積極的に参画し，観光客との文化交流が生まれること，観光によって伝統や歴史の真正性が守られること，コミュニティ活動が活発化すること，人権尊重やマイノリティへの配慮がなされること，アクセシブル・ツーリズム[1]，すなわち観光におけるユニバーサルデザインの推進に貢献すること等が挙げられる。観光地が社会・文化的な意味で持続可能になるとは，観光地に根づく文化，伝統，歴史，風習，言語等すべてを劣化，絶滅させてはならないということである。そのためには，観光開発の意思決定過程において，地元に根差した人々が積極的に参加していなければ，発地の論理で押し切られてしまう。一見その地に根差したもののように見えるが，文化や背景を無視したものが展開され，本来の価値が失われてしまうことも多い。

　そして，これらの3要素は，どれか一つを達成したからといって持続可能とは言えない。3要素すべて達成してはじめて持続可能になるのである。

2　サステナブル・ツーリズムが生まれるまでの経緯

　では，サステナブル・ツーリズムはどのような背景で生まれてきたのだろうか。環境問題の議論のプロセスも踏まえて，その成立の経緯を見ていこう。

（1）近代化理論

　観光開発の分野においては今まで4つの主要な理論が展開されてきた。その中で，まず2つの理論の論争から観光開発の議論は始まった。その1つ目の理論が，近代化理論（モダニゼーション・セオリー，Modernisation Theory：MT）である。近代化理論は，端的に言うと，開発途上国が西側先進国の発展パターンに倣って発展していくとする理論である。すなわち，経済，政治，社会・文化すべての西欧化（Westernisation）のプロセスに着目した理論である。

　開発途上国の発展パターンは，一般的に，産業では農業から工業へ，地方から都市へと一方通行の発展を遂げるとされている。それによって，家族の絆や伝統的習慣，風習，共同体等は希薄になり，それに対して経済の役割が重要になってくる。さらに，エリート層や，チェンジ・エージェントと呼ばれるオピニオンリーダーたちが先進的な考え方や新しいライフスタイルを紹介することに価値を見出す傾向が生まれてくる。彼らにとって伝統とは，近代化の対立概念でしかなく，伝統こそが，開発途上国を低開発状態にとどめている最大の要因であるとみなしている。よって，彼らは，その障壁となるものを取り除いたり最小化したりして，西側先進国からの資本，専門知識，最新技術を積極的に導入することを強く迫るのである。西側先進国との結びつきをより強力にし，西側先進国をまねることにより発展できるとしている。それによって，この概念は，「相互依存の理論」とも呼ばれている。

　この理論の下では，観光は，開発途上国を西側先進国の引いたレールに乗せて発展させるための手段とみなされる。そして，開発途上国は，先進国主導の観光開発により経済発展と雇用拡大が見込め，それによって多大なる利益が享受できるということを主張して，観光開発を導入している。したがって，この

理論の下では，より大規模な観光（マスツーリズム）が歓迎されるのである。

（2）低開発理論

　2つ目の理論が，低開発理論（アンダーディベロプメント・セオリー，Under-development Theory：UDT）と呼ばれる理論である。この理論によれば，開発状態と低開発状態はコインの裏表の関係に喩えられる。すなわち，開発状態は，常に低開発状態の存在があってはじめて成り立つというものである。「中央」が「周辺」を不公正な取引を通じて搾取するシステムが成り立っていて，経済的価値は，常に低開発地域（周辺）から先進地域（中央）に移転する。低開発とは，不公正で不平等な取引によって，構造的に起こっている。

　また，低開発理論においては，伝統や家族，共同体等は，発展を阻害するものではないとされている。それどころか，文化，伝統を無視してはコミュニティの存続に大きな損失となるということが述べられている。

　そして，低開発理論では，少数のエリート層の存在こそが，全体の発展の阻害要因に他ならないとされている。この議論では，低開発地域のあらゆる負担で西側先進国は発展を享受していることになり，観光は地域の労働者を搾取している元凶として扱われている。その意味で，低開発理論の下では，国際観光は，帝国主義，植民地主義の再来とみなされている。しかし，低開発理論も，観光そのものは否定していない。経済格差のある国がその経済格差を利用して観光開発，観光振興しているような観光形態が悪いのであって，国内観光や，経済格差が同程度の国同士の国際観光は奨励している。

（3）相容れないパラダイム

　結局，近代化理論は，世界を見ているようで，そうではない。この理論は低開発の原因は国内にあるとし，開発というものを国内の閉じた空間に西洋化を取り入れるプロセスと見ていた。一方で，低開発理論は，外の開発状態の存在こそが国内の低開発状態の原因であるため，外に依存している間はいつまでも低開発の立場に甘んじてしまうという考え方に立ち，コミュニティで完結できる開発の枠組みを構築しようとした。

この 2 つの理論は，互いに相容れないパラダイムとして扱われてきた。そして，世界では，この近代化理論と低開発理論のどちらかに基づいて観光開発が行われてきた。例えば，ケニアやプエルトリコ，東南アジア諸国では近代化理論を背景に，積極的にマスツーリズム型の観光地を目指した。一方，タンザニア，キューバ，エリトリア等は低開発理論をもとに，国内基盤の整備をまず行った。

（4）グローバリゼーションの出現

　冷戦構造の崩壊によって，社会主義諸国は政治システムを大幅に変えることになった。とりわけソ連の崩壊は，社会主義が，政治的にも，経済的にも，社会・文化的にも終焉を迎えたことを意味する。そして，世界は急速にオープンになっていくこととなった。その文脈から，グローバリゼーションというパラダイムが出現した。

　グローバリゼーションは，近代化理論と低開発理論の両方を包含し，止揚することで発展した。近代化理論は国の内部の問題を扱い，低開発理論は外との関係に構造的に存在する問題を論じてきたが，グローバリゼーションというパラダイムは，国内問題と国際問題の両方に焦点を当てて論じている。

　グローバリゼーションが勃興した当初，グローバリゼーションがこのまま進めば，国境の概念が希薄になり，新たな「空間・時間の圧縮」によって世界は小さくなり，地域間格差は確実になくなって，一つの秩序に包含されると言われた。そして，世界経済が大規模になり，大規模になればなるほど，小規模事業体にチャンスが回ってきて，力を持ってくるようになるとも言われた。

　その後，グローバリゼーションは世界中に瞬く間に広がり，世界は，政治的にも，経済的にも，社会・文化的にも大きく変化した。

　まず，ほとんどの社会主義国が破綻をきたした中で，資本主義が世界中に広がり，資本主義こそが究極の経済体制であるように考えられるようになった。加えて，情報通信や交通機関の急速な発展が，経済のグローバリゼーションを下支えし，情報と資本の移動を加速させた。まさに，グローバリゼーションが，「空間・時間の圧縮」を成し遂げたのである。

　これらの動きは，多国籍企業の力を強めただけでなく，「グローバル・アライアンス（提携）」という新しい多国間の結びつきを生んだ。観光関連分野でも，航空会社の三大アライアンス（第7章第1節参照）は典型的な例である。他にも自動車，電信電話，メディア等あらゆる業界で，グローバル・アライアンスが見られるようになっている。

　また，「空間・時間の圧縮」は，文化のグローバル化も急速に広げることとなった。マクドナルドやコカ・コーラのロゴマークは世界中どこでも見られるようになり，映画や音楽も世界共通のものを世界中で楽しむようになった。労働市場も世界的になり，職場を求めて国を渡り歩く人が増えるようになった。

　政治的な側面にもグローバリゼーションは大きな影響を与えた。まず，IMF，WTO，世界銀行といった国際機関が国家運営にも影響を及ぼすようになった。それらは，特にアジア，アフリカ，南米等の開発途上国の国家運営において，民営化，規制緩和を積極的に推進し，国家の役割をできるだけ小さくすることを強調した。世界の国々は，「グローバルスタンダード」を受け入れ，市場も政策決定過程もそれに従うことになった。この文脈で，観光の国連機関であるUNWTOにより国際観光が飛躍的に伸びていく予想が発表され，世界の国々の観光計画でこの予想が引用されていくのである。まさに，当初は，グローバリゼーションはバラ色の未来を約束してくれるかの様相であった。

　多少遅れて，教育や研究の分野でもグローバリゼーションの波を受けるようになった。世界の大学ランキングがことさら強調されるようになり，世界中の大学がこの大学ランキングの順位を意識するようになった。

（5）幻想としてのグローバリゼーション

　しかし，当初言われていたグローバリゼーションのバラ色の未来とは違った結果が年を追うごとに見られるようになった。グローバリゼーションによって世界各国は同じ発展を遂げることができると言われていたにもかかわらず，先進国と開発途上国との経済格差はますます広がる一方になってきた。さらに，国内での富裕層と貧困層の所得格差もさらに広がってきた。そして，大規模多国籍企業が国境を越えて力を持ち，競争環境がますます寡占化され，価格面で

も相互破壊的な競争となり，小規模事業体の体力に限界が来て，その破壊的競争についていけず，一部の大企業だけが生き残る。そして，競争に勝った大企業は，破壊的競争が始まる前よりももっと強い力を持つことになり，価格決定権を市場から奪い，必然的に価格は上昇する。

　観光以外に産業のない開発途上国はますます観光客を送り出してくれる国への依存度を高めていくことになった。そして，その発地に迎合し，自国の伝統や文化の価値を理解して保全することよりも，観光客から求められる資源だけが残されていく。結局，一部の国からの観光客に依存すると，その国の機嫌を窺うようになり，国家運営のイニシアチブさえ自分たちで握れなくなってくる。

　また，グローバリゼーションで大きな問題となってきているのが，多くの言語が絶滅の危機に晒されているという点である。世界共通語としての英語の利用の機会ばかりが増え，文化の多様性の象徴である言語が加速度的に絶滅をしているという。言語は象徴的な例であり，民族固有の伝統，文化そのものが，言語とともに絶滅の危機に瀕していると読み取れる。いったん失ってしまった言語はもう元には戻らない。そして，言語が失われてしまえば，その土地の固有言語によって伝承されるべき固有の伝統文化も同時に失うことになる。

　このように，当初は，向かうところ敵なしと見えたグローバリゼーションだったが，その行き過ぎた実態が明るみになるにつれ，発展の対案としてサステナブル・ディベロプメント（持続可能な発展）の理論構築がなされた。

（6）サステナブル・ディベロプメントという概念の誕生

　もともと，サステナブル・ディベロプメントという概念を明確に提示したのは，環境と開発に関する世界委員会（The World Commission on the Environment and Development：WCED）において1987年に発表されたブルントラントレポート「Our Common Future」である[2]。それまでの議論は，経済成長・開発・発展と環境保護は二元論，すなわちトレードオフの関係であり，環境の向上は経済成長を期待しない状況を意味し，経済成長は環境を破壊することを意味した[3]。しかし，このような二元論を越えて，環境保護と経済成長を同時に達成する方法を模索するのがサステナブル・ディベロプメントという考え方である。

　このような前代未聞の概念を提唱し，科学と政治が協調しあっていかなければならないと主張したのが，グロ・ハーレム・ブルントラントである。彼女はノルウェーで小児科医師と政治家としてのキャリアを積んだ。1974年に環境相，1981年に首相を務めた。首相在任期間は1年未満と短かったものの，その後，1983年に国連の環境と開発に関する世界委員会の委員長に就任した。強力なイニシアチブで会議を推進していったことから，ブルントラント委員会と呼ばれた。この委員会が設立された背景には，当初は主に先進工業国内の問題で，工業化による国富生産の副産物と見られていた環境の破壊が，開発途上国でも貧困とともに進行し，西側先進国主導による開発途上国における容赦ない乱開発が世界的な問題となってきたことが挙げられる。

　ブルントラントレポートでは，「持続的な開発とは，将来の世代が自らの欲求を充足する能力を損なうことなく，今日の世代の欲求を満たすことである」とし，「持続的な開発は，世界のすべての人々の基本的欲求を満たし，また世界のすべての人々により良い生活を送る機会を拡大することを必要とする」と述べて，基本的な欲求を満たすためには，経済成長を必要とすることを述べている。そして，結論として，持続可能な開発を追求するためには，次のことが必要であると指摘している。

　　・意思決定における効果的な市民参加を保障する政治体制。
　　・剰余価値および技術的知識を他者に頼ることなく，持続的な形で作り出すことのできる経済体制。
　　・調和の欠いた開発に起因する緊張を解消しうる社会体制。
　　・開発のための生態学的基盤を保全する義務を遵守する生産体系。
　　・新しい解決策をたゆみなく追求することのできる技術体系。
　　・持続的な貿易と金融を育む国際的体系。
　　・自らの誤りを正すことのできる柔軟な行政体系。

　さらに，最終的に，持続可能な開発は，まさに政治的意思にかかっているとし，政治が達成すべきことは，これらの目標を真摯に追求することであり，こ

の目標からの離脱をいかに効果的に是正できるかであるとしている。

3　サステナブル・ツーリズム概念の定着

（1）サステナブル・ツーリズムが当初目指したもの

　ブルントラントレポートが発表されるまでの各理論がマスツーリズムに対してどのようなスタンスをとっていたかを見てみると，マスツーリズムには弊害が大きく伴うという主張が主に低開発理論から展開されていた。しかし，近代化理論と低開発理論が止揚することでグローバリゼーションの考え方が生まれると，グローバリゼーションにまず舵を切った元低開発論者はマスツーリズムの弊害をあまり論じなくなってきた。

　そこで，新たに，マスツーリズムを完全否定し，それとは一線を画した形でオールタナティブ・ツーリズムという考え方が生まれた。オールタナティブ・ツーリズムにあたるのは，エコツーリズム，エスニック・ツーリズム，コミュニティ・ベースド・ツーリズムのようなものである。これらは，観光目的地（デスティネーション）の傷つきやすく繊細な自然や地元民俗文化を尊重した観光を構築することを目的として形成されたものである。ただ，これらは，自然地域に限定された，極めてマーケット規模の小さいムーブメントであり，物量に勝るマスツーリズムは，弊害を内在しながらもそのまま発展を続けていった。

　ブルントラントレポート以降，サステナブル・ツーリズムの考え方が定着することで，マスツーリズムのオールタナティブとしてサステナブルがあるのではなく，マスツーリズムを否定せず，マスツーリズムも含めてすべての観光形態がサステナブルでなければならないという見解が登場した。小さな規模の観光をサステナブルにしたところで，大きな規模の観光が変わらなければ，サステナブル・ツーリズムは実現しない。「どんなマスツーリズムも最初は小さく始まった」（Harrison, 1992）という指摘があるように，規模が小さければいい，大きければよくないという発想では，今は規模が小さい観光形態でも，それが市場に受け入れられてだんだん大規模化してくると，サステナブルは実現しない。自然観光資源で小さく営んできた観光地が，世界自然遺産に登録されたと

たん，世界的に有名になって，多くの観光客を迎えることとなり，自然資源が破壊されている例は枚挙にいとまがないことからも，これは自明である。サステナブル・ツーリズムとは，マスツーリズムの対立概念として定着させるのではなく，マスツーリズムも巻き込んだ運動にしていくという方針が確認されたのである。

（2）アジェンダ21

　1992年の国連環境開発会議（地球サミット，リオ・サミット）において，「環境と開発に関するリオ宣言」とその具体的な行動指針である「アジェンダ21」が採択された。このリオ・サミットこそが気候変動や生物多様性への対策が急務であると認識され世界的なムーブメントとして広がる契機となった。また，アジェンダ21の特徴として，それまでの政府主導のトップダウン型の開発プランではなく，ローカルのコミュニティとその構成要員がボトムアップで戦略を策定していくことの重要性が強調された。

　観光業界においても，WTTC（World Travel & Tourism Council；世界旅行ツーリズム協議会）とUNWTOという観光業界に対して影響力を持つ国際的な組織が中心になって，このアジェンダ21をどう業界に落とし込んでいくかが議論され始めた。以降，WTTCもUNWTOも現在まですべての会議において，サステナブルにしていくためには何が必要かという視点は全くぶれていない。さらに，この時期から，欧州を中心に，観光目的地に対して弊害の多い観光形態を正常化していくためにアクションを起こすNGOが誕生し，啓蒙活動を開始することとなる。

　ただ，観光業界は，総論には賛成だが，各論となるとなかなか難しいことが多いということで，何がサステナブル・ツーリズムなのかという解決案が出ることはなく，NGOから指摘されたことに，対症療法的に是正しているような状態であった。業界の大きな流れとしては，今まで通りであり，弊害の多い観光形態が是正されるまでは至らなかった。

表3-1　MDGsの8つの目標

1．極度の貧困と飢餓の撲滅
2．普遍的初等教育の達成
3．ジェンダーの平等の推進と女性の地位向上
4．幼児死亡率の削減
5．妊産婦の健康の改善
6．HIV・エイズ，マラリアその他疾病の蔓延防止
7．環境の持続可能性の確保
8．開発のためのグローバル・パートナーシップの推進

（3）MDGs

　アジェンダ21は，理想を現実に落とし込むことの嚆矢としては画期的なものではあったが，具体的な行動規範や行動計画までは落とし込むことができなかった。そこで，さらに具体的な目標を定める必要性が叫ばれるようになり，2000年の国連ミレニアムサミットにおいて，ミレニアム開発目標（MDGs：Millennium Development Goals）が策定された。これは，8つの目標（表3-1）と21のターゲットから構成されていて，国際機関と国連加盟国は2015年までにこの目標を達成することが合意された。

　MDGs は国際機関と国連加盟各国にこの目標を達成するよう要請するというところまで踏み込むことができたが，8つの目標のうち，環境に関する持続可能性に関して述べられているのは1項目のみで，開発途上国の貧困削減や環境改善が総花的に扱われていることから，環境保護という視点からはあまり進展は見られなかったのが現実である。また，国際機関と国に対して提唱されたことで，民間にこの流れが波及することも限定的であった。ただ，その他の目標に関しては，4．幼児死亡率の削減と，5．妊産婦の健康の改善を除いて，めざましい成果を挙げることができた。

（4）SDGsへ

　MDGs の目標年が2015年であったので，2015年以降，MDGs を引き継ぐ形での目標が必要となってきた。2015年の3年前，2012年にリオ・サミットからちょうど20年が経過したタイミングで，「リオ＋20」と呼ばれる国連持続可能な開発会議が行われた。この会議に参加した玄葉光一郎外務大臣は，グリーン・イノベーションを主導すると題して，グリーン経済への移行を強く主張した。ちょうどわが国は2011年に東日本大震災が発生し，福島県選出の玄葉大臣としても，復興をグリーン経済で推進したいとの強い思いを持って参加した。

そのような流れもあって，国際機関や国家の枠組みだけでなく，産業界も大きく巻き込んでいかなければ，持続可能な社会は実現できないとの認識が共有され始めた。その流れを受けて，2015年の国連総会において，持続可能な開発目標（SDGs：Sustainable Development Goals）が制定されたのである。SDGs に関しては本章第1節（1）で詳述したが，このような経緯があったため，SDGs は，公的セクターだけでなく，民間，市民も巻き込み，多様な主体によって達成を目指すものとして実現したのである。

（5）サステナブル・ツーリズムの今後の発展：レスポンシブルとアクセシブル

　世界の観光の正常化を図る国連機関である UNWTO は，早くからサステナブル・ツーリズムの重要性について説いてきた。UNWTO のスー・ジン部長は，2017年に来日したときの講演において，サステナブル・ツーリズムの実現に関してすべてのセクターが今後は考えていかなければならないことを強調している。そして，サステナブル・ツーリズムを推進するための要諦として，レスポンシブル・ツーリズムとアクセシブル・ツーリズムが重要であると述べた。

　レスポンシブル・ツーリズムは，責任ある観光と訳すことができ，観光に関わるすべてのステイクホルダーが，倫理観を持って観光を実施していくことが求められている。観光は商業的に成立させることが必要であるが，その源泉は観光客からの旅行代金である。金銭を支払うことで，観光客は何をやっても許されるといった態度を取る場合がある。日本には古くから，「旅の恥はかき捨て」という悪い俗諺があるが，まさに観光客は洋の東西を問わず，旅の途中で羽目を外すことが多い。ただ，観光地が将来世代にわたってその価値を毀損することなく発展していくためには，いくら旅行代金を払ってくれる源泉であろうと，観光客と観光客を受け入れる地域との関係は，ゲストとホストという対等の関係にならなければいけない。また，観光地側も，「観光地価格」と称されるような「ぼったくり」はしてはいけない。観光関連産業も観光地に対して適切に利益を落としていかなければならない。このような観光客，地域住民，観光関連産業が三方一両得の関係を構築していくことこそが，レスポンシブル・ツーリズムを実現する行動である。

表 3-2 社会的障壁の具体例

	内 容	具体例
事物の障壁	施設や設備などによる障壁	階段しかない入口，路上や点字ブロックの上に停められた自転車，右手でしか使えないはさみなど
制度の障壁	ルールや条件などによる障壁	申込方法が来店のみ・電話のみなどの受付，同伴者を求めるサービス，墨字（印字された文字）のみの試験問題など
慣行の障壁	明文化されていないがマジョリティが従うしきたり，情報提供	緊急時のアナウンスは音声のみ，注意喚起は赤色を使う，視覚でしか分からない署名・印鑑の慣習など
観念の障壁	無知，偏見，無関心など	"こうあるべきだ"，"〜できるはずがない"，"障害者はかわいそう"など

出所：公益財団法人日本ケアフィット共育機構。

　もう一つの重要な柱が，アクセシブル・ツーリズム，すなわち，誰もが旅に行ける社会を構築することである。福祉的対応を充実させることであるが，福祉という言葉だと，どうにも恵まれない人に施しをするといった印象を持たれるが，そもそも福も祉も「幸せ」の意味を有し，すべての人が幸せである状態を指す。

　そして，障害に対する考え方も近年は変化している(4)。今までは，障害者が困難に直面するのは，個人の心身機能に原因があるという考え方をしていた。階段を登れないのは車いすを利用しているからで，その障害を解消するためには，階段はそのままで，障害者側が，立って歩けるようになるためのリハビリや訓練，医療を施されないといけないと考えられていた。

　それに対して，最近では，障害者の不利益や困難の原因は，障害のない人を前提に作られた社会の作りや仕組みそのものにあるという考え方が生まれてきている。社会や組織の仕組み，文化や慣習などの「社会的障壁」が障害者をはじめとする少数派（マイノリティ）の存在を考慮せず，多数派（マジョリティ）の都合で作られているためにマイノリティが不利益を被っているという視点から，障害を解消するのは社会の責務と捉える。

　前者を「障害の個人モデル」といい，後者を「障害の社会モデル」という。段差や音声だけのアナウンス等障壁を作っているのが事業者側であるとすれば，その原因を取り除くのは障害者自身が努力すべきことではなく，事業者に義務

図3-3　UNWTO の開発のための持続可能な観光国際年
Travel Enjoy Respect キャンペーンの情宣資料

があるという考え方であり，社会全体で，社会の中にある障害を除去していか
なければいけない。

　アクセシブルとはまさに誰にとってもアクセスできることを指す。これは障
害の社会モデルを観光現場でも実現していくことに他ならない。

　UNWTO は2017年を「開発のための持続可能な観光国際年（International
Year of Sustainable Tourism for Development）」と定めた。

　ここで，観光の役割として特に以下の5つの柱を重要項目として挙げた。

・包括的で持続可能な経済成長
・社会的包摂，雇用創出，貧困軽減

- ・資源の効率化，環境保護および気候変動
- ・文化的価値，多様性および伝統
- ・相互理解および平和と安全

　この開発のための持続可能な観光国際年のプロモーション動画が公開され，ここで強力なメッセージとして発信されたのが，

Travel, Enjoy, Respect

である。観光は商業的に成立しなければいけないので，楽しくなければならない。しかし，観光客，観光地の地元住民，観光事業者の三方が，お互いにリスペクトをしあっていかなければ，観光は持続可能にはならない。この短い3語こそ，サステナブル・ツーリズムの真髄である。

注
(1) 誰もが参加できる観光を実現することをアクセシブル・ツーリズム（Accessible Tourism）と言う。UNWTOのスー・ジン部長は，サステナブル・ツーリズムを実現するためには，レスポンシブル・ツーリズム（責任ある観光）とアクセシブル・ツーリズム（観光のユニバーサルデザイン）が両輪であると述べている。詳細は本章第3節（5）。
(2) それ以前もサステナブル・ディベロプメントという概念は1980年頃からあったものの，一般的にはならなかった（Holden, 2000）。
(3) 1970年代，近代化理論と低開発理論が論争をしている間に，生物学，生態学から派生した環境主義（Environmentalism）が，近代化理論と低開発理論の両者と相対するパラダイムとして生まれていた。サステナビリティは，もとはといえば，この環境主義から生まれた理論であるが，近代化理論と低開発理論の対立構造がなくなり，両者がグローバリゼーションという形で止揚されたことで，グローバリゼーションに対する対案として発展した。しかし，環境主義には，経済発展に対し否定的な考えを持っている人々（ディープ・エコロジスト）も存在するため，サステナブル・ディベロプメントの理論が構築され始めたことで，環境主義も分化していくことになる。

(4)　以前は，障害の害の字に対する反発から，障がいや障碍といった表記をする傾向
　　が強くなっていたが，障害の個人モデルから社会モデルに考え方が変化したことで，
　　害は，障害者にあるのではなく，社会に存在するということから，害の字をそのま
　　ま使うようになってきた。

第4章
日本の観光発展史

1 開国，そして不平等条約改正と観光の関わり

　第1章で述べた通り，「旅行」と対比して，「観光」は行くことと迎えることの双方向の行動であるとするならば，日本における国としての観光との関わりは明治時代からとすることが適切であろう。

　江戸時代が終わりに近づいた1858年，江戸幕府は日米修好通商条約を締結し，オランダ，ロシア，英国，フランスとも立て続けに修好通商条約を締結した。それらはすべて関税自主権がなく，領事裁判権を認める不平等条約であった。

　明治維新の後，明治新政府は，岩倉使節団を欧米に派遣し，不平等条約の改正を試みたが，けんもほろろに断られた。このことから，わが国は，不平等条約を改正するためには，まず国家の近代化を進めることが先決との方針を立て，富国強兵，殖産興業，内閣制度，憲法発布，帝国議会召集等国家の基盤整備に取り組んだ。わが国の鎖国を開いたのは米国であったが，米国はその後南北戦争のためにわが国との貿易額も低下した。新政府との関係もあって，代わって，英国が貿易の中心となった。わが国の悲願は条約改正で，米国は条約改正にも後ろ向きではなかったものの，最大貿易国である英国は強硬に反対したため，条約改正は進まなかった。ただ，領事裁判権を認めることと引き換えに，外国人は居留地に滞在し，移動はその約40km の範囲内とされ，自由に日本国内を移動することは禁じられていた。ただ，外国人の中でも特に商人は日本国内の自由な移動を求めており，それを認めるためには，領事裁判権の撤廃が前提という考え方を明確にしていたことで，これがもしかしたら条約改正の糸口になるのではないかとの期待もあった。

そのような中，1886年にノルマントン号という英国船籍の貨物船が，紀州沖で暴風雨に晒され座礁沈没した。このとき英国人船長は，欧州人のみを救助し，日本人乗客を全員見殺しにしたにもかかわらず，領事裁判権の行使で無罪となり，国民の反発が大々的に沸き起こった。ノルマントン号事件の前にも，英国人のアヘン持ち込みに対する無罪判決，コレラが蔓延していた清から来たドイツ船の検疫拒否による強行入港事件等が相次いでおり，国民の怒りは増大し，領事裁判権の撤廃を求める世論は無視できない規模になった。1888年の日墨修好通商条約を皮切りに法権の回復が実現し，陸奥宗光外務大臣の下，日清戦争開戦直前の1894年に日英通商航海条約が結ばれ，ようやく領事裁判権撤廃が実現した。このことから，横浜，神戸をはじめとする外国人居留地は廃止され，外国人は内地雑居となり，日本国内を自由に旅行することができるようになった。

2　喜賓会からジャパン・ツーリスト・ビューローへ

そこで，外国人に対して日本の観光をプロモーションする組織の必要性と，不平等条約に起因する日本人の外国人に対する憎悪感情を和らげ，歓迎の心で外国人観光客をもてなす必要性が語られるようになった。そのような目的の下に設立されたのが「喜賓会（Welcome Society）」である。この名は，『詩経』小雅篇の「我有嘉賓，中心喜之。（我に嘉賓有り，中心より之を喜ぶ。）」[3]から採られた。折しも，1872年からトーマス・クック社による世界一周旅行の寄港地として横浜が選ばれたことから，欧米の富裕層に新しい旅先として日本が注目されることとなり，1878年の箱根富士屋ホテル（序章第2節参照），1890年の帝国ホテル等，外国人の滞在が可能な洋風ホテルの相次ぐ開業もその気運を後押しした。喜賓会は，欧米の視察旅行を通して観光の産業化に目をつけた三井物産社長の益田孝と渋沢栄一らが発起人となって，1893年，東京商工会の一部門として設立された。主たる業務として，外国人が滞在できる部屋を持つ宿泊施設の設立支援，外国語ガイドの養成，地図やガイドブックの制作を実施しており，この活動はいわば現在の政府観光局（NTO：National Tourism Organisation）の

走りと言える。この時期，英国ではトーマス・クックが，米国ではアメリカン
エキスプレスが旅行事業を拡大していたが，政府観光局はまだ存在していなか
ったので，喜賓会は世界の観光史においても意義深い特徴的な組織であったと
言っても過言ではない。

　増加する外国人観光客に対して，喜賓会のガイドや地図は重宝がられた。し
かし，地図もガイドブックも無料で配布していたため，支出が増加し，収入は
寄付に依存していたことで，需要が拡大すればするほど台所事情は火の車にな
ってきた。日露戦争後の不況や，1906年に成立した鉄道国有法に基づいて地方
鉄道が国有化されたことで，それまで地方鉄道の寄付に頼っていた収入が軒並
み減少し，運営が危ぶまれるようになった。

　そんな折，朝鮮，台湾，満洲へと進出するようになった帝国鉄道庁（1908年
より鉄道院，1920年より鉄道省）内で外国人観光客誘致に関与する構想が生まれ，
任意団体として1912年にジャパン・ツーリスト・ビューロー（現在の JTB）が
設立された。財政難にあえいだ喜賓会は，その 2 年後の1914年に解散すること
になった。新しく設立されたビューローは，喜賓会とは一線を画し，後継機関
とは敢えてならずに，独自の路線で外国人観光客誘致を行うこととなったので
ある。ここには，商工会を管轄した農商務省対鉄道省の縄張り争いもあったの
ではなかろうか。

　ちなみに，日本で初めて設立された旅行業はビューローではない。1905年に
滋賀県草津駅で弁当を販売していた南新助が，日本初の旅行斡旋業である日本
旅行会を創業し，高野山，伊勢神宮参詣の団体旅行を企画，実行し，成功を収
めた。それから，国鉄の臨時列車を貸し切って，伊勢神宮，江の島，東京，日
光，長野を周遊する 7 日間の善光寺参詣団を実施したら，またこれが大当たり
した。南の企画する旅行は，移動途中にも観光案内はもちろん，名産品の提供，
郷土芸能の演舞，車内新聞の発行等，旅行者を楽しませる色々な工夫がなされ
ていたという。南が創業した日本旅行会は現在の日本旅行の前身である。南の
目指したお客様にとことん楽しんでもらう旅の伝統は日本旅行には脈々と受け
継がれていて，カリスマ添乗員平田進也の「おもしろ旅企画ヒラタ屋」など，
他には真似のできない旅行が今に伝わっている。

3 外国人観光客誘致の受難と克服，そして戦争の時代へ

　そんな中，1923年に関東大震災が起こり，関東地方は壊滅的な打撃を被った。折しも，帝国ホテルの新館（ライト館）の開業記念式典を挙行する日であった。しかし，世界的建築家フランク・ロイド・ライトが設計した新館は，この大地震においてもびくともしなかった。さらに，社員の献身的な尽力により，火災の延焼を防ぐことができたのである。このライト館は，現在は愛知県犬山市の博物館明治村に移設され，当時の趣のまま中央玄関，メインロビー部分が保存されている。

　関東大震災は当時の日本の玄関口横浜にも甚大な被害をもたらした。震災前，山下町界隈には多くの外国人向けホテルが軒を連ねていたが，震災ですべて瓦礫の山と化してしまった。その後，バラック小屋で営業は再開したものの，「テントホテル」と揶揄される始末で，当時の横浜市長有吉忠一が横浜の復興の象徴となるべき本格ホテルを建設することを提案，政・官・財界挙げて取り組んだ結果，1927年，震災で出た瓦礫を埋め立てて作られた山下公園の目前に，ホテルニューグランドが開業した（図4-1）（コラム1参照）。

　外国人観光客誘致に関しては，さらに受難の出来事が続くことになる。1927年には東京の銀行で取り付け騒ぎが起こり，金融恐慌が起こった。そして，1929年にニューヨークの株式市場で突如株価が大暴落し，世界に大不況の波が瞬く間に広がり，わが国にも1930年にその波が到達することとなった。折しも東北地方では凶作に見舞われ，飢饉が起こり，日本の経済は混乱を極めた。日本は大陸進出に国家の命運を賭け，1931年の満州事変を機に，軍国主義の道を進むこととなった。1933年，日本は国際連盟を脱退し，第1次世界大戦後から構築されてきた国際協調の輪からは離れ，孤立化，軍国主義化していくこととなる。ただ，世界恐慌後の対応に関しては，米国はニューディール政策による自国中心主義を推進し，英国，フランスは自国の植民地ならびに自国と関係の深い国との連携を強め，それ以外の国々に対しては関税を高くする等の差を設けるブロック経済を構築した。植民地を持たないドイツ，イタリアではファシ

図4-1　開業当時のホテルニューグランド
出所：ホテルニューグランド（画像提供）。

ズムが台頭した。日露戦争の敗戦と第1次世界大戦で疲弊したロシアでは革命が起こってソビエト社会主義共和国連邦（ソ連）が成立し，社会主義国家として計画経済を推進していたことで世界恐慌の影響を受けず，米国に次ぐ世界第2位の工業生産高を示すようになった。国際協調は世界的にも遠のいている状況であった。

　この頃，ジャパン・ツーリスト・ビューローのビジネスモデルに変化が見られるようになる。もともと，喜賓会が行ってきた外国人観光客への便宜供与や情報提供を中心に行ってきたが，1920年代から，日本人の海外渡航の手配を行うようになり，これが主たる収入源になってくる。また，外国人向けに販売していた日本国内の安価な周遊券を日本人にも販売してほしいとの要望があり，日本人に対する日本国内旅行の手配や斡旋を行うようになる。さらに，1930年から日本郵船の長距離旅客船の運航に対して，外国船との差別化を行うために，ビューロー社員が乗務する旅行案内所を船内に開設することとなった。ビューロー社員は，日本人には海外の，外国人には日本国内の旅行案内だけでなく，それぞれの鉄道，航空，以遠旅程の作成等広範囲に対応した。（コラム2に紹介するユダヤ人の救出に尽力した大迫辰雄はこの枠組みが既にあったから円滑に乗務できた。）このような，現代にも通じる旅行業のビジネスモデルが確立し，持ち出

　ホテルニューグランドは横浜市の政・官・財界挙げて関東大震災からの復興のシンボルとして1927年山下公園前に開業した。初代会長には当時横浜商工会議所会頭の井坂孝が就任し，実際の運営に当たる常務取締役として，彼の古巣の東洋汽船から土井慶吉を迎え入れた。土井は世界に誇るホテルになれるよう，欧米を視察してくる中で，パリで活躍する2人のスイス人を見出した。土井は，アルフォンゾ・デュナンを初代支配人として，そしてサリー・ワイルを料理長として招聘した。

　特に，ワイル料理長の存在は日本のホテル界，料理界に大きな影響をもたらした。ホテル王セザール・リッツの右腕料理人エスコフィエ直伝の本格フランス料理の技術はもちろんのこと，鹿鳴館外交の悪影響にそもそもの端を発した，貴族風のプロトコルを礼賛するような敷居の高いフランス料理の堅苦しいマナーを求めず，パリの下町風の自由な雰囲気を取り入れ，ドレスコードや酒，煙草についても自由，コース以外にアラカルトを用意するなど，お客様本位のサービスを実践してみせた。当時のメニューには「料理長はメニュー以外のどんな料理の注文にも応じます」と書かれていたとされ，ある来客が「体調が優れないからのど越しの良いものを」と

サリー・ワイル料理長と弟子たち

リクエストしたところ，ワイルが即興でドリアを調理した。ワイルが作ったドリアのレシピは今も伝わっており，今日でもホテルの名物料理となっている。

　ワイルは厨房の中も改革した。当時厳格な徒弟制度で成り立っていた料理界の慣習を廃し，すべての調理技術を公開し，1人の料理人がすべてのセクションを担えるようにしたことで，ワイルの元から視野の広い料理人が多く育った。また，ノウハウを外に出さない料理界の慣習のせいで当時の日本には日本語で書かれた料理本はなく，フランス料理を正しく理解するためには原書を読むしかなかった。そこで，ワイルは若い料理人たちに語学学校へ通うことを奨励し，語学学校に通う日は，たとえ見習いコックの身であったとしても，厨房の仕込みや掃除も免除された。

　ホテルニューグランドは，欧米人の厳しい目からも認められるサービススタンダードを実現するだけでなく，和服でのサービスや，自動車とともに日本的なハッピ姿の俥夫が引く人力車も常駐させ，和の要素も取り入れたサービスは「ホテルニューグランドスタイル」として結実していった。開業当時から培われたこのような考え方は，今日に脈々と引き継がれている。

　なお，ホテルニューグランドと同様に戦前からの姿を現在にとどめて運営しているホテル9軒で「日本クラシックホテルの会」が結成されている。

開業当時の面影が今も残るホテルニューグランド
出所：左右ともにホテルニューグランド（画像提供）。

　第2次世界大戦の最中，ユダヤ人の命を救うため日本人外交官・杉原千畝（1900
～86）は，副領事として赴任していたリトアニアで，ナチス・ドイツの迫害から逃
れてきたユダヤ人に対して，外務省の指示に背いて，日本通過ビザを発給し続ける
ことで彼らの亡命を助けた。

　杉原のビザを手にしたユダヤ人の多くは，シベリア鉄道でユーラシア大陸を横断
し，ウラジオストクから船で敦賀に上陸し，その後横浜や神戸へ移動，そこから米
国をはじめ世界各地へ脱出し命をつないだ。この大陸から日本への船での輸送斡旋
を担ったのが，ジャパン・ツーリスト・ビューローである。

　当時，日本はドイツと友好関係にあったことから，この依頼を受けるべきか否か，本
社内で議論となったが，最終的に人道的見地から引き受けるべきと決断した。敦賀に
臨時の事務所を開設して駐在員を置き，ウラジオストク－敦賀間の航路「天草丸」にも
添乗員を派遣し，さらに日本入国後のユダヤ人乗客の移動のため港から敦賀駅までの
バス輸送の準備や，敦賀駅から神戸や横浜へ向けて出発する臨時列車の手配も行った。

　1940年9月10日に最初の船がユダヤ人乗客を迎えるため，敦賀港を出航し，ウラ
ジオストクへと向かった。記録では4名の職員が交代で乗船，休みなく添乗斡旋に
あたった。その一人が当時入社2年目の責任感溢れる大迫辰雄だった。冬の日本海
はしけが多く船は揺れに揺れ，船酔いと寒さと下痢に痛めつけられた。大陸近くの
海では機雷により不運にも沈没する船もあり，乗員乗客ともに命がけの航海だった。

ウラジオストクから敦賀までユダヤ人を運んだ天草丸

この海上輸送は，翌年の独ソ戦の開始によりヨーロッパからシベリア経由での避難経路が断たれるまで約10カ月にわたり続けられた。

　船内では，米国在住の親戚等からユダヤ人協会へ託された保証金を名簿と照らし合わせ乗客の中にいる該当者へ手渡す業務も実施された。日本到着後，最終目的地への移動を滞りなく進めるため，その業務はウラジオストクから敦賀までの航海中に行わなければならず，大迫らは2泊3日という限られた時間の中で約400名にのぼる乗客の氏名と送金額のリストを照合し，給付の手配や授受の有無を確認した。そのお金はユダヤ人の米国への脱出を支える貴重な資金となった。苦労したのは言葉の問題だった。大迫らは英語が堪能だったが，欧州各国から逃れてきた多くの乗客は多種多様な言語を話し，英語を話せる人は非常に少なかった。

　女性のユダヤ人乗客と大迫が甲板に並んで写ったスナップ写真がある。女性客は安心した笑顔をカメラに向けている。写真の裏にはこう記されている。「私を思い出して下さい。素敵な日本人へ。」

　このユダヤ人女性は，2014年の春に，ソニア・リードさんと判明。残念ながら，ソニアさんはすでに他界されていたが，ソニアさんの長女のデボラ・リードさんとコンタクトができ，この写真が返された。デボラさんは「（母は）生き延びて幸せな人生を送ることが出来ただけでなく，しっかりと記憶されていたのです。そして，助けを必要としていた人々に示された日本人の親切もまた間違いなく記憶されていたのです。」と感激し，時を超えて母の来し方を想像したそうである。

　これは，旅行業が国家の対立を超えて人道主義に貢献した好事例である。[5]

ソニア・リードさんと大迫辰雄

しの多いコストセンター的な外国人観光客への情報提供から，プロフィットセンターとしての旅行業務へと転換したのである。

その頃，特に国策で米国からの外国人観光客誘致を強化する思惑から，中央行政機関に観光の部局を作る構想が浮上した。どの省庁下に置くべきか議論された際，既存省庁同士のつばぜり合いがあったが，ビューローの設立と維持に尽力してきた鉄道省が担うことになり，1930年に鉄道省内に国際観光局が設置された。そして，機動力を持って対外広報を実施する必要性から，1931年に財団法人国際観光協会が設立された。ビューローがそれまで行ってきた外国人観光客誘致事業は財団法人国際観光協会に引き継がれた。

その後，ビューローは旅行業としての事業を強化していく。そして，日本がアジアへと進出をしていく中で，その名称も1941年には，「東亜旅行社」と改名することとなる。

1939年から第2次世界大戦が，そして1941年から太平洋戦争が始まり，観光はできなくなってきたことから，1942年には国際観光局が廃止，1943年には国際観光協会も解散することとなる。その中で，東亜旅行社は，戦時下においても，中国大陸や南洋に人員を輸送するノウハウを持っていることから，陸海軍や鉄道省の要請に応じて輸送を請負った。もはやこの業務は旅行ではないことから，東亜旅行社は，1944年に「東亜交通公社」に改名することとなった。そして，1945年，ついに終戦を迎えることとなる。

4　力強い戦後復興と旅行会社の相次ぐ誕生

日本は敗戦により壊滅的な打撃を被った。日本全国が焼け野原になり，まさに0からの再出発となった。空襲にも耐えた一流ホテルの多くはGHQ（連合国軍最高司令官総司令部）が接収し，軍関係者と引揚者以外の入国は基本的に認められなかったことから，観光が再開されるのは，ずいぶん先のように思われた。そんな中でも，東亜交通公社は，国外のすべての事務所を失ったが，1945年中に日本交通公社（英文名：Japan Travel Bureau）と改名し，新たな一歩を歩み始めた。1946年には修学旅行が復活するなど，団体旅行から少しずつ日本人の観

光旅行復活の兆しが見え始めてくる。さらに，現在の近畿日本ツーリスト（KNT-CTホールディングス）の前身となる日本ツーリストが1948年に創業し，旅行業に戦後の新たなビジネスチャンスを見出す動きも出始めてきた。1948年には旅館業法が定められ，国鉄が中心になって，優良旅館を推薦したり，周遊券を復活させたりして，まず日本国民の国内観光への基盤整備が進行した。

　第2次世界大戦後の観光には，航空が大きな役割を果たすこととなる。戦前の日本は，実は航空大国であったことはあまり知られていない。1903年に世界で初めて動力付きの飛行に成功したのはライト兄弟であることは世界中で有名であるが，その10年も前に，日本でも二宮忠八が動力付飛行機の設計を果たしていたのである。(6)ライト兄弟の成功の7年後には代々木練兵場で飛行機の試験飛行が行われており，その後も本土路線だけでなく，朝鮮，中国，南洋へと国際路線を広げていた。第2次世界大戦後，GHQは航空機の製造も航空会社の設立も固く禁止した。そのため，羽田飛行場もGHQの管理下に置かれ，日本への航空路線は1947年にパンアメリカン航空とノースウエスト航空によって運航が開始された。

　1952年，サンフランシスコ講和条約の発効に伴い，日本の主権が回復し，GHQは解体された。それを機に，日本の民間航空の歴史が再スタートした。1953年に特殊法人として日本航空が設立され，1954年に日本航空が羽田＝サンフランシスコ便を就航した。

　1950年代も後半になると，戦後復興も進行し，高度経済成長期に突入する。国民の所得も上がり，次第に生活も豊かになって，国内旅行が盛んになるにしたがい，旅行業者も増加していくことになる。積極的な営業活動で名を馳せた日本ツーリストは，1955年に近畿日本鉄道（近鉄）の旅行部門（近畿日本航空観光）と合併し，近畿日本ツーリストとなり，一躍全国規模の旅行会社となっていく。1956年には東急観光（現在は東武トラベルとの合併により，東武トップツアーズ），1960年には阪急国際交通社（現在の阪急交通社），1962年には読売旅行会（現在の読売旅行）が設立されている。その一方で，悪質な業者も多く発生し，数多くの消費者トラブルが報告されるようになる。そこで，1952年に内外の旅行者の保護を第一の目的として制定されていた「旅行あっ旋業法」を数度にわ

たって改正し，悪質業者の取締りの力を強めた。

5　東京オリンピックを契機に加速した観光基盤整備

　日本の戦後復興の総決算として位置づけられたのが，1964年に開催された東京オリンピックである。オリンピックをターゲットに，観光関連の基盤整備が一気に加速していく。

　戦後以来，1950年代もまだ高速道路はなく，日本の幹線道路事情は決して快適なものではなかったため，国内旅行の長距離移動はもっぱら鉄道が主流であった。国鉄は，単独または旅行会社とタイアップして団体旅行向けに臨時列車を増発し，地方の観光地のゲートウェイとなる駅前には，温泉旅館の送迎担当が大挙して待つ光景が一般化していた。それが，1960年代に入り，家庭にも自家用車が普及し始め，モータリゼーションの波が押し寄せた。1963年には，日本で初めて高速道路が栗東＝尼崎間に開通し，名神高速道路の一部となった。そして，1964年には東名高速道路と首都高速道路が開通した。航空においても，1960年に日本航空がそれまでの30席程度のプロペラ機に替え，100席を優に超えるジェット機のDC-8を導入し，輸送力が格段に強化された。この時期に外国人観光客の航空機利用が船舶に取って代わるようになった。さらに1964年に，羽田空港からのアクセス向上のため，東京モノレールが浜松町との間に開通した。

　宿泊機関に関しては，日本人の国内旅行ブームのおかげで，地方都市に温泉旅館は多くなったが，外国人観光客のニーズに対応したホテルは限られていた。そこで，1960年にホテルニュージャパン，銀座東急ホテル，1961年にパレスホテル，1962年にホテルオークラ，1963年に東京ヒルトンホテル（現在のザ・キャピトルホテル東急），1964年に羽田東急ホテル，東京プリンスホテル，ホテルニューオータニが相次いで開業した。これを第1次ホテルブームと呼ぶ。ちなみに，第2次ホテルブームは1970年の大阪万博に伴う関西地区でのホテル建設ブームをいう。

6　旅行代金の低廉化によるアウトバウンド全盛

　1964年には，それまで外貨管理のために制限されていた日本人の海外渡航が自由化された。それを受けて1965年に海外のパッケージツアーとして国内企業初となる「ジャルパック」が，さらに1968年にJTBの「ルック」が発売開始された。

　そして，1970年，それまで国際航路の主翼を担っていたDC-8やボーイング707と比較すると2～3倍もの座席数を有するボーイング747（通称：ジャンボジェット）が就航すると，従前の運賃と比較して60％もの割引率になるバルク運賃の導入によってパッケージツアーの代金が低下した。

　このバルク運賃は，IT運賃（包括旅行運賃）として発展し，航空会社は旅行会社に対して航空券だけのバラ売り（エアオン）を禁じ，旅行会社がホテルや地上交通，観光等の手配とを組み合わせて団体またはパッケージとして販売することが条件で，航空会社のカウンターで販売される普通運賃よりも圧倒的に安価な運賃を旅行会社に卸した。このIT運賃は，予約変更，払い戻し，発券期限等に制限のない普通運賃とは異なり，エアオンでの販売が禁止されているだけでなく，予約の変更や払い戻しには手数料がかかり，発券期限，現地滞在日数，途中降機回数等様々な制限がかかっているために，これだけの安価な運賃の設定が可能になっている。それまで航空利用の主流だったビジネス利用と比較して，今後の需要創発はレジャー利用の取り込みが鍵となっており，レジャー利用のパターンとしては，旅程を早めに決める，一度決めたら変更は基本的に起こらない，1人より複数人で参加する，現地手配がパターン化できる等，ビジネス利用者と異なった志向がある。その意味で，ビジネス利用者には彼らにとって利便性の高い従来型の普通運賃を引き続き販売し，並行して，安価な新運賃のルールを策定したのである。その結果，高嶺の花でほんの一部の人しか経験することができなかった海外旅行が一般市民にも手の届くものとなった。資力に乏しい旅行会社は，このIT運賃を利用して旅行代金を低下させることばかりに使わず，絢爛豪華なパンフレットや新聞広告といった告知力強化にも

積極的に取り組んだ。その意味では，この時代の航空会社と旅行会社は，IT運賃の流通を仲立ちとして，完全なる WIN-WIN の関係が構築できていた。

　アウトバウンドへの追い風となる外部環境の変化もあった。1970年には旅券法の改正で，観光目的でも数次往復旅券（パスポート）が発給されることとなり，海外旅行時に持ち出しを許されている外貨枠や帰国時の免税枠も拡大されたことから，海外での買い物も手が届くようになった。戦後，為替レートは1ドル＝360円の固定相場制であったのが，1971年には1ドル＝308円となり，さらに1973年には変動相場制が導入され短期間に円高が進行した。

　このような外部環境の変化で，航空業は国際競争に晒されることとなる。GHQ の政策によって戦後の再出発に出遅れた日本の航空業界は，その国際競争力の低さを補い，過当競争による共倒れを防ぐために，運輸省主導によって棲み分けを実施した。すなわち，国際線と国内幹線は日本航空，国内幹線，地方ローカル線と国際線近距離チャーターは全日空，国内幹線と地方ローカル線を東亜国内航空（後の日本エアシステム）と定めた。1970（昭和45）年に閣議で了解され，1972（昭和47）年に運輸大臣通達が出されたことに由来するため，「45・47体制」と呼ばれた。これは航空会社を厳格に縛ったため，別名「航空憲法」とも称された。

　その後，二度の石油危機で海外旅行ブームはいったん下降したものの，1978年に新東京国際空港（成田空港）が開港したことで，供給が需要を上回ることとなって，航空会社間の競争が高まり，旅行代金の低下につながった。1980年代に入り，石油危機を「省エネ」で乗り切った日本製品の技術力が世界で評価されるようになり，景気が回復し，所得水準も向上したことで，再び海外旅行に人々の目が向けられるようになった。特に1985年のプラザ合意以降，円高基調で外国為替が推移したことから，対欧米の貿易摩擦が表面化した。そこで当時の政権は，貿易摩擦解消のため，5年後の1991年までに年間海外旅行者を1000万人にするという，いわゆる「テンミリオン計画」を発表し，1年前倒しで達成するほどの爆発的な海外旅行ブームが到来した（第9章参照）。

　旅行会社は活況を呈し，パッケージ商品をいかに顧客の目に留めることができるかを競って，絢爛豪華なパンフレットが街の目抜き通りを彩った。新聞で

は大手旅行会社とメディア系旅行会社のツアーがラインナップされた全面広告が連日複数社掲載されるようになった。世はバブル経済に沸き，好景気が1990年代初頭まで続くこととなる。

7　旅行の流通革命——HIS と AB-ROAD

　現在旅行業界で JTB に次ぐ地位につけているエイチ・アイ・エス（HIS）が誕生したのが1980年であるが，これはバックパッカー帰りの澤田秀雄が新宿の小さなアパートの一室において電話1本で始めた旅行会社だった。澤田が扱ったのが格安航空券，すなわち，IT 運賃のバラ売りである。もともと IT 運賃は包括旅行運賃の名の通り，旅行を振興するためにホテル等と抱き合わせてマーケットに対して販売することを条件に，航空券部分だけをバラ売りしない約束で，大手の旅行会社限定で卸している運賃である。旅行会社は IT 運賃の販売実績をもとに，航空会社から販売報奨金（キックバック，スケールメリット）を半年ごとに得る。その際，年々実績が伸びている時期には，対前年を上回る販売目標（ターゲット）が設定される。このターゲットが達成されたら，より多くのキックバックがもらえるのである。上半期4～9月，下半期10～3月のそれぞれ2～3カ月前になると，ターゲットを達成できるかどうかの見通しがついてくる。もしターゲット達成が難しい場合は，赤字を多少出しても実績を積んだ方がいいので，大手旅行会社は期末には血眼になる。そこに HIS は目をつけた。HIS はバックパックを好む学生たちを会員に抱えていた。彼らは8～9月，2～3月は長期休暇で，航空券さえあれば，バックパックを背負って旅行に出かけることができる。そのため，HIS は，自身は航空会社と直接契約することなく，大手旅行会社の売れ残っている席やターゲットをあと一歩で達成する路線を，誰もが驚くような値段で売った。学生は喜んで買っていき，噂が噂を呼び，彼らが社会人になっても，HIS を使うようになった。当初は会員に向けてクローズドなマーケットで売っていたが，路面店舗を持つようになり，格安航空券の価格が一人歩きし始めた。大手旅行会社は，本来であればそれに対して IT 運賃の規則違反を糾弾するところだが，自分たちが裏で回している

のだから，何も文句を言うことができず，瞬く間に HIS は格安航空券で市民権を得ていった。

　そして，その HIS が躍進するきっかけとなったのが，株式会社リクルートが出版した月刊誌「AB-ROAD（エイビーロード）」の存在である。

　それまで主流であった新聞広告等のメディアを利用したツアーの募集はコストが高く，また新聞広告というのは一度載せただけでは効果は期待できず，毎週同じ紙面に登場し続けないと受注にはつながらないという特性があることから，中小の旅行会社にとっては，メディアでの募集という分野に参入するには敷居が極めて高かった。それに対して，「AB-ROAD」は低廉な掲載費と月刊という負担の軽さが手伝って，中小の旅行会社がメディアに独自の流通チャネルを持つことができるようになった。価格を横並びで比較検討してツアーを選ぶことができるという点がマーケットからの絶大なる支持を獲得し，1980年代末から1990年代前半，日本の海外旅行のビジネスモデルは大きく変わることとなったのである。

　「AB-ROAD」が普及するまでの旅行会社といえば，店舗による拠点販売が中心であった。一般市民に対してはカウンターで対応し，企業に対しては営業担当が積極的に市場を開拓していた。一方，目抜き通りの１階に店舗を構えることができない中小の旅行会社は基本的に上顧客（リピーター）を抱えてのビジネスを行っていたため，一般市民にその存在を浸透させることは不可能に近かった。しかし，「AB-ROAD」のおかげで，一般市民の顧客に対しても，目抜き通りの１階にカウンターを構える必要がなくなり，雑居ビルやマンションの一室で，電話１本だけで顧客対応ができるようになった。当時このような「AB-ROAD」だけで商売をする旅行会社を称して「AB-ROAD エージェント」と呼んだ。

　1978年の成田空港開港に伴い，外資系航空会社が多数日本路線に参入することとなり，45・47体制下で実力をつけた全日空は国際線に参入の希望を強く持つようになった。日本航空も需要の増減がある国際線だけに頼るよりも，国内線のネットワークも持っておく必要を感じていたことから，1985年に45・47体制は終焉を迎えた。日本航空は民営化し，日本の空は，規制緩和と競争の道を

歩み始めたのである。

　折しも1994年の関西国際空港の開港で，成田に就航が叶わない外資系航空会社が関空に多数参入し，開港当初は関西圏の実質的な需要よりも供給が大幅に上回った。そのため，関西地区において海外旅行商品の激烈な価格競争が始まった。円相場も1995年には一時期1ドルが70円台に突入するなど，超円高時代が続き，旅行商品の低廉化が進んだ結果，1991年にバブルは崩壊したものの，海外旅行熱は冷めなかった。この激烈な価格競争の嚆矢となったのが，AB-ROADエージェントである。

　それまでは，旅行代金は運輸省が示したIT運賃の幅下限を下回らないという商慣習が通用していた。しかし，なりふり構わない外資系航空会社のキックバックと，そんな慣習など全く関知しないAB-ROADエージェントが安い打ち出し価格で市場の注目を浴びることとなり，旅行代金の幅下限ガイドラインはなし崩し的に有名無実化した。関西地区の価格下落の流れはすぐ成田発着便に飛び火し，当初監督の目を光らせていた運輸省も価格下落を支持する市場の声をバックにしたマスコミの攻勢に次第に腰砕けとなり，1998年に幅下限を撤廃し，全国的に旅行代金の価格破壊が起こった。その結果，有力老舗ホールセラーのジェットツアーが1998年に倒産し，他にも旅行会社の倒産が相次いだ。

　運輸省によるがんじがらめの規制の中でのビジネスから，マーケットが価格決定を主導する環境を作ったという意味で，そして既存旅行業者とは関係のない多様な主体が旅行ビジネスに関わる土壌を作ったという意味で，「AB-ROAD」の果たした役割は大きく，その後起こるIT革命で旅行を取り巻く外部環境が変化する土台を形成したと言っても過言ではない。

8　再び，アウトバウンドからインバウンドへ

　右肩上がりで伸びていたアウトバウンド実績であったが，2001年に米国で起こった9・11同時多発テロ，2003年のSARSの感染拡大（パンデミック）によって一気にその熱が冷めた。[11]

　その一方で，インバウンドはアウトバウンドと比較して3分の1以下の実績

表 4-1　日本の観光の歴史

観光政策の歴史

- 1893　喜賓会
- 1912　ジャパン・ツーリスト・ビューロー設立
- 1930　鉄道省の外局として国際観光局設置（←1929 世界恐慌）
- 1945　終戦
- 1963　観光基本法制定
- 1964　東海道新幹線開通／東京オリンピック開催

旅行会社の歴史

- 1905　善光寺参詣団
- 1912　ジャパン・ツーリスト・ビューロー設立
- 1945　終戦
- 1946　日本交通公社設立／国内修学旅行の再開
- 1948　日本ツーリスト創業
- 1964　サンライズツアー発表
- 1965　ジャルパック発売

ホテルの歴史

- 1878　富士屋ホテル開業
- (1889)　サヴォイ・ホテル開業
- 1890　帝国ホテル開業
- (1897)　オテル・リッツ開業
- 1927　ホテルニューグランド開業（←1923 関東大震災←帝国ホテル新館開業日）
- 1936　伊豆 川奈ホテル開業（ゴルフコースが有名）
- 1945　終戦
- 1948　旅館業法、温泉法
- 1949　国際観光ホテル整備法
- 1952　日活国際ホテル開業←石原裕次郎の結婚式
- 1960-1964　第1次ホテルブーム
- 1960　銀座東急ホテル開業
- 1961　パレスホテル開業
- 1962　ホテルオークラ開業
- 1963　東京ヒルトン開業→キャピトル東急
- 1964　ホテルニューオータニ開業

航空の歴史

- 1893　二宮忠八 玉虫型飛行器考案
- (1903)　ライト兄弟初飛行
- 1910　代々木練兵場で公開飛行
- 1922　大阪＝高松＝徳島間で郵便飛行による郵便輸送
- 1928　日本航空輸送発足。東京＝大阪＝福岡便就航。朝鮮、満州行きも
- 1938　大日本航空発足。国策会社として、満州、パラオ、サイパン等へ就航
- 1945　終戦。航空輸送に関する組織はすべて解散
- 1947　パンナム・ノースウエスト・羽田就航
- 1951　日本航空株式会社発足。国内民間航空輸送開始
- 1952　羽田飛行場日本に返還。日米航空協定調印
- 1953　日本航空株式会社法制定。（新）日本航空株式会社設立
- 1954　戦後初の国際線開設。羽田＝サンフランシスコ
- 1956　全日本空輸設立
- 1959　ジェット旅客機就航
- 1960　国内初のジェット旅客機DC-8就航
- 1962　国産旅客機 YS-11初飛行
- 1964　3社合併により日本国内航空設立／浜松町＝羽田空港間にモノレール開通

社会・経済	旅行	ホテル	航空
1970 大阪万博	1968 JTB ルック発売	1969-1971 第2次ホテルブーム、ホテルプラザ、東洋ホテル開業	1970 ボーインク747就航 45・47体制（航空憲法）
1971 1ドル308円へ	1969 ジェットツアー発売	1969 京王プラザホテル開業	1978 成田空港開港
1973 変動相場制導入 石油危機	1970 ボーインク747就航 国鉄ディスカバー・ジャパンキャンペーン	1983 東京ディズニーランド開園	1985 45・47体制（航空憲法）終焉 日航123便墜落事故
1986 バブル経済はじまる	1971 旅行業法施行	1986 TDL オフィシャルホテル開業	1987 日本航空民営化
1987 テンミリオン計画 リゾート法 国鉄民営化	1976 「セイバー」旅行会社へ開放	1993-1998 ビジネスホテル、バジェットホテル隆盛	1994 関西国際空港開港
1988 ふるさと創生事業	1978 成田空港開港	2007 リッツ・カールトン東京開業 ザ・ペニンシュラ東京開業	1998 日米航空交渉調印 スカイマークエアラインズ、エア ド゙就航
1991 湾岸戦争 バブル崩壊	1980 HIS 創立	2020 新型コロナウイルス蔓延	1999 全日空、スターアライアンス加盟
1994 ウェルカムプラン21	1984 「AB-ROAD」創刊		2000 航空法改正、運賃の自由化
2001 9・11テロ	1986 労働者派遣法 派遣派遣乗員の誕生		2002 JAL/JAS合併
2002 グローバル観光戦略	1994 関西国際空港開港		2005 中部国際空港開港
2003 SARS 流行 ビジット・ジャパン・キャンペーン	1995 超円高（1ドル=79.75円）		2010 JAL会社更生法申請（経営破たん）
2006 観光立国推進基本法成立	1997-1999 旅行業の倒産が相次ぐ		2012 LCC元年（Peach, JetStar, AirAsia Japan就航）
2008 観光庁設立	2001 9・11テロ		2020 新型コロナウイルス蔓延
2020 新型コロナウイルス蔓延	2003 SARS 流行		
	2010 ルック JTB 商品革新「ルック JTB の刷新」		
	2012 LCC元年（Peach, JetStar, AirAsia Japan就航）		
	2020 新型コロナウイルス蔓延		

が定着し，長年伸び悩んでいた。1996年にインバウンドの振興策としてウェルカムプラン21が策定されたが，全く効果はなかった。

　そのような中，2001年に内閣総理大臣となった小泉純一郎は，衰退する地方経済の活性化と財政再建を両立する策として，インバウンドに改めて目をつけた。2003年に有識者を集めて観光立国懇談会を開催し，官民協働でビジット・ジャパン・キャンペーンが始動した。日本を観光立国にするとの小泉純一郎首相の堅い決意から，国を挙げての観光振興に取り組み始めたのである。その一環で，1963年に制定されていた観光基本法を全面的に見直し，2006年に観光立国推進基本法が制定された。翌2007年には，観光立国推進基本計画が策定され，2008年に国土交通省の外局として観光庁が設置された。途中2009年に政権交代が起こるも，この観光立国推進の方向性は堅持された。

　政権交代により，政策の連続性が途切れたことで，それが利用者に思わぬメリットをもたらしたこともある。前原誠司国土交通大臣が，それまで，国際線は成田，国内線は羽田と棲み分けをしていたものを，羽田も国際線ハブ空港として国際競争力を持たせるという方向性を示した。この結果，国際線を運航する航空会社も多く羽田空港を希望した。それに対して，当初，国土交通省は成田の路線を保った上で羽田の枠の配分を行う（成田縛り）という方針を取っていた。その結果，成田と羽田と両方に飛ばすことはできないと判断した英国のヴァージンアトランティック航空は，黎明期から日本路線は重点的に営業してきたが，撤退を余儀なくされた。しかし，この成田縛りも，現在ではなし崩し的に効力を失っている。

　9・11同時多発テロの影響を受けて経営危機に陥った日本エアシステムと2002年に経営統合したあたりから小さなインシデントが多発し，経営にも混乱が見られた日本航空は，2010年に経営破綻することとなる。経営の神様と称される稲盛和夫が経営再建に当たり，短期間でV字回復を成し遂げることとなったが，これは旺盛なインバウンド需要に支えられていたことも大きい。

　世界では，1980年代に米国でサウスウエスト航空が，1990年代に欧州でライアンエアーとイージージェットが，2000年代にはアジアでエアアジアが構築してきた新しい航空のビジネスモデルであるLCC（Low Cost Carrier）の本格的

な日本参入が2012年に起こり，この年はLCC元年と呼ばれた。LCCが首都圏では成田空港を拠点に展開することができたのも，国際線を羽田へも就航させたことと，日本航空の経営破綻で路線網を縮小させたことにより，成田に余力ができたことが大きい。

　日本はもともと自然災害の多い土地柄であるが，2011年に三陸沖を震源として発生した東日本大震災は東北地方に甚大な被害をもたらした。その結果，インバウンドとアウトバウンド両方の実績は低下するが，アウトバウンドは翌年には震災前の実績を上回った。インバウンドも台湾市場がいち早く持ち直し，2013年には震災前の水準を超えた。それ以降は，官民挙げての訪日プロモーションが功を奏し，アジア諸国へのビザ緩和措置の効果もあり，増加の勢いはさらに加速して行った。

　しかし，2020年に中国発祥の新型コロナウイルスの感染拡大で，観光は，インバウンド，アウトバウンド共に未曾有の危機に陥った。観光は，テロ，戦争，感染症等の外部環境の変化をまともに受ける業界である。今まで，右肩上がりで観光客数は伸びていくと信じて疑わなかった新規参入者は大きな打撃を被ったが，これは想定外のことではなく，これからも常に起こりうるものとして対応力をつけていかなければならない。リスクとは，想定できる危機のことをいう。常にリスクを想定して，リスクとともに生きる覚悟を持って観光の振興を続けていかなければならない。

注

(1)　横浜居留地の場合，多摩川，八王子，酒匂川の範囲内とされていた。

(2)　居留地外へ移動する場合は，「内地旅行免状」を申請・取得する必要があった。学術目的であれば日本国内の旅行は例外として認められていた。

(3)　鹿鳴館の「鹿鳴」もこの『詩経』小雅篇の一節である。客人を音楽でもてなす場面が生き生きと書かれている。

(4)　「日本クラシックホテルの会」の構成ホテルは，以下の通り。日光金谷ホテル（登録有形文化財・近代化産業遺産・現存最古のクラシックホテル，1873〔明治6〕年6月開業），富士屋ホテル（登録有形文化財・近代化産業遺産，1878〔明治11〕年7月15日開業），万平ホテル（近代化産業遺産，1894〔明治27〕年7月1日開業），

奈良ホテル（近代化産業遺産，1909〔明治42〕年10月17日開業），東京ステーショ
ンホテル（重要文化財，1915〔大正4〕年11月2日開業），ホテルニューグランド
（近代化産業遺産，1927〔昭和2〕年12月1日開業），蒲郡クラシックホテル（近代
化産業遺産，1934〔昭和9〕年3月1日開業），雲仙観光ホテル（登録有形文化
財・近代化産業遺産，1935〔昭和10〕年10月10日開業），川奈ホテル（近代化産業
遺産，1936〔昭和11〕年12月6日開業）。

(5)　参考：JTB「"命のビザ"を繋いだもうひとつの物語〜ユダヤ人避難を支えた
JTBの役割〜」。

(6)　二宮忠八が設計した「玉虫型飛行器」は設計図をもとにその後モデルが作られて，
実際に飛行することが証明された。

(7)　1956年に来日した米国の道路調査団のワトキンスは，あまりにも日本の道路事情
が悪いことに驚嘆したと言われている。これだけの工業国でこれだけ道路整備を蔑
ろにした国も珍しいと判断された。ただ，東名高速道路の開通式にも来日したワト
キンスは，これだけの短期間で道路整備を完遂した国も珍しいと驚嘆した。

(8)　外資系として初めてのパッケージツアーは，1964年にスイス航空が「プッシュボ
タン」を導入した。

(9)　エアーオンリーの略。航空券のみで販売すること。IT運賃（Inclusive Tour
Fare）は，その名称通り，宿泊と抱き合わせで販売を求められている。

(10)　もし1989年の天安門事件がなければ，もう1年早く達成できたと業界では言われ
た。

(11)　その後も，2009年の新型インフルエンザ（A/H1N1型）の感染拡大とリーマンシ
ョックでさらに海外旅行者数は減少することとなる。

第5章
観光産業論Ⅰ：旅行業

1　旅行業の類型

（1）旅行業とは

　観光関連産業の中で，観光に最も総合的に関与しているのは，旅行業である。旅行業とは，消費者（旅行者）に代わって，事前に運送機関や宿泊施設等の予約・手配を行うことを事業として行っている事業体を指す。旅行業の業務を定めている「旅行業法」における定義は，①報酬を得て，②一定の行為（旅行業務）を行う，③事業であるとされている（第2条（定義））。この旅行業法の定義は，これだけではよく分からないので，詳細に説明する。

　①報酬とは，
(a) 旅行者から収受する手配手数料，旅行相談契約における相談料金，企画旅行の場合の旅行代金に包含されている旅行業務取扱料金
(b) 運送，宿泊機関等から収受する販売手数料等
(c) 他の旅行業者の募集型企画旅行（パッケージツアーのこと。後述）を販売した場合に収受する販売手数料
を指す。

　ここで分かることは，報酬，すなわち旅行会社の収入は，もっぱら販売に係る手数料収入であり，その収入源は，旅行者からの旅行代金だけではなく，運送，宿泊機関等からの販売手数料や，他社の代売による販売手数料の占める割合も大きいということである。分かりやすく言えば，旅行会社における顧客とは，一般消費者（旅行者）だけでなく，運送，宿泊機関や他の旅行会社もまた

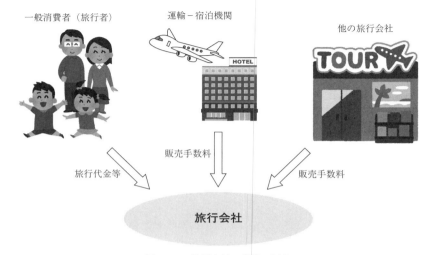

一般消費者（旅行者） 　　　運輸−宿泊機関 　　　　　　他の旅行会社

販売手数料

旅行代金等 　　　　　　　　　　　　　　　　　　販売手数料

旅行会社

図5−1　旅行会社の報酬の源泉

顧客であるということである。この点が，旅行会社を経由した方が，それぞれ個別に手配，購入するよりも安価に済むことがある要因であるのと同時に，旅行業界の流通を複雑化している要因（後述）にもなっている。

②一定の行為（旅行業務）とは，

(a)　自己の計算における，運送・宿泊に関してのサービス（以下，運送等サービス）提供契約の締結行為

(b)　(a)に付随して行う，自己の計算における，運送等サービス以外の旅行サービス（以下，運送等関連サービス）提供契約の締結行為

(c)　運送等サービスに関しての代理・媒介・取次・利用行為

(d)　(c)に付随して行う運送等関連サービスに関しての代理・媒介・取次・利用行為

(e)　(a)及び(c)に付随して行う渡航手続きの代行，添乗業務等の行為

(f)　旅行日程の作成，旅行費用の見積もり等の旅行の相談に応じる行為

を指す。

なお，(a)(c)を基本的旅行業務，(b)(d)を付随的旅行業務という。

78

　条文なので難解な記述であるが，要するに，旅行業務とは，旅行会社が自ら運送・宿泊サービス等の旅行サービスを提供するのではなく，旅行者と運送・宿泊・関連サービス提供機関の間に入って，旅行者がサービスの提供を受けられるように旅行を企画または手配する行為および旅行相談に応じる行為をいう。すなわち，自分で運送機関や宿泊機関を持たないで，運送・宿泊機関等のサービスの取りまとめ役となって，自己の計算，すなわち独自の価格で旅行者に提供することを反復継続して事業とするものを旅行業と定義している。

　なお，旅行業に該当しない行為として以下のようなものが挙げられる。

(a)　レストランやコンサートのチケットの手配だけを行う。
　→付随的旅行業務の手配だけで，基本的旅行業務である運送・宿泊の手配が行われていない場合は旅行業の行為ではない。

(b)　友だちの旅行の企画・手配をただで請け負う。
　→報酬を得ておらず，友だちに対してのみ行っているというところは反復継続して一般的に事業として行っていないので，旅行業の行為ではない。

(c)　電車の切符を駅前のタバコ屋等で販売する。
　→運送機関の代理人として，予約・発券・販売する業務のみの場合は，旅行業ではない。

(d)　旅行会社に対して現地ガイドを派遣する会社を設立する。
　→旅行者との直接の取引でないため，旅行業には該当しない。

(e)　バス会社が自社のバスを使って定期観光バスを運行する。
　→運送機関や宿泊機関が，自らが行う運送・宿泊サービスの提供に関しては旅行業には該当しない。

　また，学生にとって身近な存在である留学斡旋に関しては，留学先とそれに付随するホームステイの手配であれば旅行業とはみなされないが，留学斡旋会社が航空券やホテルまで手配して，留学代金としてまとめて学生に請求した場合，この会社は旅行業の登録をしていないと旅行業法違反とみなされる。

（2）旅行会社が扱う旅行商品

　旅行会社は，自らが運送・宿泊機関を持たないということは先述したが，運

図 5-2 企画旅行と手配旅行

送・宿泊機関との間で契約を取り交わし，一元化してすべてのサービスを旅行者に提供することが旅行会社の基本的なビジネスモデルである。

旅行会社が提供する商品としては，大きく分けて，「企画旅行」と「手配旅行」の2つに分類することができる。

企画旅行とは，旅行会社が旅行に関する計画を作成し，自己の計算において，運送・宿泊等サービスの提供に係る契約を締結する旅行をいう。手配旅行とは，旅行者からの委託に基づいて，運送・宿泊機関等の手配を引き受けるものである。すなわち，企画旅行はあくまでも旅行会社が主体となって旅程や代金等を決定するが，手配旅行は，旅行者からの指示で旅行会社が代わりに予約や手配等を行うというところに大きな差がある。

さらに，企画旅行は，「募集型企画旅行」と「受注型企画旅行」に分けることができる。

募集型企画旅行とは，あらかじめ旅行会社が旅行の目的地や旅程を決め，運送・宿泊機関等の手配をし，自らの計算で旅行代金を決めて，不特定多数の旅行者に参加を呼びかける旅行形態をいい，一般的にはパッケージツアーと呼ばれる。旅行会社の店頭に並んでいるパンフレットや新聞の全面広告で募集されているものが代表的である。

受注型企画旅行とは，旅行者からの依頼で，旅行の内容を企画し，運送・宿泊機関等の手配をし，自らの計算で旅行代金を決めて，旅行者自身が参加者を集める形態のものである（参加者を集める代表者のことをオーガナイザーと呼ぶ）。一般的には，以下の3つに分けられる。

・アフィニティ・グループ：社員旅行や修学旅行，政治家の後援会旅行等
・インセンティブ・ツアー：企業の報奨旅行（例：優秀な営業マンを世界中の
　支店からハワイに集結させて表彰式を行うための旅行）等
・テクニカル・ビジット：企業や学会等で工場や施設を視察する旅行等

表 5 - 1　　旅行業の種別と業務範囲

旅行業の種別		業務範囲							最低基準資産	最低営業保証金	登録行政庁
		募集型企画旅行		受注型企画旅行		手配旅行		受託販売			
		海外旅行	国内旅行	海外旅行	国内旅行	海外旅行	国内旅行				
旅行業	第1種旅行業	○	○	○	○	○	○	○	3000万	7000万	観光庁長官
	第2種旅行業	×	○	○	○	○	○	○	700万	1100万	主たる営業所の所在地を管轄する都道府県知事
	第3種旅行業	×	△	○	○	○	○	○	300万	300万	
	地域限定旅行業	×	△	×	△	×	△	○	100万	15万	
旅行業者代理業		所属旅行業者から委託された範囲の業務のみ							不要	不要	

注：△＝当該事業者の営業所のある市町村とそれに隣接する市町村及び観光庁長官の定める区域の区域内に限り実施，取扱可能。

（3）旅行業の登録種別と業務範囲

　旅行業は，長年の商慣習から，旅行の実施より前に旅行者から代金を受け取ることがならわしとなっている。一方，旅行会社から運送，宿泊機関への支払いは，旅行終了後にある程度まとめて支払うことが商慣習として一般的となっている。そのため，旅行業は，利益そのものは少ないものの，まっとうなビジネスをしていればキャッシュフローが滞ることは少ない。

　だが，もともと旅行業の黎明期に，旅行者からあらかじめ徴収した旅行代金を持ち逃げしたり，旅館等に代金を支払わずに逃げたりする旅行会社が頻繁に出現した。そのような悪質な旅行会社を取り締まり，消費者を保護する目的で1952年に「旅行あっ旋業法」が制定された。これが現在の旅行業法の前身である。

　こうした消費者保護の観点から，旅行業法では，旅行業を営む者に対して登録をすることで，資力が十分でない者や悪質な者が消費者に損害を与えないようにする枠組みを定めている。そして，旅行業の業務範囲を明確に定めるために，表 5 - 1 のように登録区分がなされている。

　この表からも分かる通り，国内および海外への企画旅行を含めすべての旅行を取り扱うことができる旅行会社を第1種旅行業という。そして，海外への募集型企画旅行ができないが，その他すべての旅行を取り扱うことができる旅行会社を第2種旅行業という。さらに，募集型企画旅行に関しては，国内の一部

地域に限定されているものの，受注型企画旅行と手配旅行は海外，国内ともに取り扱うことができる旅行会社を第3種旅行業という。国内の一部地域に限定されて企画旅行，手配旅行ともに取り扱う旅行会社を地域限定旅行業という。これらを総称して旅行業（者），一般的には旅行会社と呼ぶ。

　これに加えて，旅行業者代理業という区分もある。これは，既存の他の旅行会社が実施する募集型企画旅行，受注型企画旅行，手配旅行の代理販売を行う旅行会社を指す。そのため，その業務範囲は所属旅行業者から委託された範囲の業務のみを行うものとなっている。

　以上のことから，業務区分は募集型企画旅行の可否が基準となっていることが分かる。すなわち，募集型企画旅行は，旅行会社の裁量が最も大きい旅行商品であるため，それだけ消費者に対して大きな責任を負っていると言える。国内旅行よりも海外旅行の方が一度の単価が高いため，旅行会社が経営破たんしたときの消費者へのインパクトが大きい。そのことから，高い基準資産の条件が設けられたり，万一旅行会社が経営破たんしても一定限度の補償が受けられるよう営業保証金が定められたりしている。

　これ以外で，旅行業と類似する分類として，旅行サービス手配業（ツアーオペレーター，ランドオペレーター）が挙げられるが，本件に関しては，第6章で詳述する。

2　企画旅行における旅行業の6つの義務

　旅行会社が企画旅行を実施するにあたっては，旅行者に対して果たすべき義務が6つ存在する（旅行業の六大義務）。

①手配完成義務
②旅程管理義務
③安全確保義務
④保護義務
⑤特別補償義務

⑥旅程保証義務

　①②④⑤⑥は旅行業法・旅行業約款に定められており，③は旅行業法・約款には定められてはいないが，判例で示されている。

　②⑤⑥は特に，旅程管理責任，特別補償責任，旅程保証責任として，旅行会社の三大責任とも言われている。

（1）手配完成義務

　募集型企画旅行は，旅行会社が旅行日程や旅行代金をあらかじめ決めてから，参加者の募集に入る。そのため，募集広告等の告知段階では，旅行実施日の相当前に作成することから，まだ利用する運送・宿泊機関等を確定することは難しく，最終的にすべての利用機関が確定するのは旅行開始日の間際になるという場合も多い。このようなことから，募集広告等の告知段階では，すべての旅程の手配が完了していることは条件とはしていない。受注型企画旅行においても，同様の理由で企画時にすべての手配が完成されている必要はない。そのため，募集段階や，「取引条件説明書面」「契約書面」の段階では，「A 航空または B 航空」「C ホテルまたは D 旅館」といった記載も認められている。

　しかし，旅行契約がいったん成立したら，旅行開始日までにすべての手配を100％完成させなければならないという義務を旅行会社は負う。参加者が出発してから，現地でなんとかするといったことはあってはならない。これを手配完成義務という。

（2）旅程管理義務

　旅行会社は，可能な限り当初の計画通りのサービスを提供できるよう必要な措置を講じる義務を有する。もし，不測の事態が起こったときや，計画通りのサービスを受けられない恐れが発生したときは，確実にサービスを受けられるよう，必要な措置を講じなくてはならない。措置を講じたにもかかわらず，契約内容を変更せざるを得ないときは，当初の趣旨にできる限りかなった代替サービスの手配を行うことが定められている。旅程管理は主に添乗員がその役

割を担うが，現地旅行会社社員，現地ガイド，サブ添乗員が行うこともある（第6章第2節参照）。

（3）安全確保義務

　旅行会社は，企画旅行参加者の生命，財産等の安全を確保するため，旅行目的地，日程，旅行サービス提供機関の選択等に関し，十分に調査，検討し，合理的判断をし，またその契約内容の実施に関し，遭遇する危険を排除するような措置を取るべき義務があるとされている（東京地裁　1988年，1989年，2013年判決等）。

（4）保護義務

　旅行者が企画旅行参加中，疾病，傷害等で保護を要する状態になったときは，必要な治療等を受けられるように，医師の手配，派遣，病院への搬送，入院手続きの代行等の保護義務があるとされている。これはもともと約款には記載されていなかったが，1995年に大阪地裁で，記念撮影のために撮影台にあがろうとして転落した旅行者の事故にかかる裁判の判決で示され，2005年の改正の際に約款に明文化された。ただ，この措置に要した費用は旅行者の負担とする旨も明記されている。

（5）特別補償義務

　旅行者が企画旅行参加中，事故，事件に遭遇して，生命，身体または手荷物に一定の損害を被ったときは，旅行会社が一定の「補償金」「見舞金」を支払う義務がある。これを特別補償義務という。これは，特に海外旅行においてよくあることだが，万が一旅行者が事故に遭遇した場合に，旅行サービス提供機関から十分な賠償を得られないこともあるため，少なくとも，旅行会社から，自らが企画する旅行に関して一定の補償をすべきであるとの考え方に基づき導入された。すなわち，旅行会社が「損害賠償」を支払うべき故意，過失がなかったとしても，旅行会社は補償金または見舞金を支払うことになっている。
　旅行会社にとっては，もし当該事項が発生したら，大損になってしまうよう

84

に思われるが，これは自腹で払うのではなく，旅行会社向けの損害保険で賄われる。

　特別補償は1982（昭和57）年の第7次改正で導入された。比較的早い段階から制定されている事項である。

（6）旅程保証義務

　旅程保証義務とは，旅行業者の無過失により発生した過剰予約（航空会社，ホテル・旅館等が発生させたオーバーブッキング）が原因で，その結果，契約書面や確定書面に記載したのと異なる航空会社，ホテル，旅館に変更になった場合に，旅行会社が「お見舞いの気持ち」として旅行者が支払った旅行代金に一定の率を乗じて算出した額の金銭（変更補償金）を支払う制度をいう。

　旅程保証義務は1995（平成7）年の第8次改正で導入された。

　これら6つの義務は，企画旅行に参加する旅行者に対して適用となり，手配旅行で対応した旅行者にはその義務は負わない。手配が完了したらそこで旅行会社としてやるべきことは終わる。このことからも，企画旅行は旅行者を保護する何重もの網がかかっていると言える。旅行目的地の治安や衛生状態は年々よくなっているとは言い難く，なにかとトラブルは増加している。その意味で，旅行者の安心・安全を確保する枠組みは，今後必要なくなっていくことはないと断言してもいいだろう。旅行会社を経由しないで，直接運送・宿泊機関の予約をすることも珍しくはなくなってきたが，安心・安全の担保に関しては旅行会社の企画旅行商品に軍配は上がる。ただ，旅行業界からは，旅程保証義務における変更補償金の支払いが負担になってきているとの声も出てきている。旅程保証に引っかからないようにするために，挑戦的な企画を避け，無難な企画になってしまうという点や，支払い事由が現行の商慣習と乖離があるとして，旅程保証義務の見直しの議論も旅行会社側から出始めている。しかし，この旅程保証義務の存在は消費者に浸透しているとは言い難く，旅行会社の商品企画の強みとしてさらに認知されたほうが，旅行会社の商品の選好性につながるということもさらに検討していく必要があるのではなかろうか。

3　旅行業のさらなる活用

（1）新しいパッケージツアーのスタンダード：ルック JTB「お客様との約束」

　観光が政策課題として定着したことで，地方を中心に，観光の専門家と称する人々が雨後の筍のように増加してきた。観光は経済や外交と異なり，誰でも自分の旅行経験等から一見まともそうなことを語れてしまうため，学問的な裏づけや豊富な知識がなくとも，自分が専門家と名乗ってしまえばなれてしまう面は否めない。そのような人々は，ここで記したような旅行業のことを知らずに観光計画に携わっている人も多く，その人たちが，感覚だけで旅行業を必要以上に地域の観光振興のステイクホルダー群から外そうとするような事例も散見される。

　それは，観光学においてもよく言われている，「旅行形態のトレンドは，旅行会社お仕着せの団体旅行・パッケージツアーから個人の自由を尊重した個人旅行へシフトした」という論調とも一致する。しかし，個人手配が進んだ現代においても，旅行会社を利用する人はいなくなってはいない。敢えて旅行会社を使う人も多く，旅慣れた人にもその傾向を見ることができる。団体旅行・パッケージツアーから個人旅行・個人手配への移行は全面的なトレンドというわけではなく，個人旅行・個人手配から団体旅行・パッケージツアーに戻るベクトルも存在する。

　2010年上期商品で「ルック JTB の決心」と称し，新しいパッケージツアーのスタンダードを提示したルック JTB の改革は特筆に値する（藤本，2011）（表5-2）。

　わが国における募集型企画旅行（パッケージツアー）最大手の JTB ワールドバケーションズ（現在は JTB に統合）は，全般的に低価格競争状態が継続し，販売会社，企画会社共に利益率が低下したことにより，旅行の品質も必然的に低下し，リピーターが減少してしまう，負のスパイラルに嵌っていることを指摘していた。そのためには，課題をすべて解決した新しい商品を誕生させる必要があるのは誰の目にも明らかなのにもかかわらず，長年の商習慣で既得権益

表5-2　新しいルック JTB の造成基準「お客様との約束」

① 日本発着の航空会社や便名は，全方面全コースパンフレットに明示します。 ② 日本発着便は往復とも並び席をご用意します。 ③ 適正乗り継ぎ時間を守ります。 ④ 全方面，全コース全てのホテル名をパンフレットに明示します。 ⑤ 全ホテル，ツイン，ダブルなどのベッドタイプが選べます。 ⑥ 無理にショッピングへお連れしません。 ⑦ レストラン・メニューにもこだわり抜きました。 ⑧ 空港〜ホテルのバス：ミクロネシア，A グレードホテルは全部直行に。 ⑨ ご出発前からのサポートシステムを確立しました。

化している関係者からすると，新しいことを実施されるのは死活問題に関わるため，大いなる抵抗があった。JTB の改革はそこに敢えて斬り込むことで，日本のパッケージツアーのスタンダードを変えた画期的な取り組みであった。

　表5-2に挙げた以外にも，パンフレットの文字サイズを大きくする，出発の2週間前には必ず日程表を届ける，変更補償金の金額を大きく引き上げるといった改革を実行した。

　これは，完全に顧客視点での改革である。今まで顧客アンケートの結果からも，利用航空会社やホテルが直前まで分からない，乗り継ぎ時間が長すぎる，同行者と席が離れる，ホテルのベッドタイプが選べない，必要のないお土産屋に連れ回される，空港からホテルまでの時間がかかりすぎるといった苦情は寄せられていた。利用航空会社やホテルが決まらないのは，もし早くに決めて，あとで調整が入ってしまったら，変更保証金の対象となってしまうためだったが，それを避けてギリギリに決めるというのは，完全に内部でしか通用しない論理である。さらに，必要のないお土産屋に連れ回されるという苦情は，お土産屋からのキックバックによって，旅行会社の収入になるだけでなく，現地ガイドの収入になったり，バスドライバーの収入になったりするからであった。その商慣習を廃止するということは，大変な苦労があったはずである。これを実現できたことこそが，このまま消費者から見放されるかもしれなかったパッケージツアーを救った最大の要因であったと断言できる。

　ルック JTB はこの改革により，2010年は販売単価が上がったにもかかわらず，手数料率も，最終利益も大幅に上昇した。

（2）旅行業の価値

　ルック JTB の成功事例から見ても，旅行業は，旅行者に選ばれる商品造成をしていけば，先細りにはならないということが理解できる。そして，今後，観光が持続可能に発展していくためには，旅行業を活用した方が大きなメリットを享受できることを強調しておきたい。

　ここで，改めて，旅行者から見た旅行業の価値をまとめてみる（①〜⑤）。

①安心提供機能

　旅に関する話をしていると，travel の語源は trouble に由来するから，トラブルはつきものだという話をよく聞く。この語源に関してはガセネタではある⁽²⁾が，トラブルがつきものというのはその通りだろう。現地に行ってみたら予約が入っていない，突然の運航中止による立ち往生，スリ等の犯罪に巻き込まれる等，トラブル・アクシデントの可能性を考えるときりがない。そんなトラブルには個人旅行においてはすべて自分で対処しなければならないが，旅行会社による企画旅行であれば，添乗員がついていないツアーであっても，旅程管理責任は発生するので，海外であっても日本語の相談窓口は必ず準備されている。さらに，企画旅行では特別補償と旅程保証が必ず付帯されているので，当初の旅程と異なる旅程になった場合や万が一の事故や病気に遭った場合に関しても備えがある。

②情報提供機能

　現在は，旅行者の方が知識量は多いと言われることが多いが，それでも旅行会社だからこそ得られる情報はあるはずであるし，お客様とのコンタクトパーソンだけで勝負するのではなく，同僚やツアーオペレーター，派遣添乗員，オフィスに出入りする関連産業の営業マン等関係者の知識を総動員すれば，インターネット経由の情報よりももっとタイムリーで適切な情報を入手することができる。特に派遣添乗員の持つ情報が今有効利用できていないように思われる。添乗員の引き継ぎのノートは宝の山である。お客様が触れることができるインターネットには情報が溢れているが，整理されていないため，本当に信頼に足

る情報なのか，現在にも有効かどうか，完全に信用できない場合がある。特に，インターネット上の旅行関連の情報は古くなっている場合が案外多い。そこで，適切で信頼性のある情報を入手することができるルートを複数チャネル保有している旅行会社は，情報が氾濫している時代だからこそ，得難い存在となりうるのである。

③コンサルティング機能

　情報を持つだけならば，現代社会では誰でも可能になった。しかし，それをもとに正しい判断ができるのは，豊富な経験が物をいう。情報量だけにとどまらない正しい判断や決断ができることこそが，旅行会社の信頼の源泉である。②でも述べたが，お客様からの情報がまだ有効か，それとももう古くなっているかは，お客様自身では判断がつかない場合が多い。それに対して旅行会社は，常に新しい情報を入手し，それに基づいて，正しい判断をしうる立場にある。

④低価格化機能

　旅行会社はホテルや航空座席を大量に仕入れをすることで，単価を安くすることができる。それをスケールメリットという。この航空会社，このホテルといったこだわりがなければ，旅行会社が得意とする航空会社，ホテルを使うことで，一般に提示されているレートよりも安く利用することができる。特に，最近では，OTA（第6章第4節で詳述）の台頭で，OTA同士，またはOTAと自前の予約サイトで最低価格保証の応酬が行われている。なので，どこも同一料金に収斂して行っている。しかし，この最低価格保証の枠組みは，サイト掲載だけであって，旅行会社への臨時的なプロモーションに関しては捕捉できていない。そのため，案外旅行会社に隠し球のようにプロモーションレートが提示されている場合がある。

⑤ワンストップ機能

　航空会社，ホテルをはじめ，オプショナルツアーもインターネット上で予約・決済までできるようになってきたため，旅行会社を経由せず，自分ですべ

コラム3 モルディブ旅行をモルディブ専門の旅行会社にお願いして
　　　　　大満足だった話

　今から数年前，奮発して家族でモルディブへ旅行しようということになった。当時2人の娘は小3と幼稚園年少。家族構成と全員のプロフィール，嗜好，そして日程と予算を伝えて，モルディブ専門の旅行会社に見積もりを依頼した。

　旅行会社からは，あまり有名ではないけど，予算よりちょっと上のリゾート「カヌフラ」を提案された。私はカヌフラを知らなかったので，自宅に戻り，インターネットで調べてみた。高級感があってなかなかいい感じだ。口コミ評価も大変良い。客層も私が求めていたものと合致する。ただ，ビーチで魚が見えるという事項の評価が低いのが気になった。泳げない下の娘に，ビーチで泳ぐ魚が足もとまでやってくるのを見せてやりたかったので，その点を旅行会社の担当者に伝え，別のリゾートがないか再度お願いをした。そのときの担当者の見解は，「確かにカヌフラではビーチで魚は見えないかもしれません。ただ，魚が見えるビーチというのは遠浅ではなく，すぐ深くなっているところであり，島川さんのご家族は，下の娘さんがまだ年少さんで小さく，泳げないということで，何よりも一番安全性を重視して選択しました。遠浅で波も穏やかで安全なビーチを持ち，キッズプログラムが充実しているカヌフラがベストだと判断いたしました」とのことであった。私は，これこそがプロの仕事だと感嘆し，この旅行会社でモルディブに行くことに決めた。

　旅は大満足。もちろん，子どもたちも一生の思い出になる旅となった。

モルディブのリゾート「カヌフラ」にて

て予約をする人も増えてきてはいるが，全部の旅程を料金やサービスの比較を
しながら予約をすると，案外時間がかかるものである。検索疲れという言葉も
最近はよく耳にするようになったように，ネットと長時間格闘するのは，予想
以上に疲れる。その点，旅行会社に依頼すると，ワンストップですべての予約，
手配，決済が完了し，現地にも必要以上に高額の現金を持参しなくても済む。
さらに，個人で福祉的対応の依頼をするのはそれぞれ特別な部署にコンタクト
をしなければいけないことも多く，その点，旅行会社に依頼すれば，ワンストッ
プですべての手配を完結することができる。旅行の場合，パーツの金額を足
し合わせて，支出を検討するが，それに加えて，計画を立てるのにかかる時間
と労力も検討するべきであろう。

　一方，サプライヤーの視点からも旅行会社と協働するメリットは多い（⑥〜
⑧）。
　⑥販売ネットワークに訴求した需要喚起
　旅行会社は自社の顧客をデータベース化しているから，その顧客に対して訴
求できるというのは，顧客ターゲットを絞ってマーケティングが可能になる。
旅館・ホテルが一見さん相手に単独でプロモーションをするのは，コストがか
かり，それに見合った効果はなかなか期待できない。そこで，旅行会社に働き
かけることで，その販売ネットワークを利用してマーケットに認知してもらい，
需要を掘り起こすためにプロモーションを行うことは効果的である。

　⑦オフ期への誘導（需要平準化・需要のコントロール）
　最近では，観光地に住む地域住民の平穏な生活が脅かされるほど多くの観光
客が溢れかえるオーバーツーリズムが各地で問題になってきた。オーバーツー
リズムはよく吟味してみると，ピークに集中する傾向が見られる。今まで旅行
会社は，ピーク，オフをあらかじめ見極め，ピークに集中する需要をいかにオ
フに流すかというところに注力してきた。旅行代金が細かいシーズナリティを
設定しているのは，まさにその需要の平準化の努力の成果である。旅行会社に
蓄積した知見を何も生かさずに，観光客が来訪するのをなすがままに静観して

いることは無策に等しい。需要はコントロールするべきであって，コントロールできないのは，個人旅行だけにプロモーションを頼ってしまったからに他ならない。オーバーツーリズムは，旅行会社の関与を排除し，個人旅行ばかりをプロモーションした政策決定のミスという面も糾弾されるべきである。今後は，入込客数だけの目標設定の負の側面であるオーバーツーリズムに対して真剣に対策を取るために，旅行会社を巻き込んだ観光振興をもっと踏み込んで検討するべきである。

⑧予約確認と未収の防止

　直販化するということは，予約手続きに伴い，詳細な顧客情報をサプライヤーが自分で聴取しなければいけないということである。この予約手続きは煩雑で，漏れもしばしば起こり，それがトラブルの原因となるので，予約業務を旅行会社が代行してくれると考えると，大変な業務の効率化になる。また，予約をしたお客様が当日現れないことをノーショウ（No Show）というが，一見さんだとなかなかそれを見抜けないし，実際にノーショウになった場合に，取消手数料を収受する算段がなく，泣き寝入りしなければならない場合がある。特に，外国人観光客の場合は，日本人対応と比較しても，直前のキャンセルやノーショウは圧倒的に多い。その場合に，旅行会社を経由していると，リコンファームも気兼ねなく行えるし，適正に取消手数料を収受することができる。商慣習に従う限り，ホテル・旅館・レストランは事前に料金を収受することはなかなかできないが，旅行会社は旅行開始前に料金をすべて収受するのが基本である。そのため，旅行会社は料金を取り逃れることが少ないのである。

　以上のように，旅行会社を活用するメリットは，現代においても，顧客側，サプライヤー側双方に確認できる。より健全な観光を振興する意味でも，旅行会社外しをせず，むしろ今後も積極的に活用していくことが，顧客，サプライヤー双方の持続可能性に寄与できるものとなる。

注

(1)　旅行業法の条文上は,「旅行業者」という名称を使っている。また一般的には
「旅行代理店」という呼称も存在しているが, 日本旅行業協会等は「旅行会社」と
称するよう働きかけている。

第6章
観光産業論Ⅱ：旅行業の流通

1　旅行業界の複雑な流通

（1）ツアーオペレーターという存在

　かつてより，ツアーオペレーターまたはランドオペレーターと呼ばれ，一般消費者である旅行者にはその姿が見えないけれど，旅行業界の流通の大きな柱となっている業種が存在している。これは，旅行業法では新たに旅行サービス手配業として定められたが，国内外の旅行会社からの依頼を受け，運送等サービスやその他の旅行関連サービスの手配，代理，媒介，取次を行う事業をいう。特に海外のホテルやレストラン，コンサートや美術館・博物館の手配等に大きな役割を果たしており，現地の新しい情報の収集や現地での対応においてなくてはならない存在であった。ただ，旅行者と直接の金銭的なやり取りや契約関係がないため，旅行者を守る法律である旅行業法の範疇外とされていた。しかし，昨今のインバウンドの増加で，海外の旅行業者から委託を受けた日本国内のツアーオペレーター（特に外国人経営の会社）が手配をする訪日旅行に関して，ぼったくりの土産物店への誘導，連れまわし，無資格ガイドの利用，高額商品の強制購入等，旅行の安全や取引の公正が脅かされる事例が多く報告されるようになった。そのことから，2017年6月より新たに「旅行サービス手配業」という業種を制定し，旅行業と同様に登録制度を設け，旅行業法の規制の対象とすることとなった。なお，既に旅行業の登録を受けている旅行会社がツアーオペレーター業務を行う際は，旅行サービス手配業の登録をする必要はない。

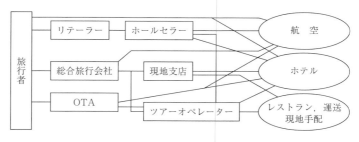

図6-1 旅行業の複雑な流通構造

（2）流通構造の複雑さ

　旅行業の流通は複雑である（図6-1）。街にある旅行会社がすべて航空座席，ホテル，レストラン，バスや鉄道等の運送手段等の現地手配をまるごと行っているわけではない。特化した目的地に根差してこれらの現地手配を専門に行っているのが，先述したツアーオペレーターであるが，もう一つ，旅行者には見えず一般に馴染みがないが，旅行業の流通においてなくてはならない大きな役割を果たしている立役者が，ホールセラーと呼ばれるものである。その名の通り，旅行業の卸業のようなものであり，航空，ホテルと直接契約したり，ツアーオペレーターを介したりしてホテルや現地手配を行っている。パーツをばら売りする場合もあるが，すべてをまとめて「ユニット」と呼ばれる半製品を作り，旅行者により近いリテーラーが自社ブランドを付与して企画旅行商品に仕立て上げることもある。また，ホールセラーの一種として，主に海外の航空券をリテーラーに卸売りする業種をディストリビューターという場合もあるが，実際の業界内ではこれも総称してホールセラーと呼ぶ場合が多い。

　ホールセラーは一般的にツアーオペレーターを活用するが，総合旅行会社もOTA（Online Travel Agency；後述）もツアーオペレーターを使う場合がある。総合旅行会社は現地に支店がある場合は，現地支店がツアーオペレーターの役割を果たしている場合もある。

（3）旅行業の複雑な収入構造

　また，旅行業の流通構造を複雑にしているのが，キャッシュの流れである。

一般的なイメージとして，旅行会社の顧客とは，旅行サービスを享受する旅行者が挙げられる。旅行者から旅行代金を収受して，旅行サービスの企画，手配，実施を行うわけだが，旅行会社は，航空会社等の交通機関，宿泊施設，損害保険会社，レストラン，土産物店，最近では自治体からの補助金等，他の関係諸機関からも販売手数料という名

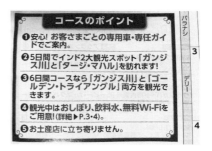

図6-2　ジャルパックのパンフレットに見る「お土産店に立ち寄りません」の文言

目で収入を得ており，その収益は無視できないほどの割合を占める。すなわち，個人手配をした旅行よりも，パッケージにした方が断然旅行代金が安い場合は，往々にして，この観光関係諸機関からの販売手数料の収入を当て込んでいる場合が多い。この販売手数料は，コミッション，キックバック，スケールメリット，リベート，R などと呼ばれることがある。国内旅行だと，船車券，観光券という形で現地サービスの証拠書類が発行されているときはこの販売手数料が想定されており，クーポンという形で発行されていたら販売手数料はカウントされていないのが，一般的な見分け方である。観光関連機関と個別に契約して，販売手数料を旅行会社としては収入として見込み，あるときは旅行代金の値引きに利用し，あるときはプロモーションの費用に利用したりしている。

　最近，「お土産屋に連れて行きません」ということをパンフレットに大きくアピールしている旅行会社も出てきているが（図6-2），これは，多くのリベートを期待するあまり，旅行者の希望に反して，観光そっちのけでお土産屋を連れまわすパッケージが横行し，そのために，旅行者から，旅行会社に不信感を持たれてしまったことに対する反省が込められている。旅行業界への信頼を獲得するためにも，旅行者の想いを受け止めることがここでも重要になっている。

2　添乗（旅程管理）業務を担う派遣添乗会社の存在

　募集型企画旅行または受注型企画旅行には，旅程管理義務が生じる。あらか

じめ定められた旅程を円滑に実施するために，旅行に添乗員が同行する場合がある。最近のトレンドは団体旅行から個人旅行へという一方向のベクトルで語られる場合が多いが，日本添乗サービス協会によると添乗員付きの旅行はわずかではあるものの毎年伸びを示しているとのことである（コロナ禍前）。

添乗員付きの旅行のメリットとして，以下の3点が挙げられる。

①旅行の安心・安全を担保でき，あらかじめ定められた旅程通りにならないイレギュラーがあったときも，代替サービスを適切に提案できる。
②旅行慣れしていない旅行者も旅行を楽しむことができる。
③独力で行きづらい目的地へも行くことができる。

添乗員が旅行中行う業務は以下のような事項が挙げられる。

①旅行計画の円滑な遂行
　・予約チェック
　・時間管理
　・交通混雑への対応
②旅行団体の確実な取りまとめ
　・お客様の確認
　・行程の理解
　・お客様の忘れ物の確認
③旅行の安全確保
　・危険情報確認
　・防犯
　・交通事情
④旅行会社と連絡
　・報告，連絡，相談
⑤お客様を楽しませる

　添乗員は，旅行会社の社員添乗員と，添乗員派遣会社に雇用され，旅行会社に派遣されて添乗業務を行う場合の2通りがある。日本添乗サービス協会によると，派遣添乗員は，募集型企画旅行では約9割，受注型企画旅行では約5割を占めていて，現在の添乗員の主力は派遣添乗員となっている。

　ツアーにおいて，添乗員が1人の場合はその添乗員本人，添乗員が2人以上の場合はそのリーダーとなる者を主任添乗員という。主任添乗員は国家資格を保持しないとその業務に当たることはできない。

3　OTAの台頭とそのビジネスモデル

　インターネットの普及とともに，ウェブサイト上だけで，情報収集（検索），予約，支払いまですべて完結する旅行会社が出現した。これをOTA（Online Travel Agency）という。既存の旅行会社（OTAと対比させて，TTA：Traditional Travel Agencyと呼ばれる場合もあるが，あまりこの略称は定着していない）でも，店舗販売や対人営業とともにウェブサイトを開設しているところも最近では多くなっているが，これらのオンライン部門はOTAとは呼ばない。OTAは，リアル店舗を持たない，紙媒体を使わない旅行会社である。ただ，OTAは，対旅行客に対しての営業はないものの，ホテルの仕入れ等はネット上では完結するのに限界があり，人海戦術は必要とされている。

　OTAはサーバーが海外にあった場合，サイトは日本語で書かれていても日本の旅行業の範囲には入らない。この場合，もしその企業が倒産したり，旅行者にとって不利益な取引が行われたりしたとしても，世界でも消費者保護が進んでいる日本の旅行業法は適用されないので，注意が必要である。

　また，最近では，トリバゴ，トラベルコちゃん，トリップアドバイザー等，複数のOTAを横断して価格比較ができるメタサーチエンジンも出現している。ここは自前で商品は持たず，OTAからのコミッションで運営されている。最近このメタサーチエンジンを経由したアクセスが無視できないほど増えてきているので，それもOTAのホテル・旅館に提示するコミッションが既存の伝統的旅行会社よりも高額になっている要因である。

（1）世界のOTA

①Expedia

Expediaは世界で取扱額第1位のOTAである。もともとマイクロソフトの社員が旅行予約システムを構築したところから始まる。世界で2番目に早く設立されたOTAであった。ちなみに世界で一番早くに設立されたOTAは，CRSのセイバーが設立したTravelocityである。黎明期にExpediaはTravelocityから買収の提案があったが，断ったことは有名である。現在は，41カ国語で展開されていることからも，世界中で選択されていることが分かる。

米国を中心に展開されているhotels.comもExpediaのグループである。また，メタサーチエンジンのトリバゴもExpediaのグループである。なお，日本のExpediaはシンガポールに拠点を持つBEXがマネジメントをしているので，日本の法律ではなく，シンガポールの法律が適用される。

②Booking.com

Booking.comをはじめとするBooking Holdingsグループは，2011年にExpediaを抜き去ってからは継続して世界最大の売上高を誇るOTAである。もともとはPricelineの名前で米国のコネチカット州からスタートしたが，世界的に買収を重ね，オランダに拠点を持つBookingsを買収してからは，Booking.comを名乗るようになった。もともとPricelineは航空券販売を強みにしていたが，世界的に航空券販売のコミッション（販売手数料）が廃止される傾向にあり，そのために，ホテルとレンタカーにシフトすることとなった。そして，アジアに強みを持つAgodaを買収，世界的なホテルの仕入れを可能にした。また，メタサーチエンジンのKAYAKも傘下に収め，自社サイトへの誘導を図っている。また，現在もブランドを分けているのは，地域別の仕入れの強みもあるが，Agodaは，OTAに旅行者が代金を支払うマーチャント・モデルであるのに対し，Booking.comとPricelineは，旅行者が現地宿泊施設に直接支払うエージェンシー・モデルを採用しているからである。また，Booking.comは宿泊施設だけでなく，レンタカー，美術館等の旅行素材との連携も豊富に取り揃えている。

（2）日本の OTA
①楽天トラベル

　日本の OTA の草分けは，楽天トラベルである。もともとは，日立造船の社内ベンチャーでホテルの予約サイト「旅の窓口」（設立当初の名称は「ホテルの窓口」）で，楽天トラベルは旅の窓口のライバル企業であったが，取扱額では旅の窓口には遠く及ばなかったものの，楽天が旅の窓口を買収して，名称は楽天トラベルとなった。

　楽天トラベルはエージェンシー・モデルを導入しているが，楽天カードを利用するとポイントが貯まるエージェンシー・モデルも併用している。

　楽天トラベルは，日本国内のホテル・旅館・ペンションなどの宿泊施設予約がメインではあるが，レンタカーや航空券，高速バスチケットの販売も幅広く手掛けている。ダイナミックパッケージの販売も行っている。名実ともに，本邦を代表する OTA である。

②一休.com

　一休.com は高級ホテル，高級旅館に特化した予約サイトとして定着している。また，その高級なサービスを提供するという安心感から，最近では，高級レストランの予約も始めている。掲載ホテル数は他の OTA と比較しても少ないが，一休に掲載されているとサービスの品質は間違いないという厳選された安心感が逆にハイエンドな顧客を惹きつけている。現在はソフトバンク傘下のＺホールディングス（ヤフー）に属していて，Yahoo! トラベルからサイトに入ることができる。

③ベルトラ

　ベルトラは，いわゆるタビナカと呼ばれる現地オプショナルツアー，アクティビティの予約サイトとして近年実績を急速に伸ばしている。二木渉社長は起業前は美容師だったという異色の経歴で，その旅行業の常識に囚われない挑戦が他の追随を許していない。ここでしか予約できないユニークな体験や，余人を以って代えがたいガイド本人の魅力で惹きつけるツアーなど，旅の本質的な

図6-3 Colorier のサイト：ハワイで人気のガイド，ポハク西田さんの紹介ページ

楽しみにこだわった内容となっている。その中でも特に人気のあるガイドたち
をまとめたサイト Colorier は，人との出会いにこだわって旅づくりをしてい
る。まさにオンラインでありながら，今までの伝統的旅行会社でもなしえなか
った人との交流ができる旅を提案しているところが興味深い。

4　OTA とホテルの最低価格をめぐる攻防

　もともと，伝統的な旅行会社は，ホテルや旅館との取引では，コミッション
（販売手数料）はほぼ10％前後であった。それが，世界的な OTA が台頭してく
る中で，OTA の世界標準では20％前後のコミッションを要求される。確かに，
OTA が世界に持つ顧客への訴求という強大なメリットはあるものの，20％も
コミッションで取られてしまっては，ホテル・旅館の経営をかなり圧迫するも
のとなる。そのため，自然の流れとして，ホテル・旅館では，一度 OTA 経由
で宿泊した顧客が次回以降に自社公式ウェブサイトからの予約をした場合は，
OTA よりもさらに安い料金で提供する，といった動きが出ている。

　OTAはその優越的な地位を利用して，ホテル・旅館に対して，自分の
OTAサイトに最低価格を出すように要求をする。もしホテル・旅館側が出し
抜いて，他社OTAサイトや自社の公式サイトにさらに安い価格を出した場合
は，即チェックが入って警告が発せられる。OTAサイトには似たような宿泊
プランが山ほど掲載されているのは，AIが別のプランと判断したら，価格の
比較から外れるからである。すなわち，宿泊プランの大量掲載はOTA本部の
AIによるチェック対策のために起こっていることなのである。こうやって，
OTAがホテル・旅館を締め付ければ締め付けるほど，消費者にとって，複雑
になっていく。

　ホテル一つを選ぶだけで，もしかしたら損をしているのではないかとあれこ
れ探すことになり，1日がかりの仕事になってしまう。また，それを避けるた
めに消費者がさらにメタサーチエンジンを使えば，OTAがメタサーチに払う
コミッションが発生し，それは結局消費者の負担となる。つまるところ，旅行
会社が10％のコミッションで牧歌的にやっていた時代と比べて，ホテル・旅館
も，消費者も，誰も幸せになっていない。

　テクノロジーは，観光に関わる各ステイクホルダーがこれからも観光に関わ
っていきたいと心から思えるようにする環境整備のために導入してほしいもの
である。

第**7**章
観光産業論Ⅲ：交通機関と宿泊機関

1 航 空

　観光は交通と密接な関係性を持つ。交通がなければ，現代の観光は成立しない。その中でも，島国である日本においては，航空は観光を語る上で欠かせないものである。

（1）フルサービスキャリアのビジネスモデル

　第2次世界大戦後，世界で商業ベースに則った本格的な旅客輸送が始まり，様々な改善が加えられながら，航空のビジネスモデルとして定着した。この従来からあった航空のビジネスモデルは，サービスが行き届いていることからフルサービスキャリア（FSC）と呼ばれたり，網の目のように路線ネットワークを張り巡らせているところからネットワークキャリア，さらに，ちょっと古臭いという揶揄も含有してレガシーキャリア等と呼ばれたりしている。本書では，フルサービスキャリアと呼称を統一する。このビジネスモデルを特徴づけるのは，主に以下の5点である。

①ハブ・アンド・スポーク

　中核となる拠点空港を各地区に置き，その拠点空港と拠点空港を大型機で結び，旅客はその拠点空港を経由してそれぞれの近傍都市へと小型機で結ぶという形態をハブ・アンド・スポークという。ハブとは自転車等の車輪の軸をいい，スポークとはその軸から車輪に向かった支え棒である。路線図がまさに自転車の車輪に似ていることからこの名がつけられた。ハブ・アンド・スポークは，

フルサービスキャリアがネットワークキャリアとの別名を持つ所以でもあり，運航効率の向上に大いに効果がある。この方式は，1978年，米国が航空規制緩和を実施した後，競争力の強化のために大手航空会社が順次導入して，後述するグローバル・アライアンスの枠組みを利用して，欧州地区，アジア地区にも広がっていった。例えば，ユナイテッド航空を中心とするスターアライアンスでは，米国ではシカゴ，サンフランシスコ，欧州ではルフトハンザのフランクフルト，ミュンヘン，アジアでは全日空の成田がハブとなっている。アメリカン航空を中心とするワンワールドでは，米国ではダラス・フォートワース，欧州では英国航空のロンドン，フィンエアーのヘルシンキ，アジアでは日本航空の成田であり，デルタ航空を中心とするスカイチームは，米国ではアトランタ，ポートランド，欧州ではエールフランスのパリ，アジアでは大韓航空の仁川がハブ空港として機能している。

　ただ，米国は，政治機能はワシントン，金融・経済はニューヨーク，農業分野はシカゴ，研究はボストン，自動車はデトロイト，IT はサンディエゴ，映画はロサンゼルスと拠点都市が分散しているが，日本はすべて東京で事足りるように，多くのアジアの国々ではそれぞれの首都にすべての機能が集約されているところも多く，ハブ・アンド・スポークがすべてにおいて機能的であるとは言えない。また，ハブ空港への過度な集中による混雑，遅延，受託手荷物接続の不具合等，ハブ空港ならではの問題も出現してきた。その上，今までは長距離を航続するためには燃料を多く積むことのできる大型機で就航せざるを得ずこの形態を採るしかなかったのが，2000年代に入り，機体の軽量化に成功したボーイング787という中型機が大型機以上の航続距離を可能にしたり，燃費効率の良いエアバス A350 XWB といった中・大型機で長距離路線を就航したりすることが可能になると，顧客側は乗り継ぎをするよりも直航路線を使いたくなるのは自明であることから，ハブ・アンド・スポークに必ずしも頼らない路線網が構築されつつあるのが最近の動向である。

②FFP
　プログラムに参加している会員を対象にして，搭乗距離に応じて無料航空券

やアップグレード等の特典を提供するサービスを,「フリークエント・フライヤーズ・プログラム (FFP)」という。米国で1978年以降始まった航空規制緩和の流れを受けて,アメリカン航空がビジネスマンを中心とした利用頻度の高い顧客の囲い込みのために1981年に始めたこのプログラムは,顧客情報の獲得も可能となることから瞬く間に世界中の大手航空会社に広がった。

　現在では,特典の範囲も広がってきただけでなく,クレジット機能や電子マネーとのタイアップで,空の旅だけではなく日常生活により密着して,さらに経営戦略上の重要性が高まってきていると言える。

　③コードシェア

　ある航空会社が他の航空会社がオペレーションを行う便に自社の便名をつけて自社便として座席を販売することをコードシェア（共同運航）と呼ぶ。これも米国の規制緩和以降,米国国内線から広がり,1990年代以降に世界中に広まった。このコードシェアが後述するグローバル・アライアンスの根元になった。コードシェアは旅客数の少ない路線で有効な方策であり,ハブ・アンド・スポークのハブ空港からのネットワークを広げるためにコードシェア便が多用されてきた。

　④グローバル・アライアンス

　先述のコードシェアは2社間（バイラテラル）での交渉となるが,これを3社以上の企業連合（マルチラテラル）で行おうとする試みがアライアンスである。規制緩和以降,国際線を運航する航空会社は激烈な競争環境に晒されることとなったが,他産業に見られるような国際的な企業買収・合併（M&A）は,各国の国籍条項に抵触することとなり不可能に近かった。そこで,世界でグループを形成して,ネットワークの拡充をはじめ,FFPの共有化,チェックインカウンターやラウンジの共同使用,燃油等の共同仕入れ等で連合を組むことが推進された。

　まず,1997年,米国のユナイテッド航空,ドイツのルフトハンザが中心となったスターアライアンスが形成された。現在では28社が加盟する世界最大のグ

表7-1　航空のグローバル・アライアンス（2020年4月現在）

		スターアライアンス	ワンワールド	スカイチーム
設立日		1997年5月14日	1999年2月1日	2000年6月22日
加盟航空会社数		28	14	19
年間旅客数		6億4110万名	5億698万名	6億6540万名
主な加盟航空会社	北米	ユナイテッド航空 エア・カナダ	アメリカン航空	デルタ航空
	欧州	ルフトハンザ航空 オーストリア航空 スイスインターナショナル航空 スカンジナビア航空 トルコ航空	英国航空 フィンエアー イベリア航空 S7航空（ロシア）	エールフランス航空 KLMオランダ航空 アリタリア航空 アエロフロート・ロシア航空
	日本	全日本空輸	日本航空	
	韓国	アシアナ航空		大韓航空
	中国	中国国際航空		中国東方航空
	アジア	シンガポール航空 エバー航空 タイ国際航空 エア・インディア	キャセイパシフィック航空 マレーシア航空 スリランカ航空	チャイナエアライン ガルーダ・インドネシア航空 ベトナム航空
	中東		カタール航空	サウジアラビア航空
	オセアニア	ニュージーランド航空	カンタス航空	

ローバル・アライアンスである。他にも，全日空，シンガポール航空，タイ国際航空，アシアナ航空，トルコ航空等が加盟している。

　また，アメリカン航空，英国航空が1999年にワンワールドを設立。日本航空はアメリカン航空，英国航空とも良好な関係ではあったものの，スターアライアンスメンバーのタイ国際航空やスカイチームメンバーのエールフランス，大韓航空等とコードシェアを行ってきたことから，バイラテラルの機動力も捨てがたく，なかなか加盟はしなかったのだが，2007年に正式加盟に至った。現在ではキャセイパシフィック，カンタス，フィンエアーなど14社が加盟している。

　さらに，2000年にエールフランス，デルタ航空，大韓航空により設立されたのがスカイチームである。当初ノースウエスト航空やKLMオランダ航空が設立したウイングスというアライアンスもあったが，エールフランスとKLMが経営統合した結果，ウイングスのメンバーはそのままスカイチームに加盟した。

ノースウエスト航空はデルタ航空と合併して，現在では19社が加盟する業界2位のアライアンスとなっている。

⑤CRS・GDS

航空機などの座席を予約するためのコンピュータシステムを CRS（Computer(ized) Reservation System）という。航空券だけではなく，ホテル，レンタカー等の旅行素材や観光関連情報の提供を世界的な規模で行っているという意味から GDS（Global Distribution System）という名前も定着してきた。

予約業務の効率化と収入管理の強化を目指して，1963年にアメリカン航空がIBMのコンピュータシステムを利用してセイバーを立ち上げたのが CRS の発端である。続いてユナイテッド航空が1971年にアポロを立ち上げて，各社が追随した。これら航空会社が独占していたものを1976年に旅行会社へと開放し，1978年の米国航空規制緩和によって運賃が自由化されると，旅行会社は利便性を求めて CRS をこぞって導入した。

しかし，CRS を持つ航空会社が自社便を優先表示させる（ディスプレー・バイアス）という自由競争を妨げる行為が相次いだ。そのため，1984年に米国運輸省は，CRS を分離・別会社とする CRS 規制法を施行した。航空会社から分離した CRS は，航空会社からの予約手数料だけでなく，旅行会社からの端末使用料を得ていたが，他の CRS との競争上，旅行会社からの端末使用料を下げ，航空会社からの予約手数料を上げた。

しかし，2001年の9・11テロ以降，高い予約手数料を嫌った航空会社はGDS を通さないインターネット販売へと傾倒していき，新しいビジネスモデルでマーケットでの地位を高めてきた LCC（後述）も GDS には依存せず，自社のインターネットウェブサイトで予約を取るようにしている。

現在，三大 GDS は，セイバー，アマデウス，トラベルポートと言われている。

（2）新たなるビジネスモデルを確立した LCC

世界の航空会社が会社更生法の適用をして再生を図ったり，国境を越えて合

併したりして生き残りを図っている事例が多く報告されている中，LCCと呼ばれる格安航空会社の新しいビジネスモデルが登場した。米国のサウスウエスト航空を皮切りに，欧州ではアイルランドのライアンエアー，英国のイージージェット，アジアでもエアアジアグループ，スクート，セブパシフィックなどといった航空会社が着実に実績を伸ばしている。これらの航空会社は徹底的なコスト削減をして，大手航空会社とは異なる戦略を展開している。ここでは，典型的なLCCのビジネスモデルを紹介する。

①徹底的なコスト削減（ノーフリル）

　まず，機内食・飲み物，座席指定，受託手荷物，オーディオ／ビデオ，機内誌，他社便接続といったFSCが無料で提供しているサービスをすべて廃止，または有料で提供する。これらの航空会社が「ノーフリルエアライン」とも呼ばれている所以である。座席だけでなく様々なサービスが提供される上級クラスもなく，エコノミー単一クラスであり，FFPの上顧客に対するラウンジ，ファーストトラック，専用カウンター，手荷物優先受け取り等の様々な特典もない。

②機内清掃の簡素化→高頻度直航運航

　機内清掃も簡素化して，高頻度で折り返し運航が可能となっている。これに関連して，大手航空会社はハブ空港を大型機で結び，そこから目的地へ小型機で向かうというハブ・アンド・スポークでネットワークを広げているが，LCCは基本的に目的地まで直航便である。これは他社便接続を全く想定していないからである。また，短距離であるというのも大きな特徴である。短距離だからこそ，シートピッチが多少狭くても許容範囲となる。また，折り返し時の機内清掃は清掃担当ではなく客室乗務員が行うことが多い。

③郊外のサブ空港利用

　メイン空港ではなく郊外のサブ空港（二次空港）を利用することで，着陸料等の経費削減を行うことである。運営面にとっては混雑を避けることができて，

2地点高頻度直航運航に都合がよく，乗客にとっては駐車場が無料であったりして，とりわけ格安を求める旅客に対してはデメリットよりもメリットが上回る場合もあるという考え方に基づく。

④小型機統一

大手航空会社は国策で多くの種類の航空機を保有することがあるが，パイロットや整備士などは特定の機材しか扱えないことから，機種が多ければ多いほど非効率となる。これに対し，LCC のビジネスモデルでは機種を統一し，さらに，燃費効率のいいボーイング737やエアバス A320クラスの小型機のみで運航している。

⑤直販主義

インターネットの技術により，顧客にネットまたは電話予約で直販し，販売手数料を取られてしまう旅行会社を経由しない。そのため，ツアーを商品化するときに旅行会社にとって利便性の高い IT 運賃（包括旅行運賃）も設定していない。もちろん GDS（CRS）も使わない。

⑥わが国における独自の発展　～旅行会社との関係性も含めて～

わが国でも内外の LCC が新規に参入したが，本来的な LCC のビジネスモデルとは異なって発展している。

旅行会社を介さないで直販にこだわるというところが LCC の格安性を実現する最も大きい要素の一つではあったが，わが国では他国よりも旅行シーンにおいて旅行会社の果たす役割が依然として大きいため，結局旅行会社とも取引を行っている。そのため，GDS に登録したり，IT 運賃を導入したりしている LCC も存在する。

また，わが国の LCC の中で最も成功を収めたのはピーチ（PEACH）であることは論を待たないが，これは郊外のサブ空港を利用するというところで，関西空港をハブに利用したことが大きい。その他の LCC は成田空港をハブに設定したが，成田は確かに郊外ではあるものの，駐車場も高価で，さらに一般道

図7-1 関西空港のLCCターミナルにおけるピーチの自動チェックイン機

の整備が不十分で高速道路を使わなければアクセスしづらい点，公共交通機関も高価な点，羽田が国際化したとはいえ，まだ国際線の日本のハブ空港で混雑している点，近隣住民への配慮から夜間の飛行が固く禁じられていることから，門限の厳守で遅延が許されないことで，高頻度運航の本領を発揮できない点等のデメリットが多く存在したため，当初メディアを中心に言われていたほど爆発的には，国内線や近距離国際線でLCCがFSCに取って代わるといった状況にはなりえていない。

　世界のLCCのシェアを見てみると，日本発国・地域別LCCの供給座席数のシェアを日本旅行業協会が出しているが，2014年から2018年にかけて，韓国は22.4％から59.2％までシェアを伸ばし，タイも4.3％から31.4％まで伸ばしている中，日本は14.9％から17.7％までしか伸ばしていない（表7-2）。

　今後もわが国においては，LCCが旅行会社と距離を置いて発展してきた世界的な動向とは異なり，LCCは旅行会社とも取引をしていく方向性を取っていくように思われる。

（3）航空予約システムの新規格 NDC

　本章第1節（1）⑤において，FSC（フルサービスキャリア：伝統的航空会社）の一つの特徴として，予約はGDSを介して行うことを紹介した。ただ，GDS企業は航空会社とは別組織であるため，一予約が成立するたびに一定金額のブッキングフィーが航空会社からGDS会社に振り込まれる。これがGDS企業の収入源の柱になっているが，言い換えれば，航空会社にとってはこれがコスト

表7-2　日本発国・地域別 LCC の供給座席数シェア（％）

	2014年	2015年	2016年	2017年	2018年
日本	14.9	16.1	15.3	16.6	17.7
韓国	22.4	28.9	39.6	53.3	59.2
台湾	11.3	14.9	25.9	27.7	30.7
香港	13.2	24.2	27.9	29.0	29.5
中国	3.6	7.7	9.0	9.4	9.4
タイ	4.3	17.3	19.2	23.2	31.4
フィリピン	12.7	15.1	19.4	28.2	32.9

出所：日本旅行業協会（2019）。

表7-3　FSC と LCC のビジネスモデル比較

	FSC	LCC
使用機材	大型機から小型機まで多様	小型機（B737, A320）単一
運航形態	ハブ・アンド・スポーク，長距離から短距離まで多様	二地点間直行，短距離
クラス	FCWY 等	Y のみ
利用空港	ハブ空港	サブ空港
予約，発券	GDS 中心，旅行会社	自社コールセンターと Web
受託手荷物の接続	行う	自社便でさえ行わない　しかも手荷物の受託は有料
インターライン（他社便接続）	行う	行わない
座席指定	あり	なし　または　有料で受け付け
上顧客対応	ラウンジ，FFP，手荷物優先引き渡し，優先搭乗，ファーストレーン等	なし
機内エンターテイメント	映画，オーディオ，機内誌	なし
機内食・飲み物	無料（運賃に含まれている）	有料
機内清掃	清掃担当者が丁寧に	CA が簡潔に
乗務員の制服	有名デザイナーによる	T シャツ，ポロシャツ等
労使関係	対立的　ストライキがまれにある	対立的ではない

注：FSC のクラスの W は，プレミアムエコノミークラスである。

になっている。

　GDS はコンピューターの黎明期にシステム構築が行われ，それに対して機能強化が追加されてきたので，基本はテキストデータが中心となっている。GDS は，黒い画面に緑の英数文字でテキスト入力していくのが一般的であり，旅行会社や航空会社の予約・営業部門に入ったら，まずこの GDS のコマンド入力を覚えるのが新人教育のイロハであった。ただ，今までは，就航都市・空港は 3 レターコード（NRT, FUK, PAR, SIN など），航空会社は 2 レターコード（JL, BA, MH, QF など），予約クラスは 1 レターコード（F, C, W, Y, B, Q など）や，特別な手配が求められる場合は 4 レターコード（BBML, WCHR など）で事足りていた。

　LCC が攻勢を強めていく中で，FSC は当初は LCC の新たなるビジネスモデルを取り入れ，サービスを簡略化する方向で進み始めた。しかし，低コストの体制が構築されている LCC と比較して，高コスト体質の FSC では低価格競争ではなかなか太刀打ちができない。そこで，逆に LCC が真似のできない，付加価値で勝負する傾向が強くなった。ビジネスクラスとエコノミークラスの中間に位置づけられるプレミアムエコノミークラスを導入する FSC も増え，座席の快適性や機能性も充実させた。機内食や飲み物も，いったんは簡略化の方向に進みつつあったが，現在はその選択の幅や内容により高いクオリティを付加する傾向にある。ラウンジやリムジンサービス，手荷物の宅配サービスなど，航空会社が提供する「商品」の種類が増えてきた。ところが，これらの多様な商品ラインナップは，既存のテキストデータでのやり取りでは全く足りない。画像データ，動画データも有効であるし，FFP に登録している上顧客の履歴等のデータを各予約に反映させたりすることも必要となってくる。これに GDS では対応できないため，IATA（International Air Transport Association, 国際航空運送協会）[1] 主導で進められている新規格の NDC（New Distribution Capability）を導入する航空会社が増えつつある。

　NDC はテキストデータではなく，XML 言語に対応しており，画像等の大容量のデータのやりとりもできるようになるため，多様な商品や，最近増えてきたアンシラリー・サービス[2]にも対応が可能になる。

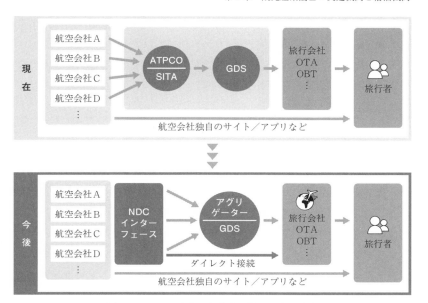

図7-2　NDCを含めた航空予約の現在と今後
出所：インフィニウェブサイト。

　IATAがNDCを推進しようとしているのは，コストカットの一環として，GDSに支払うブッキングフィーの節約を目論んでいるからだ。しかし，GDS業界ももともとは航空会社が自社の大規模な予約システムを使って寡占する可能性を排除するために政策的に航空会社から独立して設立された経緯がある。GDSは長年にわたって旅行業界のBtoB流通に浸透しており，旅行会社社員は日常業務でGDSに慣れ親しんでいる。そのような状況から，NDCを積極的に展開しようとしている航空会社と，そうでない航空会社とで温度差が生まれている。欧米は積極的に導入しようとしている航空会社が多い一方，特に日本，韓国，台湾の航空会社は比較的消極的と言える。これは，航空券の発券が直販だけではなく旅行会社経由のものが今も無視できない割合を占めるからではなかろうか。旅行会社からすると，また航空会社の都合に振り回され，航空会社ごとにNDCの対応をするとなると，せっかくGDSで一元的に予約発券管理ができていたのに，その業務の煩雑さは想像を絶する。

そこで，既存 GDS 会社は，アグリゲーター[3]と称される新たなステイクホルダーとなり，NDC との情報のやり取りを集約する役割を果たし始めた。

　結局，NDC という IATA の GDS 外しが，アグリゲーターという新たな中間者を増やしてしまい，流通をシンプルにするはずが，逆に複雑にする結果になってしまったことは否めない。

2　鉄　道

（1）日本の鉄道事業の歴史：国鉄から JR へ

　日本の鉄道事業は，1872（明治5）年新橋（汐留）＝横浜（桜木町）間において開設されたことから始まる。世界では最初の鉄道というと，英国ではマンチェスターにある工場とリバプール港とを結んで原料や製品を運搬するために開設され，米国ではマサチューセッツ州において花崗岩の積み出し用として開設された。それと比較すると，日本の鉄道の始まりが都会の新橋（汐留）＝横浜（桜木町）というのは違和感を感じることだろう。これは，汐留は，日本初と言われている外国人向け宿泊施設であった築地ホテル館の近隣，桜木町は横浜港の近隣ということで，訪日外国人に対する日本の文明開化のアピールの色彩が強いことが見て取れる。すなわち，日本の鉄道は観光客の輸送目的で始まったのである。

　その後全国で鉄道開設が相次いだが，日清・日露戦争で鉄道の軍事的な必要性が認識され，国家の一元管理が求められたことから1906年「鉄道国有法」が公布され，全国の幹線鉄道の国有化が一気に進められた。以降，日本の鉄道事業は国鉄主導で推進されていくことになる。

　1964年は国鉄にとって画期的な年となる。第1に，東海道新幹線の開業である。東京オリンピックにあわせて世界的な超高速列車をお披露目できたことは，戦後復興を世界にアピールする明るいニュースとなった。

　もう一つの大きな出来事は，国鉄が初の赤字を計上したことである。かつて国鉄では貨物と旅客の利益が拮抗していた。しかし，道路網の整備によってトラック輸送が盛んになったことで，まず貨物事業が不振を極めるようになった。

さらに，モータリゼーションの浸透により，自家用車が一般家庭にも普及してきたことで，旅客鉄道から自家用車による移動にシフトし始めた。また，東名高速道路をはじめとして高速道路網も整備されてきたので，高速道路を疾走するハイウェイバスも登場した。コストは高騰していくのに対

図7-3 水戸岡鋭治デザインの楽しいJR九州の観光列車「指宿のたまて箱」

して，インフレの防止が主たる目的で，政府が運賃の値上げを抑制していたこともあり，この年から始まった赤字は以降も増大し続けた。1970年代に入ると労使関係が悪化してストライキも続発するようになり，一方で田中角栄首相の日本列島改造論に代表されるように，地方へのローカル線の建設要求は強く，採算の見込めないローカル線の建設は依然として続けられた。新幹線の建設にも巨額の費用が投じられ，これはそのまま国鉄の債務として積み上がっていった。

　それらの悪循環を抜本的に改革するため，1987年に中曽根康弘首相の強いイニシアチブで，分割・民営化を断行することによる負債の清算が行われることになった。新生JRは，北海道，東日本，東海，西日本，四国，九州の6旅客会社と，貨物会社とに分割された。各社は「国鉄法」の縛りがなくなり，ビジネスとしての自由も獲得することとなり，鉄道事業以外にも多角的に事業を拡大していく。そして，各社で経営改善を競うようになり，まずJR東日本が1993年に株式上場を果たして完全民営化を達成した。その後JR西日本は1996年，JR東海が1997年に相次いで株式上場を果たしている。遅れてJR九州も2016年に本州3社以外では初めて上場を果たした。JR九州は水戸岡鋭治のアイデアあふれるデザインの観光列車（図7-3）を多数導入し，鉄道ファンをは

じめ幅広い層に九州における鉄道旅行の魅力を伝えてきた。

　さらに，高速ツアーバスの拡大により，現在はサンライズ瀬戸・出雲だけとなってしまった寝台列車に代わって，クルーズトレインが注目を集めている。これも，JR九州が「ななつ星in九州」を導入して先鞭をつけたが，JR東日本の「TRAIN SUITE 四季島」，JR西日本の「TWILIGHT EXPRESS 瑞風」も好評である。

　ただ，JR北海道とJR四国は様々な増収を目論む工夫をしているにもかかわらず，慢性的な赤字に悩んでおり，路線網の維持に対してもさらなる検討が必要になってきている。

（2）民鉄（私鉄）

　日本では鉄道黎明期から，国鉄と私鉄（私設鉄道）と称されてきたため，私鉄の呼び名に慣れている人が多いが，民鉄（民営鉄道）が正式な名称である。大手民鉄は，東武，西武，京成，京王，小田急，東急，京急，東京メトロ，相鉄，名鉄，近鉄，南海，京阪，阪急，阪神，西鉄の16社を指す。JR6社と比較すると，営業キロはJRが1万9998キロであるのに対し，大手民鉄は2932キロと6分の1以下となっている。しかし，輸送人員数を見るとJRが88億人であるのに対し，大手民鉄は92億人と上回っている。このことからも分かるように，大手民鉄は大都市周辺の通勤通学輸送が主な役割となっている。

　しかし，東武（日光），京成（成田山），小田急（大山，江の島），近鉄（伊勢神宮），南海（高野山）西武（秩父神社，三峰神社）等，観光でも寺社参詣目的のルーツを持つ大手民鉄が多いことが特徴的である。このような民鉄は，東武のスペーシア，小田急のロマンスカー，西武のLaview（図7-4），近鉄のひのとり，しまかぜ，アーバンライナー，伊勢志摩ライナー等の有料特急が，JRの特急料金と比較してもお値打ちな値段で乗れるとあって，幅広い層に人気が高い。

　この16社以外は，主に地方都市，山間部を走る列車が多く，地域住民の貴重な足となっているが，過疎化，モータリゼーションのさらなる進行により，慢性的な乗客減に悩まされており，苦しい経営を強いられている場合が多い。しかし，最近では，地域住民の足を守るために，様々な工夫をして外部からの観

図7-4　西武鉄道の新型特急 Laview
車椅子スペースも多くユニバーサルデザインが意識されている車輌である。

　三陸鉄道は，2011年に東北地方を襲った東日本大震災の5日後には無事だった区間を見つけ出して運転を再開したことで，被災地の人々に希望を与えた。これは世界中に報道されて共感の輪が広がり，海外の観光客もわざわざ乗りに来るようになった。

　また，クウェート政府の支援で新造車両も導入することができた。NHKの朝の連続テレビ小説で『あまちゃん』が大ヒットし，根強いファンを形成した。

　三陸鉄道は，震災前も御座敷列車，こたつ列車，なもみ（なまはげのようなこの地域の鬼）実演，かもめの餌付け列車，旅行会社とのタイアップ企画等，積極的に観光需要の取り込みも行われていた。その素地があったからこそ，現在も被災地復興のシンボルとなっているのである。最近では，地元で人気の瓶ドン列車も運行している。

クウェート政府からの支援で
導入された三陸鉄道の新造車両
　運転席の後ろに，アラビア語と英語と日本語で感謝の言葉が書かれている。

「北三陸鉄道」のきっぷ売場
　『あまちゃん』の世界観をそのまま感じることができる。

光客にアピールして鉄道に乗ってもらうことで需要を創発している取り組みも見られるようになってきた。ハードの工夫としては，SL，トロッコ列車，ラッピング列車，ラグジュアリーな内装や，お座敷，外の景色が見やすいシート配置を施した列車等である。ソフトの工夫としては，車掌がハーモニカを吹いて乗客と一緒に合唱をする列車，動物の駅長，オリジナルグッズの販売，車内果物狩り，イベント列車等，ユニークな試みが全国各地でなされるようになった。

（3）割引乗車券

　割引乗車券の歴史は古く，大正時代の「遊覧券」にそのルーツを見ることができる。この制度は国鉄の「周遊券」として引き継がれており，「周遊指定地」に登録された観光地を2カ所以上経由し，あらかじめ指定したコースを辿れば，往復の国鉄の乗車券と，目的地の私鉄，バス運賃が1割引になるというものである。周遊券制度は日本の観光地のプロモーションに大きな役割を演じた。

　1980年代からはより年代層に特化した割引乗車券を発売するようになった。夫婦の合計年齢が88歳以上だと利用できる「フルムーン夫婦グリーンパス（フルムーンパス）」，30歳以上の女性2人以上で利用できる「ナイスミディパス」，全路線の普通・快速列車に乗り放題の「青春18きっぷ」（名称に惑わされるが年齢制限はない）等の割引乗車券が好評を博し，さらに「大人の休日倶楽部ジパング」等の会員組織形成にもつながった。その後の航空業界の規制緩和で運賃競争が激化したことから，JRは航空機との対抗上，業務旅行者向けにも割引乗車券を拡充した。また，JR九州が運航する福岡＝釜山を結ぶ高速艇ビートルの往復券と韓国の鉄道パスをセットにした「コリアレール＆ビートルパス」といった国際的な割引乗車券も発売されている。

（4）ICカード事業

　日本の鉄道分野では，2000年代に入ってJRや私鉄などでICカードの導入が進んだ。JR東日本の「Suica（スイカ）」が2001年に導入されてから，全国のJR，私鉄に急速に浸透した。

　また，各社，各地域で乱立したICカードの相互利用化の動きも進み，2004

年には「Suica」「ICOCA」「PiTaPa」の相互利用化計画が発表され，このうち「ICOCA」と「PiTaPa」については2006年から相互利用が開始された。関東では私鉄や交通局，バス会社が展開する「パスネット」・「バス共通カード」と「Suica」の共通利用を可能にする方針が2003年に発表され，「PASMO（パスモ）」の愛称で2007年以降，順次パスネット・バス共通カード導入事業者に導入されている。

　交通ICカードがこれだけ急速に全国に伝播した要因は，ICが磁気に比べて記録できる情報量が多いのは言うまでもないが，非接触式（無線式）であるため，自動改札機などの可動部分を減らすことができ，メンテナンスの頻度を減らす効果が絶大だったことによる。

（5）駅ビル，エキナカビジネス，旅行業

　大勢の人が集まる駅には大きなビジネスチャンスがある。国鉄時代は国鉄法の縛りもあって，関連事業に手を出しづらかったが，民営化して自社の持つ経営資源を有効活用する際，駅の活用は当然の流れであったと言える。JR各社は特にエキナカビジネスに注力し，民営化前は営業収益のうち運輸事業の割合は9割を超えていたのが，現在では，東日本，西日本は6割程度となっている。民鉄では沿線の不動産開発などにより3割程度のところも見られる。

　駅ビル開発で最も成功を収めたのは，JR東海の名古屋駅ビル開発であろう。「JRセントラルタワーズ」は延べ床面積41万㎡，高さ245mの巨大なツインタワーである。それまで名古屋の中心繁華街は栄地区であったものが，このJRセントラルタワーズの完成によって，名古屋駅周辺へと人の流れが移動した。百貨店は高島屋と共同出資で「ジェイアール名古屋タカシマヤ」が，ホテルはマリオットとともに「名古屋マリオットアソシアホテル」が開業し，毎日にぎわっている。

　同様にJR西日本は京都駅で，JR九州は福岡駅で，JR北海道は札幌駅でそれぞれ百貨店やホテルも備えた大規模駅ビル開発を展開しているが，JR東日本はこのような大規模駅ビル開発は行っていない。その代わり，「エキナカビジネス」と呼ばれる改札内での小売業の展開では一歩リードしている。大宮駅，

品川駅で展開している「エキュート」はわざわざ入場券を買ってまで来訪する買い物客も続出するなど，小売業界の注目を集めている。大手民鉄も，大手コンビニエンスストアとタイアップした売店を展開するなど，今後もエキナカビジネスの展開には目が離せない。

　また，JR は民営化後の経営多角化で，旅行業にも進出したが，JR 東海の「ジェイアール東海ツアーズ」は JTB 色が強く，ぷらっとこだまのような（JTB を除く）他旅行会社にはない新幹線利用商品の強みはあるが，それ以外には広がりは見られない。また JR 東日本は，びゅうのブランドで旅行会社を展開したが，海外旅行のびゅうワールドを閉鎖し，国内旅行も順次縮小している。JR 西日本は，TiS ブランドで展開していたが，もともと JR 西日本の子会社である日本旅行に吸収された。ただ，JR 西日本管内では，エキナカでも一等地を占めている日本旅行の存在感は大きい。

　JR の関連事業の中で，ホテルは各社とも広がりを見せている。JR 東日本は，シティホテルの「メトロポリタン」ブランドとビジネスホテルの「メッツ」ブランドで展開している。また，改装された東京駅の赤煉瓦駅舎内にある東京ステーションホテルはラグジュアリーなサービスが好評である。JR 東海は「アソシア」ブランド，JR 西日本は「グランヴィア」ブランドを展開している。

3　バ　ス

　バスとは，道路運送法の旅客自動車運送事業として行われ，国土交通省自動車交通局の管轄に属するものを指す。道路運送法においてバスは，貸切バスと乗合バスに大別される。

（1）貸切バス

　貸切バスとは，道路運送法において，一個の契約により国土交通省令で定める乗車定員以上の自動車を貸し切って旅客を運送する一般旅客自動車運送事業を指す。「観光バス」と言われることが多いが，観光目的以外にも，送迎等で幅広く利用されている。大きさもマイクロから50名を越える大型まで取り揃え

られており，一般的に冷暖房，マイク放送設備，テレビ，ビデオ／DVDが装備され，車両によってはトイレ，カラオケ，冷蔵庫，湯沸かし器なども装備されているものもある。

　通常は，運転士1名とバスガイド1名の構成で運行されるが，最近では運転士1名のみでの運行も少なくない。

　また，丸の内や日本橋で行われているように，地域の企業や商店会が資金を出し合ってバスを貸し切り，一般利用客に無料で乗ってもらえるようにしている例や，赤字路線バスが廃止されて自治体が代替措置として貸切バスをあたかも乗合バスのように運行する例，また旅行会社が募集型企画旅行として長距離高速バスを貸し切って，乗合の高速バスのように運行する例（後述）も見られるようになり，貸切バスの用途の多様化が見られる。

（2）乗合バス

　乗合バスはあらかじめ定められた経路を定期的に運行するバスのことを指す。乗合バスには一般的な路線バスの他に，空港や港湾と市内を直結するリムジンバス，高速バス，深夜バスがあり，また「はとバス」等の遊覧バスや定期観光バスもほぼ毎日同じ経路を運行するので乗合バスのカテゴリーに含まれる。

　現在，路線バスは，地方を中心に，過疎化とモータリゼーションの進行により経営状況は厳しく，縮小傾向が著しいが，名古屋市のように，基幹バス（バス専用レーンと停留所の設置で定時性を確保したバスシステム）やガイドウェイバス（バス専用軌道と一般道路の両用で運行しているバス）を導入し，積極的にバスを公共交通として利活用している自治体もある。またコミュニティバス，100円バスのような新たな取り組みも功を奏して，全国にその流れが広がっている。さらに，高齢化の進行に呼応して，バリアフリー対応も進んできており，リフトバスやノンステップバスの導入も増加している。

（3）高速バス

　高速バスとは，一般的に乗合バスの中でも特に高速道路を利用して都市間輸送を行うバスをいう。1960年代の後半から東名・名神自動車道の開通により日

本の高速バスの歴史は始まったが，1980年頃から全国の新幹線網の整備や航空運賃の割引運賃の拡充でいったん冬の時代を迎えた。しかし，最近は長引く不況でその廉価性からまたその価値を見直され，また全国的な高速道路網の整備により，路線は着実に増加している。

図7-5　両備ホールディングスのラグジュアリーな個室型高速バス

　高速バスはもともと金銭的にゆとりのない学生やバックパッカーが主たる客層であったが，最近では，航空機のビジネスクラスを彷彿されるラグジュアリーな3列シートのバス，個室のように仕切りを施した最高級のバス（図7-5）の導入も進み，道中もパソコンで仕事を片づけることができるようになってきたことから，ビジネスマンの利用も増加してきた。また高速化した新幹線よりもゆったりとして車窓の風景を楽しめるということで熟年層にも支持の広がりが見られる。地方のバス会社も路線バスの不振から需要のある都市間輸送にシフトする傾向も顕著である。

（4）長距離高速バス：高速乗合バスと高速ツアーバスの統合

　国土交通省では，高速道路を経由する2地点間の移動のみを主たる目的とする募集型企画旅行として運行される貸切バスを「高速ツアーバス」と定義づけていた。これは1960年代に登場し，80年代に隆盛を極めた帰省バス，スキーバスに端を発する。1990年代には各地方都市から東京ディズニーランドに向けてのツアーバスが運行されるようになり，2001年に大阪にユニバーサルスタジオジャパン（USJ）が開園すると，同様のツアーバスが運行されるようになった。これは夜間の移動で滞在時間を効率的に捻出することができるため，交通費だけでなく，宿泊費も浮かせることができることから，金銭的に余裕のない若年

沖縄の特色あるバスガイド

　バスガイドの受注が減少しているのは，沖縄も例外ではない。沖縄の貸切バス需要は旺盛な修学旅行需要に支えられているが，近年では修学旅行も価格競争が激しくなっており，そのあおりを受けて，最初の日と最後の日だけバスガイドをつけて，途中の行程はバスガイド抜きで実施するといった受注も増えてきている。

　そのような中で，バスガイドを削減してコストカットし，安値受注に至るのではなく，逆にバスガイドの重要性を訴え，バスガイドがあるからこそその選好性を高める独自の取組を実践しているバス会社がある。

　那覇バス株式会社では，三線（琉球三味線）の生演奏ができるバスガイドをグループ化し，「うたばす」と名付けて活動をしている。

　「JAL うたばす」は，JALPAK の募集型企画旅行商品に組み込まれている，バスガイドが三線の生演奏を実施しながら案内をすることを全面に謳ったバスツアー商品のことである。これは，発地である JALPAK の企画担当者が沖縄のバスガイドのガイディング技術の高さに感銘を受け，三線弾き語りを前面に出すことにこだわって企画した。その強い思いに着地の那覇バスが応え，多様な主体を巻き込みながら協働して作り上げた枠組みで，基本的には JALPAK の募集型企画旅行商品として売り出されている。

　うたばすのバスガイド安里亜希子さんが語る。「沖縄県民は，歌とともに歩んできた。それは悲劇的な戦争の時代もそうだった。生きる力を持ち続けるために歌った。絶望の米国占領時代もそうだった。ものが何もない，貧困の極みにあっても，缶詰の空き缶で三線を作って，その三線にあわせて自分を奮い立たせるために歌った。その沖縄の歌が，いま世界に広がっている。地球の裏側，ブラジル，アルゼンチンでも，宮沢和史の『島唄』が歌い継がれている。そうやって将来にわたって平和を沖縄から世界に向かって発信し続けるのだ」と。強制的ではなく，教条主義的でもなく，上から目線でもなく，被害者への同情をいたずらに求めるのでもない，自虐的でもなく，戦争賛美でも過去から目を

うたばすメンバーの安里亜希子さん

そらすのでもない，見事な着地点が，このうたばすの歌とからめる手法で構築できている。発地と着地の見事な連携によって，うたばすは募集型企画旅行商品として通年で運行し続けている。

このように，沖縄におけるバスガイドのガイディングのクオリティが高いのは，伝説のバスガイドで，自身が実際に理想を求めてバス会社を立ち上げたてぃーだ観光の崎原真弓氏の功績が大きい。

崎原氏はバスガイドとしてキャリアを重ねる中で，今までのありきたりのマニュアルを暗記しただけのガイディングでは必ずお客様からそっぽを向かれるとの強い想いから，バス会社から離れてフリーとなり，価値観を共有できるガイド仲間でガイドクラブを立ち上げた。しかし，会社中心で回っているガイド業界においてフリーに対する風当たりは厳しく，様々な困難に直面することとなった。しかし，そこでめげることなく，沖縄の心「ちむぐくる」を伝えたいという強い想いで，関係各所を回って，ガイドの重要性を伝えた。折しも，9・11同時多発テロの影響で，せっかく入った予約もキャンセルが相次いだが，地元の福祉施設で歌を歌ったりして，地道な活動を続けることで，まず地元から共感の輪が広がってきた。

崎原氏のガイドは，「ぬちどぅ宝（命は宝）」，「いちゃりばちょーでー（一度会えば兄弟）」，「まことそーちーねー，なんくるないさ（誠に生きていればなんとかなるさ）」といった沖縄に根差した先人たちの生き様を，未来を担う世代に伝えていくことである。特に，戦跡を訪問する前に，その戦跡にまつわる話を，おばあの装いで，おばあになりきって語る。そのことで，戦跡に到着してから，現地で専属のガイドが話をしても，それが他人事にならずに耳に入ることができる。もちろん，沖縄は青い海と空，白いビーチという明るいイメージで世界中から観光客を惹きつけているが，今のこの平和な沖縄に至るまでの背景や見えない想いを伝えることで，表面だけでない沖縄観光の奥行きを感じることができると好評を博している。

てぃーだ観光の崎原真弓さん

層に一気に支持された。

　しかし，高速ツアーバスは貸切バス扱いで乗合バスではないため，運賃，バス停の設置，定時運行義務，運転手の連続乗務時間と交代回数，車両の運用など道路運送法によって細かく定められている規制に従わなくてもよかった。そのため，高速ツアーバスが年々爆発的にその規模を拡大し，楽天トラベル等のOTAが高速ツアーバスの予約をまとめて行えるようになったことでさらに大きく普及したことから，その不整合を乗合バス事業者から指摘されるようになってきた。

　そのような中，2012年4月29日に関越自動車道の藤岡ジャンクション付近で高速ツアーバス事故が発生した。そこで，高速ツアーバスが格安性を打ち出すために，運転手の過酷な勤務状況や，日本語もままならない中国人が運転していたこと，ずさんな整備や運行計画が白日の下に晒された。この痛ましい事故を契機に，高速ツアーバスについては一気に規制がかけられるようになった。国土交通省・観光庁は高速ツアーバスを高速乗合バスに収斂させ，2013年7月末をもって募集型企画旅行としての高速ツアーバスを運行することを禁じた。これにより，高速ツアーバス業界は，大手の企業については，乗合バス事業の認可を得て高速乗合バスに転換したが，転換できる企業体力のない中小業者は事業から撤退した。

　高速乗合バスだけでなく，貸切バスの方にもより規制がかけられることとなった。旅行業に関連していえば，貸切バスにも運賃の細則があるものの，実際の営業現場においては他社との競合で最終価格が決まっていた。それを運賃や付随する料金を足し上げて計算するように指導が行われるようになった。

　このプロセス自体には全く間違った点はないように思える。しかし，その結果，運賃・料金の内訳が明らかになるようになり，価格を下げるためにバスガイドを省くような契約が増加した。特に地方ではバスガイドはこの関越道事故に伴う規制強化の前後で一気に衰退し，あるバス会社では現在ではバスガイドの受注が1割にも満たないような状態になったという。最近では着地型観光という言葉も定着し，地元の魅力を観光客に対して発信することが以前にも増して求められているにもかかわらず，最も地元に根差して地元のアイデンティテ

ィを伝える存在であるバスガイドが，規制強化によって衰退の一途をたどっているのである。このことについて業界全体で認識を新たにする必要があると思われる。

4 船 舶

有史以来人は舟で長距離の移動を行っていた。大航海時代も帆船で世界の海を渡っていた。18世紀に入って蒸気船が登場してから，旅客船が一般的になってきた。

（1）定期客船

一定の航路をあらかじめ定められたスケジュールで人の運送をする旅客船を定期客船という。特に，旅客とともに自動車も運送する船舶をカーフェリーと呼ぶ。

日本では海上運送法により，13人以上の旅客定員を有する船舶を旅客船と定めている。離島航路をはじめ，瀬戸内海を中心に都市間を結ぶ航路が多く見られるが，韓国，中国，台湾，ロシア各国との間に国際航路も存在する。

（2）遊覧船

観光地の海，湖，河川で観光客に見物してもらうために巡る船を遊覧船と呼ぶ。単に船上からの景色を楽しむものだけでなく，食事やワイン・カクテルを楽しむことができるレストランシップが気楽にクルーズ気分を味わえると人気を博したことから，従来から船上で日本式の宴会を楽しむ形態として長い歴史を誇る屋形船にも人気が押し寄せることになった。また『古事記』の時代からの伝統的な漁法を今に伝える「鵜飼い」も長良川をはじめ全国の河川で夏の風物詩として定着しており，他にも海中の景色が楽しめる水中展望船など，多種多様な遊覧船の形態が見られる。世界でも，遊覧船を活用した観光資源は多く存在する。ヴェネツィアではゴンドラが迷路のような狭い運河を絶妙なバランスで運航している（図7-6）。

図7-6　ヴェネツィアのゴンドラ

（3）クルーズ

　交通機関であると同時に船内での生活を楽しむことを主眼に置いた大型客船をクルーズと呼ぶ。長期間にわたっての航海でも楽しめるよう，船内には各種娯楽施設やアトラクションが充実しており，浮かぶリゾートとも呼ばれている。世界ではカリブ海，地中海，シンガポール周辺，バルト海等，河川でもライン川，ドナウ川，ナイル川，ミシシッピ川などで見られる。世界ではクルーズ人口が約1600万人とも言われているが，日本ではまだ18万人に過ぎない。これは，日本人の休暇に長期休暇の制度が整っていないこと，せっかちな国民性，日本近海の海象条件の悪さ等が原因とされている。

　また，旅行開始から終了まですべてクルーズで行うのではなく，居住地からクルーズ上下船地間を航空機で移動するパッケージ旅行商品のことを「フライ・アンド・クルーズ」と呼んでいる。

　ここ数年，旺盛なインバウンド需要がクルーズの利用にもつながっている。特に九州を中心に自治体が港湾整備をして誘致に力を入れている。インバウンド観光客も，特に中国人は日本で爆買いと言われるショッピング観光を楽しむことが多いが，航空機利用だと無料の範囲を超えた場合超過手荷物料金を支払わなければならない。その点クルーズ利用だと超過手荷物料金は存在しないため，爆買いをしても安心であるということもクルーズの選好性を高めている一要因となっているようである。ただ，コロナウイルスが蔓延した初期に，クルーズ船ダイヤモンドプリンセスで集団感染が起こったことが国民の記憶に深く刻まれたことから，今後のクルーズの動向がどうなるかは予断を許さない。

5　その他の交通

（1）レンタカー

レンタカーとは自動車を有料で貸し出す事業のことであり，道路運送法では自家用自動車有償貸渡業と称されている。レジャー，ビジネス，引越等広範に利用されており，顧客のニーズにより，乗用車，マイクロバス，ワゴン車，福祉車両，貨物車，キャンピングカー，ダンプカー，クレーン車，保冷車など多種多様の車が貸出可能となっている。乗用車の場合は現在ではほとんどがオートマチック車でカーナビが標準装備されていると考えてよい。

レンタカーと航空機／列車とを同時に予約をすると，運賃／料金の割引等が受けられる場合がある。また最近では航空会社のマイレージと連携するレンタカー会社も増えてきた。レンタカー業界はここ数年で新規参入会社が格安での料金を謳ってきたため料金の割引が進み，また従来からの懸案事項として乗り捨て時の割高感が言われていたが，広域連携で乗り捨て料金を割引くシステムを導入した地域が増えたこともあり，観光シーンでもますます利用が高まっている。ちなみにレンタカーはナンバープレートが「わ」または「れ」であることで判別がつくようになっている。

（2）タクシー

タクシーとは，旅客が指定した目的地まで旅客を輸送する営業用自動車である。タクシーを利用するには，まず駅や空港，港，市街地，上級ホテル，観光地等に設置されたタクシー乗り場から乗車する場合と，道路を走行している空車を呼び止めて乗車する場合と，電話で指定した時間／場所に呼び出して乗車する場合とに分けられる。日本のタクシーの料金徴収システムは基本的にメーター制で，車内に料金計算・表示用のメーターを設置し，走行距離と時間に応じた運賃を計算，収受するシステムを採用している。最近では空港あるいは特定観光地と市内を結ぶ場合などに定額制をとる事業者も見られるようになってきた。過疎地においては赤字バス路線が相次いで廃止されており，タクシーの

図7-7　JPN TAXI 仕様のタクシー

図7-8　韓国の外国人専用の「模範タクシー」
ドライバーは英語が話せる。

システムも今後は地域の実情に対応した多様なあり方が求められてくるのではないかと思われる。

（3）新たなるシェアリングビジネス：Uber，grab の出現

　Uber（ウーバー）とは，2009年に設立された米国発祥の自動車配車アプリのことである。Uber の出現により，一般市民が自家用車を使って空き時間に運送業務を行うことができるようになった。世界では違法な白タクも蔓延し，合法のタクシーだったとしても，運転手の質が悪く，メーターを倒さない，わざと遠回りする，車体が老朽化して乗り心地が悪い，領収書を発行しない等のクレームが後を絶たないため，乗客と運転手の相互評価の上で成り立っている

Uber の運転手の方が信頼性が高いこと，決済は直接運転手と乗客で行わず，アプリを通して行う等の信頼感で一気に世界中で広まった。Uber だけでなく，東南アジアでは同様のサービスを提供する grab（グラブ）も定着している。

　しかし，日本ではもともとタクシーの信頼性が高いことと，そもそも一般市民が自家用車を使って運送業務を行うのは白タク行為として違法であると明確に示されたため，国家戦略特区として規制緩和の一環で，一部の地方において「ライドシェア（相乗り）」として実施されているくらいで，海外ほどの爆発的な広がりは見せていない。

　Uber に対しての規制を素早く明確化したこととは対照的に，インバウンドの FIT（個人旅行）化によって，外国人コミュニティで白タクが堂々と行われていることに対して，行政は全く対応が後手に回っている。結局，日本人には規制をかけるわりに外国人に対しては野放しになっているような事態を許していては，インバウンドが日本の経済発展には寄与しないだけでなく，今後のインバウンド振興に対して国民の理解を得られないことも想定すべきである。

6　ホテル・旅館

（1）増えゆくホテル，減る旅館（？）

　ホテル，旅館に関する記述の際，図7-9のグラフをよく目にする。ホテルと旅館の客室数の推移である。

　日本では，客室数では旅館の方が伝統的に多かったものが，ホテルがその差を縮めてきて，2009年にその差が逆転された。その後はホテルが差を広げつつあるということで，このグラフは旅館の衰退ぶりを語る際によく使われる。

　しかし，もともと旅館は1人で宿泊することをあまり想定しておらず，2人以上の複数名で部屋を占有するものであり，日本のホテルの多くはビジネスホテルであり，ビジネスホテルはシングルが最も多いことからも，このグラフだけを見て，旅館がホテルに取って代わられたと一概に言ってしまうのは危うい。

　図7-10は，旅館とホテルの施設数を比較したグラフである。

　施設数で見ると，まだ旅館が優位であることは明白である。確かに旅館の施

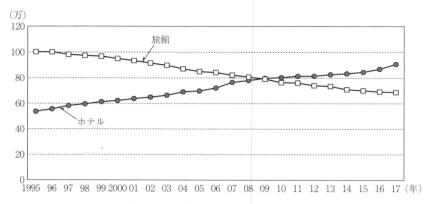

図7-9　旅館とホテルの客室数の推移
出所：公益財団法人日本交通公社（2018）。

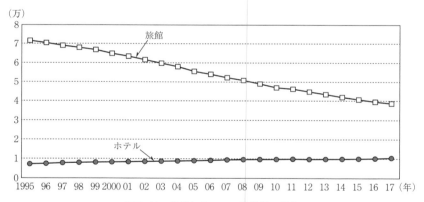

図7-10　旅館とホテルの施設数の推移
出所：公益財団法人日本交通公社（2018）。

設数は年々減少の一途をたどっており，それと比較してホテルは増加している。
しかし，それでも4倍近い差があり，地方都市に最近までよく見られた駅前の
商人宿（駅前旅館）が現代風にビジネスホテルに様変わりしたりしていること
からも，旅館というビジネスモデルすべてが否定されているような論調には容
易に同調しない方がよい。

（2）旅館とホテルの法的な相違点

　そもそも，旅館とホテルはどう違うのか。旅館は和風，ホテルは洋風とざっくりとイメージされているのではなかろうか。または看板に○○ホテルと書いてあったらホテル，○○旅館と書いてあったら旅館とみなしていないだろうか。

　旅館とホテルは1948年に制定された旅館業法で区別された。この定めによると，旅館は，「和式の構造及び設備を主とする5室以上（1室の床面積7m²以上）の施設」とされている。一方，ホテルは，「洋式の構造及び設備を主とする10室以上（1室の床面積9m²以上）の施設」とされている。

　さらに，旅館業法施行令によってこれらはさらに詳細に定義された。旅館は，便所，入浴設備に関しては，適当な数，適当な規模といった規定しかされていないが，ホテルに関しては，

　　・洋式の寝具
　　・適当な数の洋式浴室またはシャワー室
　　・トイレは水洗式，かつ座便式
　　・出入口及び窓に鍵をかけられる
　　・客室同士や，客室と廊下は，壁で区切られている

といった細かい規定がなされてある。

　加えて，旅館とホテルに共通する設備として，玄関帳場（フロント）その他これに類する設備を有することと，共同トイレの場合は男子用と女子用で区別されていることが規定されている。

　また，旅館業法で定められている営業形態で登録したものと，屋号が一致しなくても構わないとされている。すなわち，登録は旅館であっても，「○○ホテル」と名乗ることは可能なのである。

　ただ，2018年の改正からは，この旅館業法においても，旅館とホテルの区別はせず，同一区分とした。客室の広さの違いも，旅館とホテルで違いを分けるのではなく，一律に床面積は7m²以上，ただし，寝台を置く客室では9m²以上となった。

表7-4　旅館とホテルの商慣習的な相違点

	旅　　館	ホテル
宿泊料	1泊2食	素泊まり（朝食が含まれることも）
客　　室	和室	洋室
浴　　室	大浴場（客室内にある場合も）	客室内
食事場所	客室，宴会場，個室食事処	レストラン，ルームサービス提供の場合もあり
食事内容	予め定められている	選択可
サービス	客室への誘導，湯茶サービス館内案内を仲居等の客室係が対応，女将の存在	ドアマン，ベルボーイ，コンシェルジュが個別対応→業務分担
館内の服装	浴衣，スリッパで館内はOK	パジャマ，浴衣，スリッパは客室内のみ

（3）旅館とホテルの慣習的な相違点

　旅館業法は1948年に制定されており，現況とはいささか乖離が見られる。そのため，現在の旅館とホテルの商慣習的な相違点を以下のように整理しておこう（表7-4）。

　①旅館の特徴

　旅館は和風の雰囲気を大切にしている。部屋の内装では，畳，床の間，障子があり，外に目をやると日本庭園が目に入る。大浴場があり，浴衣で館内をリラックスして回ることができる。

　料理は1泊2食が基本であり，食事も含めて旅館のおもてなしと考えられている。郷土料理，地産地消にこだわった四季折々の食材や器等，料理こそが，旅館の腕の見せ所でもあり，宿泊客にとっては旅館選択の条件となっている。最近では，料理を外で食べる泊食分離の形を取るところも，外国人観光客およびその誘致を目論む観光庁からの指導で増えてきてはいるが，日本人はやはり旅館で食事を楽しむといった滞在をまだ望んでいるため，食事なしにしたところはインバウンドに頼らざるを得なくなり，日本人旅客から選ばれなくなっている。マーケティングのターゲティング戦略がここで問われている。

　また，旅館のヒューマンリソースマネジメントで特徴的なのが，「仲居」（部屋係，客室係とも呼ばれる）の存在である。宿泊客が到着したときから，館内の案内，非常口の確認を行い，部屋を案内し，お茶やお菓子を準備する。夕食の際には食事の世話をする。担当する宿泊客の要望は基本的に仲居が聞くことになるため，きめ細かいサービスを行うのが特徴である。

　さらに，その仲居を管理し，宿泊客を総合的に観察し，適宜遊撃的に対応する女性管理者である女将という存在が，旅館の特筆すべき特徴である。基本的に，女将は，経営者の妻または女性経営者であるが，最近では雇われ女将というプロフェッショナルとして女将業をする女性も増えてきている。女将は旅館の中で接客の総責任者としての顔と，外に対してのプロモーション・アピールの顔と両方持つため，外部の会合にも参加する機会が多い。基本的に従業員の制服は和装である。

　従来，旅館の営業は，旅行会社に依存していた。そもそも旅館は家業でやっているところが多かったことから，独自にマーケットにアプローチするのは難しく，旅行会社が発達しているわが国においては，旅行会社に営業を頼るのは自然の流れであったと言える。旅行会社は協定旅館と称し，全国の旅館を系列化した。ただ，旅行会社に依存しすぎることによる弊害もある。販売してもらうために旅行会社に対して部屋を供出すると，供出している間は自社で売ることができず，販売期間が終了した後には旅行会社は売れ残った部屋を返却してくる。こうなるともう割り当てた期間の直前になっていて自助努力ができず，結局空室が残ってしまうということも多くあった。インターネットの普及によりOTAが登場すると，OTAには部屋を供出する必要がないので，それぞれの旅館がOTAでの代理販売と併行して自社としても営業ができるようになったことや，旅館が自社でウェブサイトを持ち，そこでも販売できるようになったことが大きいことから，あっという間にOTAのビジネスモデルは普及した。

　②ホテルの特徴

　ホテルは旅館と比較すると，部屋の内装が洋室であるだけでなく，基本的にはサービスは宿泊客が選択する余地があるのが特徴である。食事は，朝食がつ

いているところもあるが，基本的には素泊まりである。シティホテル，リゾートホテルといった高級ホテルではレストランがあり，洋食，和食，中華と幅広い料理が楽しめるようになっていたり，食事後に寛ぐことのできるラウンジやバーも備え付けられたりしている場合もあるが，低廉型のビジネスホテルには夕食をとることができるレストランがない場合が多い。また，プライベート空間は各部屋のみであり，寝巻き，スリッパで部屋のドアを出ることは法度とされている。旅館では，仲居が接客の多くの部門を担当したが，ホテルでは，ベルボーイ，フロント，コンシェルジュ，レストラン担当とスタッフの仕事が分化している。

ホテルは宿泊だけが収入源ではない。日本ホテル協会が行った「全国主要ホテル経営実態調査」によると，ホテルの収入構成は，室料28.9％と3割にも満たない。他に，食事料26.9％，飲料6.8％，サービス料5.6％，その他（テナント料等）30.3％となっている。食事料および飲料は，宴会やブライダル需要に支えられている。これをホテル業界では，料飲部門と呼ぶ。料飲という言い方は，英語の Food & Beverage からきている。また，最近では，エステやスパといった癒しの面もサービス料としてカウントされている。ホテルはただ宿泊するだけでなく，総合的に人の心を満たすことができるサービスを提供しているのである。

ホテル経営は，所有，経営，運営を分離していることも旅館との大きな違いである。所有とは，その施設の土地・建物といった不動産を所有するということである。経営とは，従業員を雇用し，売り上げを宿泊者から受け取るといったやりとりをすることである。そして，運営とは，ブランド名を付与し，予約システムに組み入れ，総支配人等の運営責任者，部門責任者を派遣して実際のオペレーションに当たることである。例えば，横浜駅西口の横浜ベイシェラトンを例に取ると，シェラトンは運営のみであり，このホテルの所有は相模鉄道，経営は相鉄エンタプライズである。なので，就職活動は相鉄エンタプライズに対して行うことになるのである。

このように，ブランドは外資系だが，実際には運営だけを担当していて，所有も経営も国内企業という場合もあるし，逆に，表向きは国内企業のように見

表7-5　世界の主要ホテルチェーン

チェーン運営会社（本拠地）	ホテルブランド
アコー（フランス）	ソフィテル プルマン ノボテル メルキュール イビス
ヒルトン（米国）	コンラッド ヒルトン ダブルツリー
ハイアット（米国）	パークハイアット グランドハイアット ハイアットリージェンシー
インターコンチネンタル（IHG） （英国〔発祥は米国〕）	インターコンチネンタル クラウンプラザ ホリディ・イン シックスセンシズ
マリオット・インターナショナル （米国） 旧 スターウッド（米国）	リッツ・カールトン マリオット ルネッサンス ブルガリホテルズ＆リゾーツ セントレジス シェラトン ウェスティン ル・メリディアン W

えても所有が外資系投資会社のものになっているホテルもある。

　ホテルは一つのホテルを巨大化させていくことよりも，各地に同一ブランドのホテルを建設していくことの方が合理的であると考えられ，サービス水準を統一し，予約システムを確立して「チェーン」が形成されていった。宿泊客側からしても，チェーン展開であれば，見知らぬ土地での宿泊でもサービス水準が予測でき，ブランドに対する信頼感に繋がっていく。

（4）簡易宿所

　宿泊施設は，旅館，ホテル以外にも，カプセルホテル，民宿，ペンション，ユースホステル，ゲストハウス，キャンプ場，山小屋，コテージ等が挙げられ

るが，これらは旅館業法では簡易宿所というカテゴリーになっている。簡易宿所は，トイレや洗面所や浴室は客室内になく，また2段ベッド等の階層式寝台も許されている。ただ，帳場（フロント）は設けなければいけないとされており，安全面でも規定がなされている。簡易宿所は減少傾向にあったが，インバウンドで安価に旅行を楽しみたい層に注目され，ここにきて利用が伸びている。また，カプセルホテルも従来は男性客中心にターゲットを設定していたが，女性向け，インバウンド向けといった新しいターゲットのカプセルホテルも出現している。また，山谷の「ドヤ街」のような，日雇い労働者のための安価な宿泊施設が，インバウンドのバックパッカーによってその存在が一般的になり，次第に旅行客を受け入れ始めたことも最近の新しい動きである。

（5）民　泊

　民泊とは，マンションや戸建て等の民間住宅を活用して，個人が旅行者を有料で宿泊させるサービスを言う。これを業として行う場合は，旅館業法の許可が必要となるが，2017年に新たに制定された住宅宿泊事業法では，年間180日を超えない範囲で行った場合は，旅館業法の適用除外となった。民泊はもともと個人間の取引であったため，なかなか普及しなかったが，ウェブテクノロジーを駆使したAirbnb（エアビーアンドビー）の登場で，一気に一般化した。そして，インバウンドブームのおかげで関西を中心にホテルの供給不足が深刻な事態となり，これも民泊の普及の後押しとなった。

　しかし，無許可で営まれる違法民泊や，それを利用する旅行者のモラルの欠如で，地域住民から反発の声も多く上がってきていた。日本人以外が実際に住んでいない部屋を投資目的で民泊として運営する例も多く報告されるようになってきた。また，旅館・ホテル業界は，旅館業法を遵守して，設備や防災の細かい規定に沿って運営してきたにもかかわらず，民泊は旅館業法が適用されないことで，公正な競争環境を歪めているとの主張がなされるようになってきた。ただ，コロナ禍が起こる前は，インバウンドが右肩上がりに伸びており，また東京オリンピック・パラリンピックも控えていたことから，ホテルの深刻な供給不足の現状を民泊で補うとの考え方がやむなしとみなされていた。

　目下，コロナ禍によっていったんインバウンドブームは休止している。供給不足が解消している今，この違法民泊に対してどのように対応するかで，日本の観光のクオリティが問われてくることになる。

注

(1)　この日本語名称を使う人はあまりおらず，日本でも IATA（イアタ）で通っている。

(2)　Ancillary：補助的な，付属のという意味で，すなわち，タリフ（運賃表）に公示されている運賃ではなく，足もとが広い席に追加料金を払ったり，リクライニングができない席を割引したりする付属的なサービス。

(3)　Aggregate：集合する，集める。

(4)　旅館業法では，ホテル，旅館営業以外に，簡易宿所営業，下宿営業という区分もあるが，下宿営業はここでは扱わない。

第8章
ホスピタリティ論

1 ホスピタリティ＝おもてなし？

接客業に従事していると，ホスピタリティという言葉を聞かない日はないと言っても過言ではない。しかし，ホスピタリティという言葉は，これだけ重要だと言われている割に，よく聞いてみると，「おもてなし」とか「心配り」といった意味でしか捉えられていないのではないだろうか。ここで，既存のホスピタリティ研究から，ホスピタリティとは何かということを明らかにしておきたい。

ホスピタリティの研究分野においては多くの研究者が独自の理論を展開している中で，なかなか統一した理論はないのだが，ここでは，徳江（2018）をもとにホスピタリティを概観してみる。

従来のホスピタリティの議論は，サービスの延長としてこれを捉えたものが多い。サービスという言葉が語源に「奴隷」という意味を持つことからも，ここでは「主人」と「奴隷」という関係性が前提とされており，ホスピタリティについても，サービスの上位に位置づけられる「おもてなし」という行為的側面が強調される。

徳江はそれに対して異論を唱え，サービスがプロセスの代行という行為的側面を果たすものである一方，ホスピタリティは主体間の関係性マネジメントであると説いている。図8－1からも分かるように，サービスの語源 servos からは，slave（奴隷），servant（召使い）と上下関係，主従関係を固定するような語が派生しているが，ホスピタリティの語源 hospes からは，よく言われる hospital（病院），host（主人）だけでなく，hostile（敵）という語も派生してきて

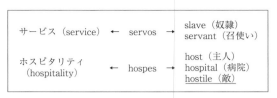

図8-1　サービスとホスピタリティの語源の相違

いる。ここからも，ホスピタリティが上下関係，主従関係が固定されるイメージではなく，自分と他者の関係性そのものを表していることが理解できよう。

　そして，サービスよりもホスピタリティが上位だということはナンセンスであり，ホスピタリティは，不確実性のある環境下において，関係性をマネジメントするとの考え方であると徳江は説いている。

　さらに，ホスピタリティの機能を分かりやすく説明するために，人々の関係性を「安心」と「信頼」という2つの概念を用いて考究している。以下ではこの議論を詳しく見ていこう。

2　安心保障関係

　経済学の用語で，「レモン市場」という言葉がある。レモンとはまさに柑橘類のレモンであるが，別義で役に立たないものや人，欠陥品，ポンコツ車といった意味がある。買い手にばれないことをいいことに，故障が内在する中古車（それをレモンと称する）を販売しようとするセールスマンばかりだと，市場は質の悪い中古車ばかりになってしまい，買い手はそれから逃れるすべを知る由もなく，中古車を買うことそのものを敬遠することになり，中古車市場が成り立たなくなってしまう。このように，財やサービスの品質が買い手にとって未知であるために，不良品ばかりが出回ってしまう市場のことをレモン市場という。世の中はまさにレモン市場にあふれていて，欠陥品をつかませられないか，騙されないか，裏切られないか，不安に思うことが多い。かつて世間を騒がせた中国製の食品偽装の問題はまさにそのレモン市場の様相だったと言えよう。

　そこで，買い手の不安を解消するために，きちんとした商売をしているよう

に伝えることが必要となる。それが，マナーを徹底したり，敬語を使ったり，マニュアルを通して品質の均質化を図ったり，人によってクオリティが変化するといけないので，サービスのパッケージ化を図ったりする行為に結びつく。そのような仕掛けを加えることで，買い手が抱く心配事を除去し，安心を保障する。そこで得られる関係のことを「安心保障関係」という。安心保障関係では，サービスは固定化され，誰がサービスを行っても均質的となり，不確実性が低減されていく。共通のメリットを強調するために，敵の敵は味方といった行動モデルもこの安心保障関係ではよく使われる。敵が共通だと知ったら人は安心するその心理を突いているのである。

　就職活動で，学歴を見たり，資格の有無を問うたりするのは，まさにこの安心を保障するためのプロセスだと思うと納得がいく。人事部の採用担当者は，自分の上司（採用担当責任者）から，目前に並んだ同じような就活生の中で，なぜこの人に内定を出すか問われたときに，学歴や資格を語ると説得力が増すことからも，この安心保障関係が，初対面とか初期段階での関係性構築では有効に機能する。

　相手のことが分からないときに，相手を安心させるツールこそが，学歴だったり資格だったり丁寧な言葉遣いだったり身だしなみだったりといった，パッケージ化されたマニュアル的なものだと言える。

3　相互信頼関係

　サービス現場では，このサービスのパッケージ化やマナー教育，マニュアルの徹底など，ほとんどがこのお客様との安心保障関係を構築するための業務であるように思われる。

　例えば，大手回転寿司チェーンがいま全国にネットワークを広げているが，値段が不透明だった既存の寿司店と比較して，1皿○○円と明確に提示してあるので，会計のときに不安になることはなくなった。ただ，この場合，お客様は自分の既に知っているネタを注文するので，どうしても，新たな価値を創造するというよりも，価格勝負となることの方が多い。

図 8-2　大将おまかせの寿司店

　一方，値札のないような，大将おまかせでにぎってもらう高級寿司店に行く
と，例えばこんな光景に出くわすことがある。

大将：「お客様，何か苦手なものはありますか？」
客：　「私はどうもアワビが苦手でね。」
大将：「かしこまりました。」
　　　　……
　　　「お客様，ためしにこれちょっと食べてみてください。」
客：　「あれ，これは初めて食べる食感だ。うまいね。これはなんてネタで
　　　すか？」
大将：「アワビなんです。」

　以上のやり取りは，固定的サービスによる安心保障関係では絶対に実現でき
ないものである。お客様は現にアワビが苦手と言っているのに，よりによって
そのアワビを提示するなんて，もしかしたら怒られるかもしれない。でも，そ
こに，安心を越えた相互信頼関係があるからこそ，こういった新しい価値を提
供することができる。徳江は，この不確実性の敢えて高い環境において関係性
をマネジメントしえる行動こそホスピタリティだと喝破している。

　このことからも，ホスピタリティが単なるおもてなしではないことはよく理解できるであろう。おもてなしと呼ばれている行為の多くは，安心を保障するためのマナーやサービスのパッケージ化に比重が置かれている。「心からの」なんて言葉が頭についていることも多いが，よく吟味してみると，その中身の本質はやはりサービスのパッケージ化ではないだろうか。お客様を心からお迎えするために打ち水をする，お客様の言葉をさえぎらず，すべて話してもらってからこちらの対応を始める，謝罪の意を伝えるために眉毛で表現をする，等々，ホスピタリティの専門家と言われる人々の口から出てくるホスピタリティの実践事例がどれだけマニュアル化されているか，皮肉としか言いようがない。

　前述した寿司屋の大将も，お客様の言う通り，お客様の苦手なアワビを除いて寿司を盛りつければ，自分にとっての失敗はない。でも，敢えて不確実性すなわちリスクを取って，そして自分の腕を信じて，お客様に新たな価値を提供するチャレンジを行った。このチャレンジが成功したら，期待を上回る感動を生み，それがゆるぎない信頼へと結びつく。信頼とは，片方だけが感じていたのでは信頼関係とはならない。お互いに信頼しあって初めて信頼関係は構築できるのである。

　その意味では，「安心保障関係」の上位に「相互信頼関係」が位置づけられる。その相互信頼関係は，不確実性を除去するのではなく，そのリスクの存在を認めた上で相互の信頼の下に構築する関係で，この関係性が構築できたとき，期待を上回る感動が起こることが多い。そのときに，サービスの提供者側は，利己的な気持ちだけでなく，お客様の喜びこそ，自分の喜びといった利他の心が生まれてくることが多い。自分にとって目の前の利益だけを追い求めていくと，先述した「レモン市場」のような事態にもなりかねない。そのためにも，もちろん商業活動なので利益の追求は何ら悪いことではないけれども，そのお客様の喜ぶことを最優先に取り組むといった発想が，この相互信頼関係では求められているのである。

4　新たな関係性としての「一体関係」

　以上がホスピタリティに関する一般的な理論である。最高のホスピタリティ
を提供していると自他ともに認めているような，一流ホテルマン，フルサービ
スキャリアのキャビンアテンダント，テーマパークなどで従事する人々と話を
する際，この「安心保障関係」の構築のための行動と，「相互信頼関係」の構
築のための行動とにそれぞれ整理すると，なるほどと理解できるところが多い。

（1）福祉施設から学ぶ新たなる関係性
　一方で，最近は福祉施設もホスピタリティを重視するという方針が多くの組
織で取り入れられ，ホテルマンやマナー講師によるホスピタリティ講座を職員
に対して受講させている施設もかなり多くなった。そのため，入所者の方々へ
の対応，家族への対応が昔とは大きく変わったと言われることが多くなった。
しかし，そのようなホスピタリティ教育が施された福祉施設で働く人々と接し
たときに，上述したような一流のホテルマンやキャビンアテンダントと接した
ときとは違う感覚を抱くことが何度もあった。さらに言うと，ホスピタリティ
とよく口にする人ほど，どこかにあざとさやずるがしこさを見てしまうことも
しばしばあるのだが，福祉関係者の方々からは，そういったものを感じること
が明らかに少ない。この違いに対して説明がつかないため，先進的な取り組み
をしているという福祉施設を訪ねて対話を重ね，その違いの由来に迫った。
　神奈川・湘南地区を中心に高齢者と保育事業を広げている福祉法人伸こう福
祉会では，「入所者の方にありがとうと言わせるな」をモットーとしているそ
うである。「ありがとう」等の感謝の言葉こそが，接客時のモチベーションの
源泉のように言われている。しかし，あまりにそれがフォーカスされ過ぎて，
お年寄りの側は常に「ありがとう」，「すみません」を言い続けなければならな
い状況に陥っている。利他と言いながら自分に見返りを求めているからこそ，
この現象は起こっているのではなかろうか。伸こう福祉会では，その「相互信
頼関係」を無理に結ぼうとするあまり，相手に感謝を強要することの矛盾を日

常業務から見抜いたのである。一流ホテルや機内なら非日常の「ハレ」であるから，ありがとうも連発できるけれど，福祉施設は日常の「ケ」である。だからこそ余計にそのような一時的，表面的な対応だと化けの皮が剥がれてしまうのである。

　さらに，ディズニーやリッツ・カールトンといった感動経営，感動のホスピタリティの事例が世間に溢れ，ときには感動の強要まで至っている場合もあるが，観光のプロセスにおいてお客様はすべてにおいて感動を求めているわけではない。自然に，普通に，さわやかな空気のような存在で気持ちよくサービスを受けることも求めているはずである。

（2）「利他」の欺瞞（ジレンマ）は，相手を「対象」と見るから生まれる

　また，お客様のために誠心誠意尽くしたとしても，それが伝わらないことがある。そして，「相互信頼関係」を構築できたと思っても，信頼は往々にして裏切られることがある。サービスの現場でも，サービスの達人と言われる人からも，心を尽くすサービスをしたときにその恩をあだで返される話を耳にする。

　その点において，福祉関係者の方々とお話をすると，お客様に裏切られるという感覚が一様にない。その違いはどこから出てくるのか。

　それは，相互信頼関係でよく出てくるキーワードである「利他性」という言葉ではなかろうか。福祉施設での対応はもちろん他者のためにサービスしているのだが，福祉施設の対応と「利他性」という言葉がどうも結びつかない。それは，「利」という言葉に引っ掛かりがあり，利をどちらに分配するかという発想が，福祉にはないからではなかろうか。

　利他性が言われるときに必ずセットになるのが，他人のためにやった行為は必ず自分にも返ってくる。だから人のために尽くしましょうということになる。しかし，それは結局自分のためにやっていることになる。自分の利のために，戦略的に「誰かのために」をやっているに過ぎない。

　その意味で，相互信頼関係も，まだ相手を「対象」として自分とは一線を画して見ている。一方，対象ではない，相手はすなわち自分であり，すなわち，お客様と自分とは「一体」であるという考え方こそ，福祉施設において実践さ

れている考え方ではなかろうか。

（3）仏教と神道から見る「一体関係」という関係性

　この考え方は，宗教を紐解いたときにも触れることができる。

　仏教では，空海が学問僧として長安に渡り，師と仰いだ唐の僧である恵果和尚から，胎蔵界曼荼羅と金剛界曼荼羅という密教の奥義の教えを受けて帰国する。空海は，帰国後は都にとどまらず，飢饉で混乱する地方へ布教の旅に出る。胎蔵界曼荼羅とは利他の心，慈悲の精神である。常に庶民に寄り添って，その幸せを願う。金剛界曼荼羅とは，自分の悟りへの修行である。自らに対して厳しく律し，静かに自分と向き合い，真理を探究する。空海はその人生を，まず胎蔵界曼荼羅の実践を行い，その上で金剛界曼荼羅を極める。この2つの曼荼羅は分けることができない（両界不二）としている。まさに利他を説く相互信頼関係の境地を経由して一体関係の境地に至るとみなしてもいい。

　神道では，神社をお参りするのは，本来は願い事を叶えてもらうために行うのではなく，もともと人間にはないはずの醜い心，人を疑う気持ち，うらやんだり嫉妬したりする気持ち，それらを異心と呼ぶが，異心が自分の中に出てきたと気づいたときに，人間の根本に立ち戻って，その都度祓うために神社にお参りするのである。祓ってもらうことで，自分の中にある本来のあるべき柱を取り戻す。そのあるべき柱とは，天孫降臨として理想郷である天上界からこの地上も同じように理想郷にするという志と使命感を持って降りてきた私たちの祖先の神々は，神与の「清らかな心」に軸足を置いて我欲我見の異心を祓いながら国づくりをしてきたという考えである。国づくりで最もハードルが高いのは，何よりも自我の制御の問題であり，私たちの祖先は，その重要性を認識し，日々天つ神の「清らかな心」と一体となることで，自らを律してきた。天皇陛下も三種の神器を持つことで，天上界から降臨してきたその当時の神々の想いと一体となり，常に国民とともにあり，国民の平和と安寧を祈るという意識を持ち続けることから，私たち国民も天皇陛下とともにあり，そして，ひいては天つ神とともにあるという意識を持つことにつながる。すなわち，「祓え」とは，天上界から降臨してきた神々と現代を生きる私たちは一体であり，私た

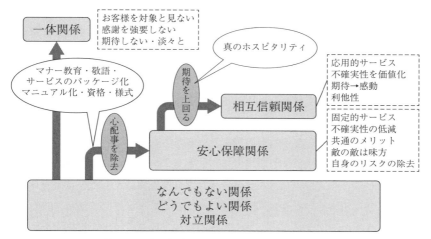

図8-3　安心保障関係・相互信頼関係・一体関係

ちの本質もまた神性のものという確信から行われるのであり，この信仰こそが神道の根本なのである（小野，2014；2015；2019）。

　裏切られて悔しい思いをするという感覚は相互信頼関係特有である。安心保障関係では裏切られることはどこかで想定していて，それも含めて敬語やマニュアルで対応しているのではなかろうか。不確実性は完全には除去できないけれど，それでもできるだけ除去するように動く。裏切られるのも想定の範囲内である。だから腹が立たない。一方，相互信頼関係は裏切られないことが前提なので，裏切られたら腹が立つ。

　ところが，一体関係だと，裏切りという発想それ自体がない。お客様は自分だから，お客様がもしもうそを言ってだまそうとしても，落ち込まない。人間の弱さ，醜さ，それもすべて含めて自分。今は元気に活動できている自分もいずれ老いる。老いたらいくら地位が高かろうとお金を持っていようと，誰かの世話にならなければいけない。自分にも内在する弱さ，醜さ，人を疑う気持ち，うらやむ気持ち，嫉妬する気持ち，そんな異心を人間の根本に立ち戻って，それに気が付いたときにその都度祓う。そのようなマインドこそが，観光に携わる者にとって必要な考え方ではなかろうか。

（4）これからのホスピタリティ

　さらに，最近では，AIに接客業も取って代わられるのではないかと言われているが，AIは一体関係のマインドには到底至らない。AIにできるのは，ただ安心保障関係の構築だけである。安心保障関係の構築に終始している接客業は，間違いなく取って代わられるであろう。

　福祉の現場では，包み隠さないありのままの人間そのものを毎日の業務で取り扱っている。その現場からは人間とはいかなるものか，普段見えないものも見えてくる。かつては福祉の現場では，認知症の入所者の方を扱う際，子どもに返ったとみなして，赤ちゃん言葉で接したりもしていた。そして，身体拘束なども日常茶飯事で，まさに人間としてではなく，モノとして扱っていたようなところもあった。それらの反省が先進的な福祉施設では大いに生かされており，まさに人間の尊厳を最後まで全うしてもらおうと担当者の人々はみな一人ひとりに対して試行錯誤を続けながら，人生を見つめ続けている。

　先述した伸こう福祉会では，ありがとうを言わせないだけでなく，さらに先を行き，入所者の人に対してありがとうと言ってもらえるような場づくりをしている。それぞれの入所者が得意分野を生かして活動することで，地域にも開かれた施設として，入所者だけでなく外部の人からもありがとうと言われる機会を創出している。一流ホテル，フルサービスキャリア，テーマパークでは，お客様がありがとうと言われるシーンは，「ご利用いただき，ありがとうございます」「お買い上げいただき，ありがとうございます」だけではないか。それを越えようとは全然していないのではないか。この「ご利用いただき…」「お買い上げいただき…」から一体関係は感じない。まだ相手を対象として見て，利がどちらにあるのかということにとどまっている。真の人間関係とは，利をどちらに置くかではない。あなたと出会えてよかったと心から思い，お互いが生きているということの奇跡を共有すること，気持ちが一体となったことに大歓喜を見出すこと（小野，2014；2015；2019），この境地は既存のホスピタリティ分野からは感じることはなく，福祉施設からは感じることができた。

　そのようなプロセスから，もはや最も先進的なホスピタリティのマインドは，一流ホテル，フルサービスキャリア，テーマパークよりも福祉施設にあるので

はないかとさえ感じられる。ホスピタリティ産業と言われている分野の人々は，たまに来る相互信頼関係を構築するタイミングを心待ちにしながら，日常の安心保障関係の構築に最も心血を注いでいる。そのプロセスに満足し，ホスピタリティなら自分たちが一番だと思っていたら，福祉施設での従事者が至っている境地は理解できない。基本的には福祉は異業種だと言って認めたくはない人々も多いだろうが，人を扱うという意味では全く一緒である。福祉施設から学ぶといったら，車いすの押し方とかバリアフリーのハード整備といったことばかりが議題になるが，そういった目先の介助技法のテクニックにとどまらず，福祉施設従事者がどのような想いで利用者の方々に接しているのか，是非新たなるマインドを学び取ってもらいたい。[1]

注
(1) 本章の記述は，島川ほか（2020）の島川執筆部分と一部重複する。

第❾章
観光行政・政策論

1　観光政策が重要政策課題となるまで

　そもそも，政策とは公共体（国家，地方公共団体）が施政上の方針や方策を指
し示し，体系立てて施策を講じることをいう。一方，政党や政治家およびその
候補者が従来からあった公約という言葉の代わりに政策という言葉を使う場合
があるが，本書で扱う政策は，その意味を含まない。

　ここで，わが国の「政策課題」として表舞台に登場した観光政策を戦後から
振り返ってみる。

（1）インバウンドと国民の国内観光大衆化による観光基盤整備

　第2次世界大戦が終了した1945年，運輸省鉄道総局旅客課の中に観光係が設
置された。これが戦後の政府における観光を取り扱う部署の最初である。ただ，
戦後最初の観光がらみの法律は，1948年に制定された厚生省（現・厚生労働省）
管轄の「旅館業法」と，「温泉法」⁽¹⁾であった。観光に関する法律は，運輸省だ
けでなく，他の省庁が管轄するものが多く，運輸省の観光係（1946年に業務部観
光課に格上げ）がすべての観光の政策を統括しているという状態ではなかった。
もっとも，旅館業法が制定された背景には，公衆衛生的に適当ではない施設や，
善良の風俗が害されていたという当時の現実があったため，それに対し必要な
規制を加え，公共の福祉に適合させることが法の目的とされた。ということは，
観光を促進するためというよりも，公序良俗を守るための立法措置だったわけ
で，厚生省が対応するというのは自然の流れであろう。

　戦後，まだ日本人の海外渡航は基本的に認められていなかったものの，外国

人の入国は増加し始めた。そこで，1949年に業務部観光課が運輸大臣官房観光部に格上げされたのを機に，同年「国際観光ホテル整備法」と「通訳案内業法」を制定した。また，サンフランシスコ講和条約が締結され，日本人もようやく条件付きで海外にも出られるようになり，交流が開始されたことから，1951年に，「出入国管理令」（政令であるけれど法律としての効力を有する），「旅券法」，「検疫法」が制定された。そして，特に新しく興った旅行業界において，多くの悪徳業者が横行することとなり，消費者を保護する目的で，1952年に「旅行あっ旋業法」が制定された。

　1960年代に入り，わが国は高度経済成長期を迎え，国民の観光旅行が一層盛んになった。そこで，国内観光の大衆化を図るため，1963年に「観光基本法」が制定された。それを具現化するために，国民宿舎や国民休暇村といった安価な宿泊施設が整備された。折しも，1962年に制定された「全国総合開発計画（全総）」では，「国土を総合的に利用し，開発し，及び保全し，並びに産業立地の適正化を図る」ことが謳われた。この頃から，レクリエーションという言葉も流行り，大規模な観光地の整備構想が地方を中心に広がり始めた。一方で，自然保護に関する国民の関心も高まり，1966年の「古都における歴史的風土の保存に関する特別措置法」，1972年の「自然環境保全法」，1975年に従来からあった「文化財保護法」が改正され，「重要伝統的建造物群保存地区（重伝建）」の指定等が行われた。

（2）アウトバウンド全盛

　高度経済成長とあいまって，東京オリンピックが開催された1964年に日本人の海外渡航が自由化され，日本人の海外渡航は年々増加していった。1970年のボーイング747就航により，従来の高価な航空運賃と比較して，観光旅行をさらに一般化するためのバルク運賃の導入で一気に海外旅行代金が下がり，日本人の海外旅行が一般化した。1971年に日本人海外旅行者数が訪日外国人旅行者数を逆転すると，その差は年々広がる一方となった。

　1973年の石油危機で世界的な不景気となり，海外旅行熱もいったん収まったかに思えたが，この石油危機による不景気を日本企業は技術革新で乗り越え，

日本製の自動車，家電等が世界の市場を席巻するようになり，世界と比較して日本の景気回復は早く，また海外旅行熱もすぐ復活した。外国人観光客誘致が目的で設立された国際観光振興会（Japan National Tourist Organization：JNTO）にも，1979年には日本人海外旅行対策業務が正式業務として付加されるほどであった。

　1980年代に入ると，米国では，対日貿易赤字が増加していることに懸念が示されるようになり，農産物（米・牛肉・オレンジ）と日本車が標的となった。そこで，日本政府と自動車業界は，1981年に輸出自主規制を受け入れることとなった。それにもかかわらず，米国の対日貿易赤字は増え続け，1985年にそれが500億ドルに達したことをきっかけに，日本の市場の閉鎖性が米国企業の参入を阻んでいるということが喧伝され，いわゆるジャパンバッシングが起きるようになった。そこで，同年，ニューヨークのプラザホテルで行われた先進5カ国（G5）蔵相・中央銀行総裁会議で為替レート安定化に関する合意がなされた。会場となったプラザホテルにちなみ，その合意はプラザ合意と呼ばれる。為替レート安定化といっても，実質は円高ドル安への誘導の容認であり，この合意がなされたあと，発表翌日の9月23日の1日だけで，ドル円レートは1ドル235円から約20円下落し，1年後には一気に150円台まで円高が進んだ。

　日本においては急速な円高によって円高不況が起きると懸念されたが，日本企業は海外に工場を移転することで対応し，円高を利用して逆に米国資産の買収が進み，米国の圧力はさらに強まることとなった。当時の中曽根康弘総理大臣は，前川春雄前日本銀行総裁が座長となって取りまとめた「前川レポート」に従って，米国からの貿易収支不均衡の改善要求に応えていくこととなった。その中に，日本人海外旅行者数を増やすことで，日本の貿易収支の黒字を，旅行収支の赤字で補っていくアイデアが示された。そこで，1987年に運輸省は「1986年の日本人海外旅行者500万人を，5年後の1991年までに1000万人に倍増する」とする「海外旅行倍増計画」いわゆる「テンミリオン計画」を策定した。テンミリオン計画は旺盛な海外旅行需要に支えられ，1年前倒しで1990年に1000万人の目標を達成した。これは1989年6月に起こった天安門事件がなければ，1989年中に達成したと言われている。

（3）リゾート法による乱開発と破綻

　1987年には，もう一つ大きな政策の変化があった。前川レポートの提言の柱に，内需拡大があった。「良好な自然条件を有する土地を含む相当規模の地域」におけるリゾート施設の整備を目的として，総合保養地域整備法（通称：リゾート法）は制定された。リゾート法は，①国民にゆとりある余暇を提供し，②過疎化・自由化にゆれる地域の振興を図り，③民間活力により内需を拡大する，との理念が掲げられ，そしてそのための条件整備として，(a)環境保全に関する規制措置の大幅緩和，(b)財政上の優遇措置，(c)道路や上下水道などの公共施設の整備と国有林野の活用等が謳われた。

　リゾート法に基づく各道府県の基本構想では，一部見直しも含め最終的には全国で41道府県・42構想にふくれあがった。そしてリゾート法の対象となる「特定地域」の面積は，合計約660万 ha にも達した。これは日本の国土面積の約18％になる大きさである。これほどの広大な「良好な自然条件を有する土地」が，リゾート開発の対象になったことを意味する。すべて計画通りに開発されたとすると，新規に265のゴルフ場，155のスキー場，107のマリーナが造成されることになっていた。

　しかし，1991年にバブルが崩壊し，リゾート法に基づくリゾート開発はあっけなく終焉を迎える。もともとリゾート開発は，ゴルフ場の会員権販売や別荘の分譲で資金を回収しようと目論んでいたが，これらが全く計画通りに売れず，バブル崩壊によって地価が一気に下落したおかげで，リゾート地は破綻に追い込まれた。しかも，開発プロジェクトは第3セクターで実施されたところが多く，状況が悪化した際，企業は潮が引くように撤退し，行政も直接的に責任を取らないで，最終的に責任をなすりつけあうといった無様な状態となった地域が多かった。そして，リゾート開発に関係した住民と，全くその恩恵に与ることができなかった住民との間に反目が生まれ，地域の中で本来起こるはずのない対立を引き起こすこととなってしまった。

　リゾート法は誰の目から見ても明確な失敗事例となったにもかかわらず，政府は2004年になって一部見直しを道府県に対して指示しただけで，廃止には至っていない。政策決定者の責任も曖昧なままである。そもそも，リゾート法破

綻の原因は，バブル崩壊という経済要因だけではなく，当初から開発ありきで，環境アセスメントも十分に行わず，それぞれの地方の個性や自主性を無視した中央主導のプロセスにこそ最大の原因がある。ここを反省しなければ，また手を変え品を変え，同じ失敗を起こしかねない。そして，このリゾート法に狂喜乱舞したのは，研究者も同様である。この当時，建設会社と一緒になって，なんの検証もせずに，開発ありきの甘い需要見通しを提示したのは，他でもなく当時の観光研究者である。研究者が専門家を標榜するならば，おかしな政策が提示されたときには，持っていきたい結論に合わせてデータを作ったりすることなく，身を挺して抵抗していく矜持を持ちたいものである。

（4）インバウンド再来

2001年の小泉純一郎総理大臣の誕生は，観光政策に大きな変化をもたらした。

小泉は，「構造改革なくして景気回復なし」をスローガンに，道路公団をはじめとする特殊法人の民営化を断行し，小さな政府を目指す改革（官から民へ）と，国と地方の三位一体の改革（中央から地方へ）の2本柱で，バブルの後遺症である不良債権を処理し，公共事業を大幅に削減することで財政再建を目指した。この文脈で，地方経済の活性化のために，観光振興，とりわけインバウンドの推進に目がつけられたのである。

小泉は，2002年2月の施政方針演説にて，初めて「海外からの旅行者の増大，それに伴う地域の活性化」を主張した。小泉の命を受けて，同年12月に「グローバル観光戦略」が策定され，2003年から官民挙げての観光推進プログラムである「ビジット・ジャパン・キャンペーン（VJC）」が開始された。2003年の施政方針演説では，「観光の進行に政府を挙げて取り組むこと，特に2010年に訪日旅行者を倍増させることを目標にする」と具体的な目標値も提示され，「観光立国懇談会報告書」「観光立国行動計画」が策定された。その後，小泉は政策の重点項目として，訪日外国人旅行者の増加を継続して取り上げ，VJCの予算も2003年度から，それぞれ20億円，32億円，35億円，36億円と年々増加していった。

2006年には，従来あった観光基本法を全面的に改正して，新たに観光立国推

進基本法を制定した。そして，2008年には国土交通省の外局として観光庁が設立された。こののち，2009年に民主党を中心とする政権交代が起こったが，観光振興は民主党政権でも中心的な政策課題として取り上げられ，継続して推進された。民主党政権は，3年という短命で2012年に終焉を迎えたが，その後再び自公政権に戻ってからも，観光振興は中心的な政策課題として扱われた。

2016年には，観光政策をさらに推進していくために「明日の日本を支える観光ビジョン」が策定された。さらに，2019年には，「観光ビジョン実現プログラム2019」が決定された。ここでは，①多言語対応や無料Wi-Fi，キャッシュレス決済などの受入環境整備を早急に進めていくこと，②国立博物館・美術館の夜間開館，寺泊や城泊，スノーリゾートの再生など，地域の新たな観光コンテンツの開発に取り組んでいくこと，③日本政府観光局がその魅力を海外に一元的に発信すること等を打ち出している。このビジョンにおいて，訪日外国人旅行者数の目標値が，4000万人から6000万人と引き上げられてきて，現在に至っている。

2　観光政策を取り巻く現状

観光政策を検討するにあたって，世界の中での日本の位置づけを認識しておく必要がある。

世界旅行ツーリズム協議会（WTTC）の調査報告によると，全世界のGDPに対する2019年の旅行・観光産業の寄与額は，前年比で3.5%増加して，8.9兆ドルとなった。この高い成長率は，情報サービス産業，金融サービス産業に次ぐ成長率である。旅行・観光GDP寄与額は，全世界のGDPの10.3%を占めるまでに至った。実質GDPの成長率と，国際観光客数の伸び率は強い相関があると言われている。わが国の状況を見てみると，内閣府の調査によると，2012年から2016年までの4年間で，実質GDPは約40兆円増加したが，うち観光が貢献したのは約2兆円である。この4年間に観光GDPは23.0%成長し，産業別に見るとこの伸び率は輸送用機械とともにトップであるという。

世界の国別に旅行・観光GDP寄与額を見てみると，米国が1兆8390億ドル

と突出して高く，次いで中国の1兆5849億ドル，日本は3位で3594億ドルとなっている（表9-1）。旅行・観光GDP寄与額はリーマンショック後の2010年から9年連続でマイナスになることなく成長してきた。しかし，2020年は新型コロナウイルスの影響でマイナスは必至である。WTTCは世界経済に与える影響度は，リーマンショック時の5倍以上と見積もっていて，世界で7500万人の旅行・観光産業の雇用が失われると想定している。

　観光庁によると，わが国における旅

表9-1　国別の旅行・観光GDP寄与額

順位	国　名	寄与額 （単位：10億ドル）
1	米国	1839
2	中国	1585
3	日本	359
4	ドイツ	347
5	イタリア	260
6	英国	254
7	フランス	229
8	スペイン	198
9	メキシコ	196
10	インド	194

出所：『トラベルジャーナル』2020年4月20日号（資料：WTTC）。

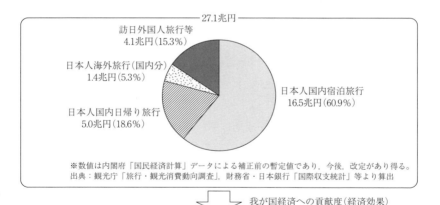

※数値は内閣府「国民経済計算」データによる補正前の暫定値であり，今後，改定があり得る。
出典：観光庁「旅行・観光消費動向調査」，財務省・日本銀行「国際収支統計」等より算出

我が国経済への貢献度（経済効果）

生産波及効果	55.2兆円……5.4％	（対国民経済計算 2017年算出額）
付加価値誘発効果	27.4兆円……5.0％	（対2017年名目GDP）
雇用誘発効果	472万人……7.0％	（対2017年全国就業者数）

（注）観光庁調査（旅行・観光消費動向調査，訪日外国人消費動向調査）の数値を加工して，UNWTO（世界観光機関）が定める基準に則って算出した数値である。

図9-1　観光庁が試算した2017年の旅行消費額と波及効果（観光のリンケージ効果）
　　出所：観光庁HP。

行消費額は総額27.1兆円となっている（図9-1）。内訳としては，日本人国内宿泊旅行は全体の60.9％の16.5兆円で，これと，日本人の国内日帰り旅行と，日本人の海外旅行の国内部分を含めると，日本人が消費した額は22.9兆円となり，全体の84.7％を占める。一方で，訪日外国人旅行は，4.1兆円，全体の15.3％となっている（2017年調査）。近年は，日本全体がインバウンド需要に依存しているような報道のされ方をしているが，コロナ禍前のインバウンド全盛期であっても，国内需要が84.7％を占めていることは理解しておく必要がある。

3　観光を担当する組織

（1）地方，国家，世界という視点

　第1章でも述べたように，観光によって大きな直接的経済効果や雇用創出効果が見込めることから，観光政策の方向性は，国家的な枠組みとして捉えられてきた。そして，地方自治体での観光は祭りやイベントの実施といったオペレーション的な役割を担う場合が多かった。しかし，観光振興のメリットとして地方にアイデンティティの気づきを促す側面があることや，観光によって生じるデメリットを実際に被るのは地元の住民であることが多いことから，今後は，観光政策の方針決定に地方も大いに関与する必要がある。

　また，この議論の延長でいえば，地元の住民が観光振興のデメリットをまともに受けるということは，国際観光においては，目的地（デスティネーション）となった開発途上国がデメリットを受けることとなり，国際的な枠組みでそれを低減するような運動を起こさなければならない。その意味で，観光は，国家だけでなく，地方，そして，世界という視点が求められる。そして，今後は，観光を担当する組織は，観光振興を推進するだけでなく，観光振興によるデメリットを地域住民に押しつけないようにしなければならない。例えば，観光客が溢れることによる問題点（オーバーツーリズム）が発生した際は適切な規模に抑えること，地元に根差さない観光関連企業が大勢を占め，地元へ利益が還元されない状態にならないように，観光関連団体を形成すること，そして，地域住民だけでなく観光客に対しても，責任ある観光客となるべく啓蒙を行うこと

など，やるべきことは山積みである。

このように，実際に訪問する観光客と，それを迎える地域住民にとって観光政策の方向性は影響が大きい。以下では，地方，国家，世界の順番に，その組織構造を紐解いていく。

（2）地方の観光を担当する組織

①地方観光協会

観光協会とは，観光地に根差す観光関連事業者を中心とした団体であり，都道府県単位と市町村単位と両方存在する。そして，上部組織として，公益社団法人日本観光振興協会（日観振）がある。観光協会は地方自治体内のイベント，祭り等の企画，運営の中心となり，自治体や交通事業者との連絡，観光関連事業者間の調整を行う。また，広報活動として，印刷物やホームページの作成，メディア・旅行会社への情報提供，プレゼンテーション，さらにマーケットに出向いて，観光誘致活動も実施している。財源は自治体からの補助金に頼っている場合が多いが，イベント収入や，事業委託，駐車場や各種施設からの収入を財源としている協会もある。また，映画やドラマのロケ地の誘致をするためにフィルムコミッション機能を有する観光協会もある。本来ロケの許可は申請する部署が多岐にわたり，一つでも認められなければ実施できないが，観光協会が窓口となることでそれをワンストップで受け付けることができ，大きなアドバンテージとなるのである。

②DMO

観光協会は，地方において観光振興の牽引役として大きな役割を果たしてきた。ただ，地方ではいつも同じメンバーばかりで関わって，新たなるメンバーが入って来ないことで，前年度の焼き直しの事業ばかりになっていたり，データに基づいてマーケティングができておらず，観光客が求める観光地づくりができていなかったりといった弊害が散見されるようになってきた。

そこで，多様なステイクホルダーが参加し，データに基づいたマーケティング戦略を策定できるような，経営的視点を持った新たなる法人組織の必要性が

観光庁主導で提唱された。それが観光地域づくり組織（DMO：Destination Marketing/Management Organization）である。もともとは，英国では Destination Marketing Company と称していたことから，この組織は会社として商業的に成立させていくものであった。コンベンションビューローの機能を有したり，物品の販売をしたりすることで，自立した組織を目指していた。日本では，もともと観光協会が補助金に頼っていたが，そこはメスを入れずに，マーケティングや戦略を考える組織を観光協会とは別に作ろうとした。その結果，地方では，観光協会と別に DMO が作られていったが，結局は同じメンバーでやっていたり，逆に DMO は外部の人間が中心になって動かしていたりする。特に後者の場合，外部ばかりに目が行き，地元との温度差が生まれていたり，KPI（数値目標）や PDCA サイクルといったことばかりに目が行って，肝心のマーケティングがおろそかになったりする。また，同じような組織がいくつもできて，これに対応するために現場の人から観光客に接する時間を奪ってしまったりといった問題点も生じてきているのが現状である。

③地方自治体

地方自治体には，観光課，観光推進課，観光交流課といった観光を標榜する所管課が増えてきている。これらは，商工系，産業系の部局に位置づけられていることが多く，その場合，国の中央省庁の縦割り行政がそのまま地方自治体にも当てはめられることがしばしばで，以下に詳述する中央省庁での分散した項目が地方自治体での担当部署を混乱させる場面も見られる。もともと地方自治体の観光課は，祭りやイベント開催を中心に回していた面があるが，観光が政策課題として定着したことで，他地域に対する広報的な側面が今後は重要視されてくるだろう。

（3）国家の観光を担当する組織

①政府観光局

自国への観光客誘致のために主要マーケット国に海外事務所等を置いて，自国の観光情報の提供や各種宣伝，広報などの活動を通じて観光客の誘致を行う

政府機関を政府観光局という。マーケット国の旅行会社や航空会社，メディアに対して，ツアーパンフレット，ガイドブック等に掲載される写真を提供したり，記事の掲載を依頼したり，ファムツアーといわれる招待旅行を企画したりすることで，マーケット国での認知度を向上させ，観光へと誘導する役割を担っている。日本は日本政府観光局（JNTO：Japan National Tourism Organization）がその任務を担っている。日本国内にも，韓国観光公社，英国政府観光庁，フランス観光開発機構，ドイツ観光局，イタリア政府観光局，タイ国政府観光庁，台湾観光協会等多くの国が政府観光局を設置している。また米国はグアム政府観光局，ハワイ州観光局等，州単位で設置をしている。

②政　府

観光政策は複合的かつ重層的であるので，政府でも観光庁が一元に管理しているわけではなく，省庁横断的に扱われている。

観光庁が所属する国土交通省は，観光全般に加え，交通，国土計画で観光と大きく関わっている。文部科学省は，文化財保護，世界文化遺産，教育，スポーツで関わっている。環境省は，環境・自然保護，自然公園，世界自然遺産で関わっている。厚生労働省は，検疫，旅館・ホテルの管理で関わっている。外務省は，旅券及び査証，国際協力，国際交流で，財務省は，税関，通貨等で，法務省は，入国管理，諸法制度で，警察庁は，犯罪の防止，治安の維持で，それぞれ関わっている。最近では，もともとサービス産業全般を担当していた経済産業省が観光分野に大きく関わってくるようになっている。日本のインバウンド振興が一気に進んだのは，ビザ緩和が進んだことが最大の要因であることは論を待たないが，これには，法務省，外務省がインバウンドに対して，国益に合致するとの理解が進み，さらに，警察庁の協力があったからこそ実現したものである。観光庁だけで観光は前には進まないのである。

（4）世界の観光を担当する組織：UNWTO

世界の観光を正常化することを目的として設立された機関がUNWTO（世界観光機関）である。スペインのマドリードに本部が置かれている。

1925年にハーグで設立された公的観光連合国際会議（International Congress of Official Tourist Traffic Associations）がその前身である。第2次世界大戦後，1946年に官設観光機関国際同盟（IUOTO：International Union of Official Travel Organizations）に改名され，本部はスイスのジュネーブに移転した。IUOTOは非政府専門機関であり，大戦後の荒廃した世界経済の復興に観光分野から貢献した。1970年にメキシコでのIUOTO臨時総会で，世界観光機関憲章が採択され，1975年に世界観光機関（WTO：World Tourism Organization）となった。さらに，2003年に国際連合の専門機関となった。当初略称を「WTO」としていたが，後に設立された世界貿易機関（略称が同じくWTO）と混同されることが多かったため，2005年に，国際連合の略称であるUNを冠して，略称を「UNWTO」と改めた。その間，主に開発途上国の観光振興への支援において専門家の派遣や国際会議の開催などで実績を残している。

　UNWTOでは，世界観光倫理憲章の実施を推奨しており，負の影響を最小限に抑えつつ，観光が社会経済に最大限寄与することを目指している。また，「持続可能な開発目標（SDGs）」を達成する手段としての観光促進にも取り組んでいる。他にも，重点項目として，以下のような活動を行っている。

①観光を国際的なアジェンダの主流にする

　　社会経済的な成長および発展の推進力としての観光の価値，国家および国際政策の重点事項としての観光，そして，観光が発展および繁栄するように公平な条件を設ける必要性を訴える。

②観光競争力を向上させる

　　知識の創造および交流，人材開発，さらには，政策立案，統計，市場動向，持続可能な観光の開発，マーケティングおよびプロモーション，商品開発，リスク・マネジメントおよびクライシス・マネジメントといった分野における卓越性の促進により，UNWTOのメンバーの競争力を向上させる。

③持続可能な観光の開発を促進する

　　観光資源を最適な形で活用し，受け入れるコミュニティーの社会文化面

での真正性を尊重し，全員に社会経済的な利益を提供する，持続可能な観光政策や慣習を支持する。

④貧困削減および開発に対する観光の寄与を促進する

　貧困の軽減にむけて観光を最大限に寄与させる。また，開発の手段として観光を機能させ，開発アジェンダに観光を加える取り組みを進めることで，SDGs を達成する。

⑤知識，教育，能力開発を促進する

　教育および訓練に関する自らのニーズを評価・対応できるよう各国を支援する。また，知識の創造および交流のためのネットワークを提供する。

⑥パートナーシップを構築する

　民間部門，各地方や地域の観光組織，学術関係者や研究機関，市民社会，国連システムなどと協力し，より持続可能で，責任のある，競争力の高い観光分野を実現する。

4　観光プロモーションの様々な手法

　ここまで述べたそれぞれの組織・主体による観光振興のためのプロモーションの手法は，ほぼ共通している。以下にその手法を列挙する。

（1）ポスター，パンフレット制作

　ポスターやパンフレットは古くから行われているが最も日常的かつ効果的なプロモーション手段である。交通機関も自社の交通機関を使ってもらうためにポスターを駅や旅行会社の店舗に貼ったりしているが，デスティネーションにとってもポスターやパンフレットは大変効果的である。現在はインターネットでの情報発信が主体になったとはいえ，インターネットは検索に引っかからない限り見てもらえないことから，交通の結節点やイベント開催時において通行人の目を引くのはやはりポスターである。パンフレットも旅行会社に配布し，宿泊施設や観光案内所に置いておくことで，観光客の目に触れるようになる。

（2）インターネットによる情報発信

　現在では，インターネットによる情報発信は主流となっている。地図や写真も添付できることから，情報量の多さでは紙媒体の比ではない。また，新しい情報をその都度更新するのにもインターネットは適している。さらに，スマホとSNS（ソーシャルネットワーキングサービス）の普及によって，より個人に対応した情報提供も可能となっている。さらに，Wi-Fiやパケット定額制プランの普及によって，容量が重い動画の配信も以前よりもハードルが低くなってきた。

（3）ファムツアーの実施

　旅行会社にツアーを作ってもらうために，または新聞や雑誌，テレビ等のメディアで取り上げてもらうために，旅行会社の企画担当社員，記者，テレビ局のディレクター等を無料で招待し，実際のモデルコースに沿って旅行を体験してもらうことをファムツアーという。最近では，SNSやブログで影響力を持つ個人に対してファムツアーを提示することもある。ただ，実際には，旅行会社でも企画には全くタッチしていない社員が参加していたり，旅行作家気取りで，特に現在受け持っているメディアもないのに無料で対応してもらえるように強く要望してきて，対応しなかったらSNSで誹謗中傷したりする悪徳な人もいるので，人選は要注意である。

（4）イベントの実施

　マーケットに出向いて，人が集まる駅前，百貨店，ショッピングモール等でイベント・ロードショウを実施することで認知度を高める手法もよく行われている。首長やミス○○といったキャンペーンガールが同行することもある。最近では，その地域の出身でマーケットで活躍しているタレントや影響力のある企業の経営者に「○○大使」を任命することも多く，その人もマーケットでのイベントには参加することが多い。

（5）ギブアウェイの製作

　上述したイベントで配布する無料の特産品または一般的に喜ばれる文房具等

の小物をギブアウェイと呼ぶ。

（6）アンテナショップ

　地元の産品をマーケットの一等地に店舗を構えて販売することで認知度を高めている。ほとんどの場合，地元で購入するのと同価格なので，ファンがつくと喜ばれる。

5　観光まちづくりの力

（1）観光は地域にとって害悪なものを誇りに変える

　わが国は，国土の均衡ある発展を目指す時代から多様性を評価する時代へと変化してきた。その中で，多様なまちづくりが求められるようになり，「住んでよし，訪れてよしのまちづくり」「一地域一観光」といったキーワードをもとに，観光とまちづくりが一体となって地域づくりを進めていく傾向が生まれた。ただ，そうは言っても，国のメニューに乗っかっただけであったり，先進事例の真似事ばかりを求めたりした結果，全国どこに行っても画一的なまちになってしまった。その反省も踏まえ，観光まちづくりの議論では，地域住民の自発的な参加が求められている。

　まちづくりに観光が期待されている理由は，文化背景の違う他者との交流により，新たな視点でその地域の魅力を発見することができるからである。今まで日常過ぎて地域住民が気にも留めなかったのに外の人にとっては魅力的なものは多く存在する。それを求めて多くの人が来訪するようになれば，地域住民の地域への愛着や誇りも増すに違いない。

　さらに，地域の人にとって害悪だと思っていたものすら，観光という視点を取り入れることで他者にとって魅力的な地域資源へと昇華できた事例がある。これこそが観光まちづくりの真骨頂である。

　宮城県の蕪栗沼では毎冬多くの渡り鳥が飛来し，そのときは早朝から一斉に飛び立つ羽音に悩まされ，羽根と糞害もあり，渡り鳥なので駆除することもできず地域住民は困っていた。しかし，その早朝一斉に飛び立つ様は圧巻で，都

図9-2　蕪栗沼を飛び立つ渡り鳥の群れ

出所：蕪栗ぬまっこクラブ。

会から来た人がその光景に感動して帰る様子を見て，これを観光資源として磨き上げた。現在では蕪栗沼はエコツーリズムの拠点としてバードウォッチングに多くの観光客を得るようになった。

　蕪栗ぬまっこくらぶは，蕪栗沼を保全する活動を行うため1997年に設立されたNPO法人である。行政や地域住民との協働によって，蕪栗沼の豊かな自然環境を未来に伝え，蕪栗沼の価値認識を広く一般に知ってもらうため，蕪栗沼探検隊や2万羽の雁を観る会などの観察会を毎年実施している。

　まちづくりに観光の視点を組み込むと，喜んで帰ってもらえる観光客の顔をリアルに目の当たりにすることができ，担い手たちがさらに創意工夫をしていこうというモチベーションにつながる。そして，常に外からの視点に晒されることで，地域だけで盛り上がったときに陥りやすい「ひとりよがりのお国自慢」にならないこともメリットとして挙げることができる。ともすれば衰退する地域の再生を議論し始めると暗くなりがちだが，観光の視点を取り入れることで，明るく，楽しく，未来への希望を持ってまちづくりに取り組むことができるようになる。

（2）観光まちづくりに必要な人材像――よそ者，若者，ばか者？

　いつの頃からか，まちづくりに必要な人材像として「よそ者，若者，ばか者」というフレーズをよく耳にするようになった。講演会やまちづくりの教科書でもよく見かけるこのフレーズは，誰が言い始めたのかは分からないが，まちづくりにおいて人材開発，人材教育の必要性が叫ばれるようになってからよく登場するようになっている。このフレーズがここまで一般的になるということは，この3者が求められる人材像であると評価するのではなくて，この3者とは逆の存在が現状のまちづくりに関わっていることで，まちづくりを停滞させている原因となっていると見られているのではなかろうか。

　それぞれの逆の存在を考えてみると，

「よそ者」　→　「地元の人」

「若者」　　→　「年寄り」

「ばか者」　→　「賢い人」

となる。ここで，まちづくりを停滞させると言われるこれら3者の弱点を考えてみる。

　まず，地元の人の弱点は，地元の情報しか知らない，外の趨勢に疎いというところであろう。例えば，観光まちづくりであれば，観光客（マーケット）のニーズを理解できないという点が挙げられる。地元の人がこだわりを持っている資源でも，観光客がそれを求めていない場合，観光振興は成立しない。知らず知らずのうちに，プロダクト・アウトの発想になってしまっている。そのためにはマーケットの動向，ライバル観光地の動向を熟知した上で戦略を策定する必要がある。

　年寄りの弱点は，過去の体験にこだわって，新しいことにチャレンジできないという点が挙げられる。人はいつのタイミングで守りに入ってしまうのだろうか。特にシニア層が戦後教育を受けた世代になってからというもの，年寄りが既得権益を手放さずに自分を守るような傾向が強まって，まちづくりの組織で若者がやる気をなくす場面がいろいろなところで見られるようになった。

「若い者に任せるから」というせりふをシニアはよく口にするが，特に戦後教育を受けた世代は，面倒なオペレーション的仕事だけを若者に任せ，最終決定権は渡さないということがよくある。年をとるごとに経験を積んで，本来は自分の利益よりも社会貢献のためにと意識がシフトしていくはずなのに，現代社会に広がった将来不安がシニア層にも降りかかり，シニア層の意識のシフトを阻んでいるからであろう。

　賢い人の弱点はどこにあるのか。人は賢いに越したことはないと誰しも思うだろうし，賢い人がまちづくりに関わることによるメリットはすぐ思いつく一方，デメリットはあまり考えたことがないのではなかろうか。しかし，賢い人のデメリットをほとんどの人が認識できていない分，厄介な結果をもたらすこととなる。

　賢い人の決定的な弱点とは，賢い人は総じて失敗したときに見事な言い訳を用意することだ。それは，責任が自分の身に降りかかってこないようにするためである。結局，その地域は失敗の総括ができないことで，失敗の直接的な原因を特定することができず，また同じ失敗を繰り返すことになる。これはエリートと呼ばれる人に共通する病理である。

　現状のまちづくりを停滞させている地元の人，年寄り，賢い人の弱点がこれで明らかになった。しかし，少し考えてみると，地元の人でも積極的に外の情報を手に入れようと努めている人もいるし，年寄りでも柔軟な考えを持って頑張っている人もいる。自らの弱点に気づき，修正するべく努力をすることで十分にリカバーすることができる。

　ここでよそ者，若者とともに，ばか者が挙げられている隠された意図とは，賢い人が失敗の責任をばか者にかぶせ，自分は責任を取らない立場を維持することにある。「よそ者，若者，ばか者」論を展開しているのは，地域に根ざした這い上がりの人ではなく，中央に拠点を置いたままで地方に出向いているエリートの人の方が好んで使う傾向がある。それは，エリート層がきっとこの点に共感するところがあるからに他ならない。

　まちづくりには正解はない。ということは，試行錯誤をしていきながら，失敗や企画倒れを経験しながら，そのまちに合った施策を考えていくプロセスが

大切になる。失敗が大切にもかかわらず，賢い人が自分に失敗の責任が降りかからないように力を注ぐならば，その地域の再生は見込めない。まちづくりに必要な人材とは，自己保身よりも，そのまちの将来を考えて，失敗を明らかにする自己犠牲の精神の持ち主であると断言できる。ばか者が必要ということで，ばかな意見から新たなアイデアが生まれるといった浅い理解に惑わされると，地域を食い物にしている病理が見落とされてしまう。今後は，賢い人がまちづくりに関わってきた際，その人がまちのために自己犠牲を厭わない精神を持ち合わせているかどうかを見抜く目が地域には必要になってくる。

6　MICE

（1）MICE とは

　内外の観光政策で，国家，地方問わず注目を集めているのが，MICE である。MICE とは企業等の会議（Meeting），企業等の行う報奨・研修旅行（Incentive Travel），国際機関・団体，学会等が行う国際会議（Convention）[3]，展示会・見本市，イベント（Exhibition/Event）の頭文字のことであり，大人数の集客が見込まれるビジネスイベント等の総称と定義されている。また企業・産業活動や研究・学会等と関連しており，一般的な観光とは性格が異なる部分が多い。これだけ遠隔会議システムやモバイルデバイス等 IT や情報網が既に発達しているにもかかわらず，MICE の開催件数は年々増加していることから，信頼関係やネットワーク構築に関して，実際に会って対話をすることがいかに重要かということを物語っている。

　最近では市民権を得た MICE という言葉であるが，もともと MICE は造語であり，1990年初頭にシンガポール政府観光局（STB：Singapore Tourism Board）が使い始めたとされている（浅井，2015）。シンガポールは，資源に乏しい国柄ゆえに，独立当初から積極的な外国人訪問客の誘致を国策とした。国の発展のために必要な3要素として，①大型国際ハブ空港，②大型ホテル，③大型コンベンション施設を挙げ，MICE が開催可能な大型施設の開発が進められた。政府が主導となって MICE 施設を開発し，1981年に開業したチャンギ国際空港

図9-3　シンガポールの MICE の象徴，マリーナ
ベイ・サンズ

からもアクセスが容易なマリーナベイ地区に，2011年総工費80億シンガポール
ドルでマリーナベイ・サンズが建設された。ここは，MICE への参加とその後
の観光やレジャーをコンパクトな空間範囲で行うことが可能になるよう都市計
画段階から綿密に立案されて完成した。

（2）日本における MICE 誘致の取り組み

　シンガポールによる一連の MICE への積極的な取り組みが結果として表れ
る1990年代頃から，MICE という言葉は世界に広がり始めることになる。わが
国でも1985年には JNTO がコンベンション推進協議会を設立し，コンベンシ
ョンに関する振興事業を主体的に行った影響で，全国に会議場・展示場が計画
され，インフラ整備も行われるようになった。

　1994年に制定された「国際会議などの誘致の促進及び開催の円滑化等による
国際観光の振興に関する法律（通称：コンベンション法）」では，その目的とし
て，「日本における国際会議等の開催を増加させ，及び国際会議等に伴う観光
その他の交流の機会を充実させることが，外国人観光旅客の来訪の促進及び外
国人観光旅客と国民との間の交流の促進に資することにかんがみ，国際会議等
の誘致を促進し，及びその開催の円滑化を図り，並びに外国人観光旅客の観光

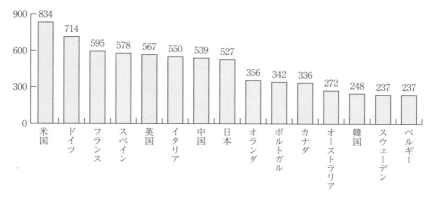

図9-4　国別国際会議開催件数（2019年）

出所：観光庁『観光白書』令和2年版。

　の魅力を増進するための措置を講ずることにより，国際観光の振興を図り，もっと国際相互理解の増進に寄与する」ことと定めている。

　わが国における国際会議の開催件数は年々伸びており，2019年においては世界で第8位となった（図9-4）。国際会議を規模別に見てみると，499人以下の中小規模の会議開催件数が約8割を占めていることから，実績を伸ばすためには，中小規模の国際会議を着実に誘致していくことが効果的である。一方で，1000人を超える大型会議は，世界全体においても開催件数は多くはないが，経済波及効果は莫大であることから，大型会議の対応を検討していく必要がある。

　1994年には，先述したコンベンション法制定とともに，全国45都市を国際会議観光都市に認定した（現在は52都市）。2010年に，観光庁は「Japan MICE Year」を制定し，国際会議を中心とするMICEの誘致に注力し始めた。2013年にグローバルMICE戦略・強化都市を7都市選定し，さらに2015年に5都市追加し，この12都市をグローバルMICE都市として重点的に誘致活動を展開している（図9-5）。

　わが国のMICEの国際競争力を向上していく上での大きな課題として，大規模MICE関連施設の不足が挙げられる。8万m²という日本一の展示会場面積を誇る東京ビッグサイトでも，世界ランキングでは78位（日本展示場協会調

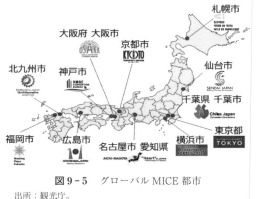

図 9-5　グローバル MICE 都市
出所：観光庁。

査：2019年3月）であることからも，日本の場合は，世界から見ると展示場面積が比較的中規模の施設が多く，それも地方都市に分散しているという印象を持たれている。また，ホテルも，わが国では一般的な観光客をターゲットにしたビジネスホテルが多く存在する一方で，MICE における宿泊

やレセプション会場として使用される富裕層や権威のあるゲストが宿泊するような高級ホテルが不足していることも，わが国の MICE における国際競争力を阻害している要因となっているとされてきた。

　そのような中，国立横浜国際平和会議場（通称：パシフィコ横浜）が，日本の MICE 誘致の推進役として，規模を拡大している。現在の位置に隣接する街区約 2 万2000m^{2}の敷地に，新たに複合施設「横浜みなとみらい国際コンベンションセンター（通称：パシフィコ横浜ノース）」を開業し，空港からのアクセス，都心からの利便性を武器に，国際競争力を向上する取り組みがなされている。もともとパシフィコ横浜にはヨットの帆のような外観が印象的なヨコハマグランドインターコンチネンタルホテルが併設されていたが，パシフィコ横浜ノースには，ハワイの高級リゾートホテルブランド「カハラ」にとって初めての海外展開である「ザ・カハラ・ホテル＆リゾート　横浜」が併設され，今後もみなとみらいには高級ホテルの開業が予定されている。

　MICE では，会議やレセプションを国際会議場や大規模ホテル等で開催することが常であるが，最近では，地域の特徴を際立たせるために，敢えて博物館・美術館，歴史的建造物，神社仏閣，城郭，屋外空間（庭園・公園，商店街，公道など）等で実施することがあり，これらの特徴ある施設のことをユニークベニューと呼ぶ。ユニークベニューの存在は，誘致の段階から地域全体で

MICE を受け入れようとする一体感の醸成に効果が認められるという点から，特に最近でのビッグイベントにおける開催地決定にも影響をもたらす。

ただ神社仏閣などの伝統的な施設は観光施設として活用すべきではないとの考えを持つステイクホルダーもまだ存在し，ユニークベニューとしての活用は進んでいない。さらに，文化財保護法，消防法，建築基準法やケータリングの際の食品衛生法等の法的な制限が多方面にわたっているだけでなく，担当部署が縦割りで，その規制を越えてイベントを実施するにはハードルが高すぎるとの声も聞かれる。ユニークベニューの活用にはまず国家レベルでの規制緩和とともに，自治体やコンベンションビューローにおける窓口で一括して対応することを可能にするなど，誘致する上で行政が自ら改善すべき点がいまだ多いのがわが国の現状である。

注
(1)　制定当時は厚生省で，現在は環境省の管轄である。
(2)　東南アジアに直接投資する日本企業が急増したため，これが主原因で東南アジア諸国の経済発展をうながすことになったとも言われている。
(3)　Conference を入れる場合もまれにある。

第10章
観光資源論Ⅰ：人文観光資源と自然観光資源

1　観光資源の類型

（1）観光資源と地域資源，観光資源と観光対象

　観光資源とは，観光客がその地を訪問しようとする動機となるべき事物で，その存在によって観光事業が成立するものを指す。もともと資源とは，人間の生活や産業等の諸活動のために利用可能なものをいい，鉱物資源，森林資源，水産資源等の天然資源だけでなく，人的資源といったものにも用いられる。観光資源は，観光目的地にある文化財，史跡，名勝，または自然風景，温泉，特徴的な動植物，さらには芸能や風俗，民話，行事などの無形物に至るまで，地域にあって観光需要に応じられる事物を「資源」とみなしたもので，その資源を探索するときには，他の資源同様，「発掘」という言葉を使うことが多い。

　観光資源と地域資源という言葉は似ているため，よく混同・誤用されるが，地域資源とは，地域に存在する特有の資源すべてを指す。もともと地域資源とは農業分野から発展してきた用語であることから，肥料にするための糞尿や自然エネルギーも地域資源とみなされるが，これらが観光資源となりえないのは自明である。また地元の人々のみで消費されるものや，地元の人々にとっては誇りに思うものでも，外から来た人にはわざわざそのために遠くから訪問するほどの価値を感じることができないようなものも，地域資源であって観光資源ではないものの例である。逆に，観光資源であって地域資源でないものは，外国人等地元に関係のない人が運営し，地元の人の利用が全くないような観光施設がその例である。それらは地域にはなんの利益ももたらさないため，地域資源とはみなされない。すなわち，観光資源と地域資源とは厳密には別物である。

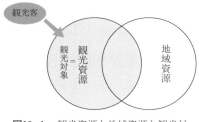

図10-1 観光資源と地域資源と観光対象の関係

よく，観光に対して懐疑的な見方をする研究者が観光という表現を避けたいがために敢えて地域資源という呼び方をすることがあるが，地域資源といった場合は，確実に地域に有形無形の利益をもたらす存在でなければならず，また観光資源といった場合は，観光客の誘引に寄与する存在でなければならない。

また，観光資源と似た用語で観光対象という言葉もある。観光対象とは，観光客（マーケット）の立場から見た観光目的にかなう事物である一方，観光資源といった場合は，事業成立の要素を含むため，受け入れ側の立場（デスティネーション）から見た観光目的にかなう事物を指す。すなわち，観光資源と観光対象は，その立場の違いで使い分け，対象物はイコールと考えてよい。[(1)]

（2）観光資源の類型化

観光需要に応じられる観光資源の類型化は多くの研究者が今まで行ってきたが，年を経るごとに細かく分類されていく傾向が見られる。しかし，細かく分類したところで，観光客の観光行動が変化するわけでもなく，分類から観光客の傾向を掴み取るためというよりも，新たなカテゴリーを見つけることが目的となってしまっていて，余計に複雑化して分かりにくくなっている。そのため，ここでは時代の流れに逆行して，敢えてシンプルに5つに分類する。

もともと学問分野は，人文学，自然科学，社会科学の3分野に類型化されていた。なので，本書ではその根本に立ち戻って，人文観光資源，自然観光資源，社会観光資源に分類する。その上で，観光誘引力があるものは，社寺等の有形物だけでなく，歌舞や食事といった無形物も大きな役割を演じている。その意味で，人文資源と社会資源の分野から無形資源という分野も設定する。さらに，観光資源という視点から見ると，自然美が信仰の対象となっている例なども数多く見られ，自然資源的要素と人文資源的要素を併せ持つ観光資源も多く見ら

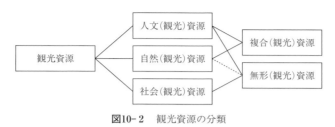

図10-2　観光資源の分類

れる。これをまとめて複合観光資源と称する。

　このような観光資源の分類は既往研究には見られないが，後述する世界遺産の分類（自然遺産，文化遺産，複合遺産および無形遺産）に対応させている。

（3）人文観光資源と社会観光資源および無形観光資源の境界

　人文観光資源とは，人文学（後述）の領域に属する資源の中で，有形のものがこのカテゴリーに属する。例えば，城，寺社，教会，仏像，美術品，民俗器具，装束あるいはそれらを収蔵する美術館，博物館，屋敷，古民家，遺跡，戦跡，古道，文学資料や文学の舞台のようなものが人文観光資源である。

　分類によっては，自然観光資源以外の人為的な要素が含まれているものをすべてひとまとめに人文観光資源に分類する研究者もいるが，これは人文学または人文主義のそもそもの意味を理解できていない。人文主義とは，後述の通り，人間の本質に迫り，人間の力への無限の可能性を信じ，人間に対する愛情と努力，そして，人間らしさを歪める制度や慣習への問いかけをすることであって，自然資源でなく人為的な観光資源であっても，このような人文主義的な要素のない観光資源はカテゴリーを分ける必要がある。そのため，本書では，自然資源ではなく，人文主義的要素のない観光資源を社会観光資源として別のカテゴリーを設けた。例えば，産業観光や民俗的に価値がない単なるお土産店，テーマパーク，スポーツ施設，MICE 施設，レストラン等は社会観光資源に分類される。

　また，伝承そのもの，歌舞，信仰に関わるもののような無形物は，無形観光資源として別のカテゴリーとする。

（4）文化財と観光

　日本には文化財という用語がある。これは，「文化財保護法」で定義されている。この定義と観光資源の分類を照らし合わせてみる。文化財保護法第2条第1項には，以下のようにある。

　この法律で「文化財」とは，次に掲げるものをいう。
一　建造物，絵画，彫刻，工芸品，書跡，典籍，古文書その他の有形の文化的所産で我が国にとって歴史上又は芸術上価値の高いもの（これらのものと一体をなしてその価値を形成している土地その他の物件を含む。）並びに考古資料及びその他の学術上価値の高い歴史資料（以下「有形文化財」という。）
二　演劇，音楽，工芸技術その他の無形の文化的所産で我が国にとつて歴史上又は芸術上価値の高いもの（以下「無形文化財」という。）
三　衣食住，生業，信仰，年中行事等に関する風俗慣習，民俗芸能，民俗技術及びこれらに用いられる衣服，器具，家屋その他の物件で我が国民の生活の推移の理解のため欠くことのできないもの（以下「民俗文化財」という。）
四　貝づか，古墳，都城跡，城跡，旧宅その他の遺跡で我が国にとつて歴史上又は学術上価値の高いもの，庭園，橋梁，峡谷，海浜，山岳その他の名勝地で我が国にとつて芸術上又は観賞上価値の高いもの並びに動物（生息地，繁殖地及び渡来地を含む。），植物（自生地を含む。）及び地質鉱物（特異な自然の現象の生じている土地を含む。）で我が国にとつて学術上価値の高いもの（以下「記念物」という。）
五　地域における人々の生活又は生業及び当該地域の風土により形成された景観地で我が国民の生活又は生業の理解のため欠くことのできないもの（以下「文化的景観」という。）
六　周囲の環境と一体をなして歴史的風致を形成している伝統的な建造物群で価値の高いもの（以下「伝統的建造物群」という。）

　この規定から，歴史上，芸術上，学術上，観賞上等の観点から価値の高い有

形文化財，無形文化財，民俗文化財，記念物，文化的景観，伝統的建造物群の
6種類が，指定等の有無にかかわらず「文化財」に該当する。わが国で規定さ
れている文化財のうち，観光資源となりうるものに関しては，記念物の一部が
自然観光資源に該当し，有形文化財，伝統的建造物，自然観光資源に該当しな
い記念物に該当するものは人文観光資源に分類される。無形文化財，民俗文化
財に該当するものは無形観光資源に分類される。文化的景観は複合観光資源に
分類するものとする。

　文化財保護に関係する人の中には，観光に対して懐疑的な見方をしている人
が存在する。それは，最初に述べたように，観光にはメリットと同様にデメ
リットもあるわけで，観光客の来訪が文化財の毀損につながるリスクがあること
は明白だからである。観光に携わる人材は，このリスクから目をそらして，メ
リットだけをことさらに強調するのではなく，デメリットとも向き合い，いか
にそのようなリスクを低減するか考え抜くことが求められているのである。実
際に1968年に新たに文化庁が発足した際にも，将来の展望として以下のような
宣言がなされていたことを，現代に生き，観光に携わる我々も知っておく必要
がある。

　　近年，観光資源として文化財が占める位置はますます重要性を加えつつあ
　る。観光需要と相関関係にある観光開発のあり方は文化財保護にかかる大き
　な問題の一つである。観光資源があっての観光であり，観光資源を失うこと
　は観光そのものの自殺行為にほかならない。文化財を観光資源として扱う場
　合は特にこの点の認識が肝要であり，文化財を将来にわたってよりよい環境
　で，より長く活用できるよう慎重な配慮が望まれる。（文化庁，1970年）

2　人文観光資源

（1）人文学とは

　そもそも人文学とは，人間の本質的かつ普遍的に持つ思考，感覚，行動を明
らかにしようとする学問である。具体的に挙げると，哲学，宗教学，倫理学，

歴史学，文学，美術学，音楽学，教育学等⁽²⁾である。英語では Humanities とい
い，伝統的に知識人が身につけておくべき教養とされていた。人文主義とも訳
される。この人文学または人文主義が花開いたのは，14世紀のイタリアである。

　それまでの中世（キリスト教公認以降のローマ帝国が衰退した時代）の世界は，
カトリック教会が絶大なる力を持ち，教会国家という世俗的な基盤を有しなが
らも，全ヨーロッパ規模での普遍的な権威を有した。権力は教会に集中し，教
義に典拠を置き規律が求められた。芸術も教会の依頼で聖書の世界を描くもの
ばかりであり，「創造」は神のみが行うもので，人間は聖霊を通じて神の意志
を感じて芸術作品にするだけで，ここに独創性を挟む余地はなかった。

　そのような中世において，新たな時代を感じさせる予兆が文学の世界から現
れ始めた。フィレンツェ出身の詩人ダンテ（1265〜1321）は，政敵によってフ
ィレンツェを追放され，流浪の生活の中で代表作『神曲』を完成させた。この
作品は，古代ローマの詩人ウェルギリウスが地獄，煉獄山巡りの案内人として
登場し，主人公が地獄，煉獄山から魂の浄化を経て天国へ昇ってゆくという，
ラテン語ではなくトスカーナの方言で書かれた一大叙事詩である。ダンテはも
ともとフィレンツェの市政に従事していたが，自分を陥れた政敵は，聖職に就
く者であろうと教皇であろうと容赦なく実名で地獄の住人として登場させた。

　ダンテ『神曲』は賛否両論をもって迎え入れられたが，教会が堕落し人々の
心の拠り所とはなっておらず，単なる権力政治の主体になっているとの批判が
民衆の中に実感としてあったことから，この文学作品の登場こそ，普遍的な権
威に綻びが生じ始めるきっかけとなった。

　教会の権威が綻んだもう一つの大きな要因として，ペスト（黒死病）の流行
も挙げられる。ペストは1347年10月に，中央アジアからイタリアのシチリア島
に上陸した。ヨーロッパに運ばれた毛皮についていたノミが媒介したとされる
が，流行の中心地だったイタリア北部では住民がほとんど全滅した。疫病の原
因が「神の怒り」と信じたキリスト教会では，ユダヤ人が雑居しているからと
して1万人以上のユダヤ人を虐殺したが，それでも流行は収まらず，逆に教会
の無力を民衆はさらに実感することとなった。1348年にはアルプス以北のヨー
ロッパにも一気に広がり，14世紀末まで3回の大流行と多くの小流行を繰り返

し，猛威を振るった。[(3)]

　そのような中，北イタリアでは，地中海貿易によって，市民が大きな経済力を持ち始めてきた。特にトスカーナ地方のフィレンツェでは，メディチ家[(4)]による毛織物業と銀行業が盛んになり，経済力を持った資産家が，教会に代わって芸術のパトロネージとなり，フィレンツェを中心に芸術の花が開いた。

　ペトラルカ（1304～74）は古典古代の時代こそ人間性が肯定されていた理想の時代であり，中世を暗黒時代と考

図10-3　ラオコーン

えた。ペトラルカは修道院に保管されていた古代の文献を収集し，ラテン語による詩作，著述を行ったが，このように古典の教養を持ち，人間の生き方について思索する知識人を人文主義者（Umanista ウマニスタ）と呼ぶようになった。また，1453年のコンスタンティノープルの陥落（東ローマ帝国滅亡）の前後には，東ローマ帝国から多数のギリシア人の知識人がイタリアへ亡命してきた。彼らがもたらした古代ギリシア・ローマの書物や知識は古代文化の研究を活発化させた。イタリアは古代ローマ帝国の文化が栄えた土地で，古代の遺物も多く，芸術家はこれらから多くを学ぶことができた。若きミケランジェロが，古代ギリシア時代の伝説の大理石彫刻作品「ラオコーン」が発掘されたときにローマに居合わせ，その一部始終を目撃したことは，彼自身の彫刻に大きな影響を与えた。

　ペトラルカは，自然との向き合い方にも劇的な変化をもたらした人物である。中世においては，自然とは人間と対立し，征服すべき対象であったのに対して，ペトラルカは人類史上初めて純粋な目的で登山を好んだ人だとされている。すなわち，人文主義の考え方では，自然は人間と融合すべき対象とみなされるようになった。これは，人間が人間以外のものを見つめる眼差しが変化したという証左であろう。ルネサンスの絵画から，豊かな自然風景の表現が登場してく

る。田園風景のトスカーナ，水辺のヴェネツィア等，その地の風景が絵画にも現れている。[5] また，自然の造作に関心を持ち，動植物をスケッチすることで，科学への探究心も加速していった。人間に関しても同様で，人体を構造として捉え，画家は解剖学にも関心を高めている。

建築の分野では，ブルネレスキがサンタ・マリア・デル・フィオーレ大聖堂（ドゥオモ）の大クーポラ（アーチ屋根）を仮枠なしで建設できるように設計することに成功した。

彼らは，中世の教会専従の職人とは異なり，高い教養と科学的知識を持ち合わせ，まさに古代ギリシア・ローマ時代のように人間の可能性を信じ，自らの意志で自由に表現した「神の如き」才能が多方面で活躍し始めたのである。これが人文学，人文主義の出現の過程である。

（2）人文学の実践の場としての「グランドツアー」

グランドツアー（Grand Tour）とは，17〜18世紀の英国の裕福な貴族の子弟が，その学業を修了する際に行った海外旅行である。いわば修学旅行のようなものである。グランドツアーに行くことは，一人前の紳士，淑女になるための一つの通過儀礼であった。

17世紀になると，宿や駅馬車，船舶など旅行ができる環境が整ってきた。よくグランドツアーは若者のバックパック的な旅をイメージする人が多いが，実際は，現地の事情も知った家庭教師が同行して，添乗員とガイドの役割を兼ねていた。目的地はフランスまたはイタリアで，英国ではなかなか味わえない洗練された文化に触れることが目的である。旅先で，家庭教師から政治，芸術・文化，考古学を実際のフィールドを通して学んだ。

イタリアに行くためにアルプス越えをしなければいけないことから，アルプス山脈はグランドツアーの伝統によってイギリス人の若者が多く訪れたことでその景観の美しさが認知されることとなった。グランドツアーのお土産に，風景画が売れるようになり，風景画を書く画家が増えた。自然景観だけでなく，都市景観にも注目が集まることとなる。ローマに行く途中にほとんどはヴェネツィアを訪問するが，その際，多数のゴンドラを浮かべる大運河の景観に感動

表10-1　世界の美術館・博物館入館者数ランキング

順位	名　　称	国	年間入館者数(人)
1	ルーブル美術館	フランス	7,400,000
2	メトロポリタン美術館	米国	7,006,859
3	大英博物館	英国	6,420,395
4	ナショナル・ギャラリー	英国	6,262,839
5	バチカン美術館	バチカン	6,066,649
6	テート・モダン	英国	5,839,197
7	故宮博院	台湾	4,665,725
8	ワシントン・ナショナル・ギャラリー	米国	4,261,391
9	エルミタージュ美術館	ロシア	4,119,103
10	ソフィア王妃芸術センター	スペイン	3,646,598

出所：ANA（2019）。

表10-2　日本の美術館・博物館入館者数ランキング

順位	名　　称	都道府県	年間入館者数(人)
1	国立科学博物館	東京	267万
2	国立新美術館	東京	261万
3	金沢21世紀美術館	石川	258万
4	チームラボ・ボーダレス	東京	231万
5	東京国立博物館	東京	214万

出所：綜合コニコム（2019）。

し，カナレットらによって生き生きと描かれた風景画が売れていった。このような流れが，次の時代の印象派の作風に大きな影響を与えることとなる。後述するチューリヒのビュールレ・コレクションでは，この時代のグランドツアー客に愛された自然や都市を描いた風景画が厳選されて収集されている。

（3）人文観光資源としての美術館・博物館

　人文観光資源としての美術館・博物館訪問は，現在でも多くのパッケージツアーの定番となっている。

　世界の美術館・博物館の入館者数ランキングを見ると，3位の大英博物館以外はすべて美術館となっている（表10-1）。一方，日本の美術館・博物館入館者数ランキングを見てみると，博物館は1位の国立科学博物館と5位の東京国立博物館がランクインし，オーソドックスな美術館は2位の国立新美術館と3

表10-3　今まで行った中で良かった美術館・博物館〈海外編〉

順位	美術館・博物館	票数
1	ルーヴル美術館（フランス）	78
2	国立故宮博物院（台湾）	27
3	大英博物館（イギリス）	17
4	プラド美術館（スペイン）	16
5	オルセー美術館（フランス）	14
6	メトロポリタン美術館（アメリカ）	11
7	ウフィツィ美術館（イタリア）	10
8	バチカン美術館（バチカン市国） オランジュリー美術館（フランス）	7
9	ボストン美術館（アメリカ） スミソニアン博物館（アメリカ） エルミタージュ美術館（ロシア） ニューヨーク近代美術館（アメリカ）	6

注：n＝300。
出所：エアトリ（2018）プレスリリース。

表10-4　今まで行った中で良かった美術館・博物館〈日本編〉

順位	美術館・博物館	票数
1	大原美術館（岡山県）	31
2	足立美術館（島根県）	29
3	国立西洋美術館（東京都）	27
4	東京国立博物館（東京都）	22
5	金沢21世紀美術館（石川県）	11
6	大塚国際美術館（徳島県）	10
7	京都国立博物館（京都府）	8
8	国立新美術館（東京都）	6
9	MOA美術館（静岡県） ポーラ美術館（神奈川県） 国立科学博物館（東京都）	4

注：n＝283。
出所：エアトリ（2018）プレスリリース。

位の金沢21世紀美術館がランクイン，そして，アートとテクノロジーを融合した新しいアトラクションであるチームラボ・ボーダレスが5位にランクインした（表10-2）。

　OTA（オンライントラベルエージェンシー）のエアトリが20代〜70代の男女559名を対象に，美術館・博物館を目的とした旅行に行ったことがある人に対し，今まで行った中で最もよかった美術館・博物館を聞いたところ，表10-3・10-4のような結果となった。

　海外旅行では，ルーブル美術館，故宮博物院（台湾），大英博物館，プラド美術館と，首都に存在し，その国の威信をかけたと言っても過言ではない大規模な美術館が上位を独占しているが，国内旅行では，地方の決して交通の便が良くないところも多くランキングしている。また，私立の美術館が健闘しているところが特徴的である。

　ちなみに，日本国内1位の大原美術館は，倉敷紡績（現・クラボウ），倉敷絹織（現・クラレ），中国水力電気会社（現・中国電力）等の経営者であった大原孫

三郎（1880～1943）が1930年に岡山県倉敷市に設立した，西洋美術，近代美術を展示する美術館としては日本初の美術館である。大原孫三郎は，キリスト教の信仰から，事業で得た利益を社会に還元することの必要性を説き，社会福祉事業や児童福祉事業も積極的に行った。美術館も社会貢献の一環との位置づけで設立した。エル・グレコ「受胎告知」をはじめ，モネ「睡蓮」やセザンヌ「水浴」等日本人が愛好する印象派の秀作が多く所蔵されている。

　2位の足立美術館も，地元の実業家である足立全康（1899～1990）が1970年に創立した。横山大観の作品を多く所蔵していることで有名だが，それにも増してこの美術館の名声が世界に轟いているのは，5万坪にも及ぶ広大な敷地の日本庭園である。「庭園もまた一幅の絵画である」という足立全康の言葉を今に伝え，借景の造形美は，米国の日本庭園専門雑誌『Journal of Japanese Gardening』の日本庭園ランキングで，初回の2003年から現在まで連続して日本一に選出されている（2020年4月現在）。

　大原美術館は，洋画家児島虎次郎を大原孫三郎がパトロンとして支援していた縁で，その児島がヨーロッパで選んだ絵画がコレクションになっている。また，足立美術館に関しては，創立者の足立全康は一代で財を成した実業家だが，彼は少年時代から日本画に興味を持っており，48歳のときに展覧会で見た横山大観の絵に魅せられて以来，業務の傍ら，大観の絵を並々ならぬ情熱を持って収集に努めた。

　日本人が好む海外の美術館は，有名なところが多くランクインしているが，これらはどこも大規模で，全部の展示を見るには複数日要するところばかりである。となると，どうしても有名な作品，例えばルーブル美術館であれば，「モナ・リザ」，故宮博物院だと「翠玉白菜」ばかりを目当てに訪問することになる。しかし，それでは，自分の既に身につけている知識をなぞるだけで，新たな知識となる作品になかなか出合えない。そこで，一つの美術館を訪ねる旅として，例えば，大原美術館の児島虎次郎のような，熱意と鑑識眼のあるコレクターが厳選した作品を見られる小規模の美術館を訪問するということを，旅行会社は新たなツアー造成で考えられないだろうか。

　英国ロンドンにコートールド美術館という小規模な美術館がある。ここは，

レーヨン業で財を成した実業家のサミュエル・コートールドが，自身のコレクションを元に1930年に設立した。マネ「フォリー・ベルジェールのバー」や，ルノワール「桟敷席」，ゴッホ「耳を切った自画像」等，コートールドの眼の確かさが光る印象派の秀作が多く展示されている。

　チューリヒにも小さくてもキラリと光る美術館があった。ビュールレ・コレクションは，実業家のエミール・ビュールレが収集した印象派を中心とした彼の邸宅を改装した美術館である。チューリヒ湖を見渡す丘の上に所在し，窓から見える景色も観光的価値がある。マネ，ドガ，セザンヌ，ゴーギャン，モジリアニ等，彼が自身の邸宅を飾るために彼の嗜好に沿って購入した絵画なので，彼のインスピレーションに共感した人であれば，名前が通っているものではなく初めて見る絵画であっても，感銘を受けるのは間違いない。しかし，ビュールレ・コレクションは主要作品が強盗に遭い，その警備費用等が負担になって，2015年に残念ながら閉館を余儀なくされた。所蔵されていた作品は2020年にチューリヒ美術館に移管される予定である。

　これからは，「どこの美術館を訪問したか」よりも「どの作品に感銘を受けたか」という視点で，美術館を訪問するツアーを造成する必要があるように思われる。コートールドやビュールレなど，鑑識眼のあるコレクターが収集した美術館の「発掘」こそ，今後のツアープランナーの腕の見せ所ではなかろうか。

（4）社寺・教会参詣，巡礼
①宗教と旅
　観光の最も古い形態は巡礼であると言われている。巡礼とは，日常的な生活空間を一時的に離れて，宗教の聖地や聖域に参詣し，聖なるものにより接近しようとする宗教的行動のことである。ここでいう参詣は，住居地の近隣の宗教施設にお参りする場合も使われるが，巡礼となると，住居地から離れることが要素となってくる。目的地である宗教施設への参拝が旅の主目的になるのは当然だが，巡礼の場合，遠くまで行くことにも意味があり，その道中に直面する様々な困難を克服していくプロセスもまた意味がある。その意味で，観光資源として考える際，目的地である宗教施設だけでなく，その参詣道，巡礼道も観

光資源とみなすことができる。

　仏教学者の竹村牧男（2020）は，宗教者が追求する旅には2つの目的がある
と述べている。

　一つは，色々な師匠に会いに行って，自分の境地を高めていきながら，最終
的に宗教的な目的を達成する「求道（ぐどう）の旅」である。ときには荒野に1人で行っ
て孤独の中で，絶対的なものと対話する経験を積み，宗教的な境地を高めてい
く。

　そしてもう一つが，自分が得たものを広く伝えていく「伝道の旅」である。
釈尊は雨季においては一定の場所にとどまり，乾季になると行脚してその教義
を人々に伝えていった。時宗の開祖である一遍上人も生涯旅に生きた。念仏札
を配りながら，「一所不住」で人々と結縁して救済していこうとした。

　宗教者ではなくても，古今東西の一般市民も巡礼の旅に出ることは多い。日
常の中で疲れたり行き詰まったりしたとき，昔から人は旅に出るものだ。旅は
そのプロセスで本来人間に備わっている生命力を呼び戻す効果を持つ。そして，
また日常に戻っていく。そうやって人々は困難を乗り越えてきた。巡礼では，
見ず知らずの人からありがたい恩をいただくことがある。そのような経験を通
して，人生まだまだ捨てたものではないと再認識し，悲しみや苦しみを乗り越
えていく力へと変えていくのである。

　②世界の宗教における巡礼

　巡礼を最も大規模に行っているのが，イスラム教である。サウジアラビアの
メッカ（マッカ）にあるカーバ神殿へ世界中から多くの信者が集まる。これを
ハッジという。ヒジュラ暦で12番目の月を「ハッジの月（巡礼月）」と呼び，こ
の月にメッカへ巡礼することは，大巡礼と呼ばれ特に奨励されている。対して，
これ以外の月に巡礼することは小巡礼という。例年ハッジの月には数百万人の
巡礼者がメッカに集まる。ちなみに，世界の航空会社では，採算性を勘案し最
近では燃費効率を考えて，500〜600人乗りの超大型機エアバスA380を保有し
ている航空会社は激減し，中東の航空会社ばかりとなっている。これは中東の
航空会社が燃料を安く調達できることばかりが言われているが，この大巡礼の

輸送を世界中のイスラム教徒のために実施していることが収益につながっていることはあまり知られていない。世界的な巡礼は観光において大きな要素となっているだけでなく，旅行会社，航空会社各社は宗教法人の渡航需要に関して，セールスを重要視している。

　そして，世界のムスリム（イスラム教徒）人口の増加と，アジアのイスラム教国であるマレーシア，インドネシアの経済成長により，現在世界におけるハッジの希望者数はキャパシティを超えており，ハッジに参加するにはメッカを管理するサウジアラビア政府の発給する特別ビザが必要となっている。わが国はビザ不要で観光することができる国数の最も多い国の一つであるが，サウジアラビアへの渡航はいまだにビザが必要であるだけでなく，2019年9月まで観光ビザ自体が発給されていなかった要因はここにある。

　キリスト教においても，巡礼は古代より多くの信者が実施してきた。イエスの最初の弟子である首座使徒ペテロが眠る文字通りキリスト教最大の聖地バチカンのサン・ピエトロ大聖堂，使徒ヤコブの遺骸を祀るスペイン北部のサンティアゴ・デ・コンポステーラとそこに至る巡礼路（スペイン，フランス），そして，エルサレム（エルサレムは，キリスト教だけでなく，ユダヤ教，イスラム教にとっても聖地である）がキリスト教における三大聖地と呼ばれている。

　ヒンドゥー教においては，インド北東部のヴァーラーナシー（ワーラーナシー，ベナレス）が一大聖地である。紀元前から信仰の中心地であり，母なる川ガンジス川での沐浴や火葬後に散骨するために多くの人が集まっている。また，インド医学アーユルヴェーダの一拠点としても有名である。

　仏教では，釈尊が生誕したルンビニ，悟りを開いたブッダガヤ，説法を始めたサールナート，入滅したクシナガラが「仏教四大聖地」とされている。

　③日本の宗教における巡礼

　日本においては，神道，仏教が信者数，教会数それぞれ二分している。神道は古くから土着の信仰として，各地に大小様々な神社が祀られていた。仏教は6世紀半ばに伝来し，崇敬を集めた。明治時代に入って，神道の国教化を推進しようとした。神仏分離令が廃仏毀釈運動を引き起こす前は，神道と仏教は共

表10-5　仏教の宗派と総本山や主な巡礼地

宗派	開祖	総本山，主な巡礼地
真言宗	空海（弘法大師）	高野山金剛峯寺（和歌山県伊都郡） 四国八十八ヶ所 本道寺（湯殿山神社）（山形県西村山郡）
天台宗	最澄（伝教大師）	比叡山延暦寺（大津市） 鞍馬寺（京都市） 浅草寺（東京都） 毛越寺（岩手県西磐井郡平泉町） 書写山圓教寺（姫路市） 金峯山寺（奈良県吉野郡） 羽黒山修験本宗（鶴岡市）
浄土宗	法然	知恩院（京都市） 増上寺（東京都） 善光寺（長野市）
浄土真宗	親鸞	西本願寺，東本願寺（京都市）
時宗	一遍	清浄光寺（遊行寺）（藤沢市）
臨済宗	栄西	建長寺，円覚寺（鎌倉市） 南禅寺（京都市）
曹洞宗	道元	永平寺（福井県吉田郡） 総持寺（横浜市）
日蓮宗	日蓮	久遠寺（山梨県南巨摩郡）
黄檗宗	隠元隆琦	萬福寺（宇治市） 少林山達磨寺（高崎市）

存していた。神社の中に寺があったり，寺の中に神社があったりするのは珍しくはなく（神宮寺・鎮守社），修験道は渡来した密教（仏教）と土着の神道がミックスされた形で実施されていた。

　戦後GHQの命令で国家神道は解散させられ，1946年の宗教法人令によって神道も一宗教法人となってからは，神社本庁が全国の神社のほとんどを統括するようになった。現在，神社本庁の傘下にある神社は，全国で7万8727社である。ちなみに，2018年12月31日現在，社寺教会等単位での宗教法人数は，神道系が8万4648，仏教系は7万7042，キリスト教系が4704，その他が1万4271となっている（『宗教年鑑』2019）。主な仏教の宗派と総本山・巡礼地を表10-5に，主な神社とその本社と祭神を表10-6にまとめた。

表10-6　主な神社とその本社と祭神

神社名	本社	祭神
神明神社，神明宮，神明社，大神宮，伊勢神社，天祖神社	伊勢神宮内宮	天照大御神
八幡神社，八幡宮	宇佐神宮	応神天皇，神功皇后
天満宮，天神社	太宰府天満宮，北野天満宮	菅原道真
住吉神社，住吉社	住吉大社	底筒之男命，中筒之男命，表筒之男命，神功皇后
出雲神社	出雲大社	大国主命
稲荷神社，稲荷	伏見稲荷大社	宇迦之御魂神
宗像神社	宗像大社	宗像三女神
氷川神社	氷川神社	素盞嗚尊
諏訪神社	諏訪大社	建御名方神
日吉神社，日枝神社，山王社	日吉大社東本宮	大山咋神
熊野神社	熊野三山	熊野神
白山神社	白山比咩神社	菊理媛神
浅間神社	富士山本宮浅間神社	木花咲耶姫命
熱田神社	熱田神宮	熱田大神（草薙剣）
鹿島神社	鹿島神宮	武甕槌命
香取神社	香取神宮	経津主命
春日神社	春日大社	武甕槌命，経津主命
愛宕神社	愛宕神社	迦具土神

　また，多くの参詣客で賑わう神社仏閣への参詣客輸送を主な目的として，明治から昭和初期にかけて多くの地方鉄道が設けられた。鉄道が参詣，特に初詣という風習の定着に大きな影響を与えたことは，平山（2012；2015）に詳しい。

　④日本の巡礼の代表的事例：お伊勢参り

　日本の神社の中で最も崇敬を集めているのが伊勢神宮であることは誰も異論はないであろう。現在も1年間に約1000万人前後の参拝客が来訪する。20年ごとに式年遷宮が行われ，式年遷宮の年はより多くの参拝客が来訪する。最近では2013年に式年遷宮が行われたが，1420万人が来訪した。

　伊勢神宮の門前町では銘菓赤福が運営するおかげ横丁が賑わっている。「おかげ」とは，お伊勢参りのことを指す。江戸時代，「伊勢に行きたい伊勢路が見たい せめて一生に一度でも」との思いで，日本全国から当時の人口の5分の1にあたる人々が伊勢へ参詣した。日本全国から伊勢へ歩いて来た参詣者に対し，伊勢の人々は「おかげの心」で「施行」と呼ばれる振る舞いを行い，物心両面から旅人を支え，あたたかく迎えたと言われている。このお伊勢参り，おかげ参りとはどのようなものであったのだろうか。

　伊勢への巡礼の歴史は，中世にさかのぼる。現世に失望し，来世に希望をつなぎたいと願う多くの人が寺院に参詣したが，その流れで遠くの高名な神社への巡礼も発生した。江戸時代以降は，参勤交代制度が整ったことから，五街道をはじめとする街道の整備が行われ，移動が以前より容易となった。戦国の世が終わり，太平の世となったため，巡礼の目的は，来世での救済から現世利益が中心となり，物見遊山のような観光目的の要素も含むようになった。有名な『弥次喜多道中記』もお伊勢参りの顛末を面白おかしく書いたものである。米の品種改良や農業技術の進歩に伴って農作物の収穫量が増え，農民でも現金収入を得ることが容易になり，現代の旅行ガイドブックや旅行記に相当する本も発売された。

　当時，庶民の移動，特に農民の移動には厳しい制限があったが，伊勢神宮参詣に関しては特別に許されていた。伊勢神宮の祭神である天照大御神は商人にとっては商売繁盛の守護神で，農民にとっては五穀豊穣の守護神であったことから，子供や奉公人が伊勢神宮参詣の旅をしたいと言い出した場合には，親や主人はこれを止めてはならないとされていた。たとえ親や主人に無断でこっそり旅に出ても，伊勢神宮参詣をしてきた証拠の品物（お守りやお札など）を持ち帰れば，おとがめは受けないことになっていたという。これを抜け参りという。

　しかし，特に農民にとっては伊勢までの旅費の出費は大きいため，「お伊勢講」という仕組みを考え出した。「講」のメンバーは定期的に集まってお金を出し合い，それらを合計して参詣者の旅費とするのである。

　参詣者は，伊勢では講の代表者として全員の願い事を祈り，土産としてお札や伊勢で栽培されている新品種の稲もみや織物などの伊勢近隣または道中の名

コラム6　おかげ犬

　江戸時代，現在の福島県須賀川市にあった庄屋の市原家で飼われていたシロはたいへん利口な犬で，人間の言葉が分かり，お使いなどもできると村中の人たちから愛されていた。市原家当主の貞右衛門は毎年伊勢神宮へおかげ参りをする信心深い人であった。ある年，貞右衛門が病に倒れ，毎年恒例のおかげ参りに行けなくなってしまい，シロならきっと代わりにお伊勢参りができるはずだと周囲の人たちが言ったため，貞右衛門はシロを代わりに行かせることにした。道中の路銀と道順を記した帳面，「人の言葉が分かるので道順を教えてあげてください。シロを助けてあげてください」というメッセージを頭陀袋に入れてシロの頭から下げ，伊勢神宮に向けて出立させた。市原家の人々は須賀川宿のはずれまでシロを見送り，朝晩神棚に灯明をあげて無事を祈った。シロは道行く人の助けを受けながら無事お伊勢参りを果たし，お札を背負って2カ月後に須賀川に戻ってきた。その忠犬ぶりに，シロは村中で大評判となった。

　シロが持ち帰った頭陀袋の中には，奉納金の受領や食べ物の代金を記した帳面と路銀の残りが入っていた。

　市内の名刹十念寺には，このシロを祀った犬塚が今も残されている。長い間多くの人になでられたおかげで耳や鼻はすり減ってしまったが，背中にはうっすらとお札を背負って帰ってきたことを示す跡を見ることができる。

　こうしたおかげ犬の伝説は全国に残されており，お伊勢参りにおかげ犬が実在したことが歌川広重の浮世絵にも実際に描かれている。当時，街道沿いの人たちも主人に代わって代参する犬たちを気遣い，水を与えて軒先で休ませてあげたり，路銀の小銭が多くなっていたら両替して袋を軽くしてあげたり，次の宿場宛に申し送り状をつけた奉行もいたという微笑ましいエピソードも残されている。[(6)]

おかげ犬シロの犬塚
シロの背中にはお札を背負っていた
跡がある。

図10-4　重伝建地区に指定されている，世界遺産でもある岐阜県
白川郷荻町集落

産品を購入する。これがわが国における旅のお土産の起源となったとも言われ
ている。江戸時代の人々が貧しくとも一生に一度は旅行できたのは，この講の
仕組みがあったからである。また，それを先導したいわばツアープランナーま
たはツアーコンダクターのような仕事が当時から存在した。御師（おんし）[7]と
呼ばれたその人たちは，全国各地で伊勢神宮のお札を持ってセールス活動を行
い，実際の巡礼時には御師が経営する宿舎に宿泊する。参拝前後には，普段は
食べられないようなご馳走も振舞われる。それが噂となって，講の中で交互に
お伊勢参りを行うシステムが構築された。

（5）伝統的建造物

　伝統的建造物を観光資源としてアピールし，観光地として成立させるには，
圧倒的な魅力を持つ城や大墳墓であればそれ単体でも可能であるが，一軒だけ
伝統的建造物が残っていて，その周りが現代的なマンションや商店で囲まれて
いたら，観光資源として人の心を惹きつけることは難しい。そこで，周囲の環
境と一体的に歴史的な風致を保存，形成することを促進する意味で，伝統的建
造物群保存地区が定められている。都市計画の分野では，伝建地区，または伝

建との略称で呼ばれている。主に，城下町・宿場町・門前町・寺内町・港町・農村・漁村などの歴史的な集落・町並みの保存を図ることを目的とする。

　文化財保護法は，伝建地区の考え方として，それまでは建物単体でしか保存できなかった歴史的建造物を，面的な広がりのある空間として保存するための制度として画期的であった。また，住民が暮らしながら伝統的建造物群を保存することが前提となっており，地元住民が市町村と協力の上で主体的に保存活動を行える，外観の変更は制約があるが，建物内部の改装などは比較的自由にできるといった特徴がある。

　さらに，特に価値の高いものは重要伝統的建造物群保存地区として選定されている（図10-4）。重要伝統的建造物群保存地区は，重伝建，または重伝建地区と略されている。2020年4月現在，43道府県に120の重伝建地区が保存されている。

3　自然観光資源

（1）自然観光資源とは

　自然観光資源とは，観光客が住んでいる場所から離れてわざわざ見に行くだけの吸引力を持つ自然風景・景観またはその地に生息する動植物のことを指す。19世紀に開拓，開発によって，長らく維持されてきた自然景観や野生動植物が危機に瀕するようになると，このような自然景観や野生動植物が大切に守るべき対象と捉えられるようになった。その先駆となった取り組みは，1872年に米国のイエローストーン地区が世界で初めて国立公園として認定されたことである。

（2）イエローストーンと米国国立公園

　ワイオミング州に広がるイエローストーン地区は，もともとネイティブアメリカンたちが狩猟を行う地であった。1857年にイエローストーン地区を探検したジム・ブリッジャーは，この地区で見た間欠泉や黄色い石の存在を語ったが，それはほら話として信じてもらえなかった。しかし，なかには彼の話に興味を持つ者もいて，地質学者のフェルディナンド・ヘイデンが1859年にブリッジ

ャーとともにイエローストーン地区の探検に出かけた。このときは豪雪に阻まれ，さらに南北戦争が始まったことで探検は中止を余儀なくされたものの，1870年にヘンリー・ウォシュバーン探検隊が，イエローストーン地区の探検に成功し，地域の山などを名づけ，標本を持ち帰った。

　もともとイエローストーン地区は競売によって売却される予定であったが，ウォシュバーン報告書と，探検隊に同行した画家モーランと写真家ジャクソンの作品により，その自然価値の高さを認識した米国議会は，国としてこの自然を保護することの重要性を認識し，1872年３月１日にグラント大統領はイエローストーン国立公園を設立する法案に署名した。

　20世紀前半には，イエローストーン地区に生息するオオカミが，白人牧場主による組織的な駆除によって絶滅した。ネイティブアメリカンの強い請願のおかげで，1995年からオオカミの再導入が実施され，生態系の復活に成功した。現在はネイティブアメリカンの部族がオオカミの管理を務めている。

　イエローストーン国立公園の成功や，ヨセミテ国立公園が巨大ダムの建設計画を阻止できたことから，米国における国立公園の価値は国民が共有するところとなり，現在は63カ所を数えるようになった（2020年４月現在）。

　すべての国立公園は，連邦内務省の国立公園局が管理責任を持っている。国立公園局は，すべての国立公園，多くの国定記念物，その他様々な名称のついた保護物と歴史的な特徴を管理する任務を担っている。

（３）英国ナショナルトラスト

　同じ頃，英国でも，産業革命と都市化の波を受けて，田園地域ではその自然景観と野生動植物が，都市部では歴史的建造物が危機的な状況に瀕していた。これに対して，1895年に，英国国教会の教区牧師で湖水地方の鉄道建設反対運動の主導者であったローンズリー，環境問題に詳しい弁護士のハンター，ロンドンのスラム街における住宅改良運動を主導したヒルの３者によって，ナショナルトラストが設立された。ナショナルトラストは，設立の目的として「国民の利益のために，美しく，あるいは歴史的に意味のある土地や資産を永久に保存するよう促すこと，土地については，実行可能な限り，その土地本来の要素

図10-5　湖水地方

出所：英国湖水地方観光局。

図10-6　パッケー
ジツアーの協力者
に送られるピン
バッジのデザイン
出所：英国湖水地
方観光局。

や特徴，動植物の生態を保存すること，そしてこの目的のために，資産の所有者から歴史的建造物や景勝地の寄贈を受け，獲得した土地や建物などの資産を国民の利用と楽しみのために信託財産として保持すること」と定め，自然環境保護とともに，歴史的建造物の保全を謳っている。ナショナルは，「国家の」ものという意味ではなく，「国民の」という意味であるということを強調している。そのため，現在も市民からの寄附金や寄贈を主たる財源としており，維持・管理するのも地元在住の定年退職者がボランティアで行っている例が多い。

　ナショナルトラストの代表例として，湖水地方（Lake District）を挙げることができる。湖水地方は，英国イングランドの北西部に位置する，氷河に削られた渓谷沿いに数多くの湖が点在する風光明媚な地域である。特に日本人観光客が多く訪問するが，これはひとえに「ピーターラビット」の影響である。

　『ピーターラビットのおはなし』を著した作家のベアトリクス・ポターは裕福な中産階級の長女として生を受け，夏の間，スコットランドや湖水地方等の避暑地で過ごすことが多かった。湖水地方の風光明媚なウインダミア湖畔の古

城に宿泊していた際，ナショナルトラストの生みの親で，現地で自然保護活動に取り組んでいたローンズリー牧師夫妻と出会い，自然保護の重要性を認識した。そんな関係もあり，ナショナルトラストの会員第1号は，ベアトリクス・ポターの父である。

　ポターの描いた動物たちと湖水地方の風物の絵が美しいので，ローンズリー牧師が出版社を紹介して，『ピーターラビットのおはなし』が出版されることとなった。出版は成功し，ピーターラビット以外にも多くの絵本を出版した。

　ポターは作家としての活動だけでなく，ローンズリー牧師とともに自然保護活動にも熱心に取り組み，湖水地方の土地を出版の印税や相続した遺産で購入し，この地域の大地主となった。また，その土地で農業や畜産業も始め，絶滅の危機に瀕していた地域固有種の羊であるハードウィック種の保存と育成にも取り組んだ。ポターの死後，遺された湖水地方の4000エーカー以上もの土地，15の農場，建物はいったん夫に相続されたが，夫の死後すべてナショナルトラストに寄贈された。そのおかげで，美しい湖水地方の景観は今も変わらず見ることができる。

　湖水地方観光局は，今後もこの美しい自然景観と歴史的建造物を守るために，湖水地方が旅程に組み込まれているパッケージツアー利用客に対して，5ポンド（約670円）の支援金を徴収しており，協力したツアー参加者は，ピーターラビットのピンバッジがもらえることになっている（図10-6）。

　なお，湖水地方は世界遺産には2017年に登録されている。当初は複合遺産としての登録を目指していたが，二度の却下を経て，文化遺産で登録されている。

（4）日本の自然公園

　わが国においても公的に自然景観を保護する取り組みは存在する。自然公園法は，優れた自然の風景地を保護するとともに，その利用の増進を図ることにより，国民の保健，休養および教化に資するとともに，生物の多様性の確保に寄与することを目的として，1957年に公布された。自然公園は，国（環境大臣）が指定する国立公園，国定公園と，都道府県（知事）が指定する都道府県立自然公園とで構成される。なお，指定後，国立公園は国（環境省）が管理し，国

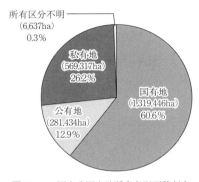

図10-7 国立公園土地所有者別面積割合
注：平成29年8月8日時点。
出所：環境省ウェブサイト。

定公園は都道府県が管理することとなっている。

　自然公園は，環境保護が最大の目的ではあるが，環境省の国立公園のウェブサイトを見ると，「日本の自然がここにある。自然とふれあう旅に出かけよう！」と大きく掲載されていることからも，観光入込の制限ありきではなく，積極的に活用し，観光客誘致を促していることが見て取れる。また，日本の自然公園の特徴として，狭い国土に大勢の人が住み，昔から土地を様々な目的で管理・利用してきたことから，米国等のように国立公園の土地すべてを公園専用とすることが難しく，土地の所有にかかわらず指定を行う「地域制自然公園制度」を採用しており，自然公園内にも多くの私有地が含まれていることが挙げられている。そのため，自然公園内に住んでいる人も多く，農林業などの産業活動も行われていることから，公園の管理は，人々の暮らしや産業との調整をしながら進められている。国立公園の土地所有者別の面積割合は，国有地は60.6％，公有地は12.9％，私有地は26.2％となっている。ちなみに，伊勢志摩国立公園は私有地が9割となっている（図10-7）。

　2020年4月現在，国立公園は34カ所，国定公園は57カ所指定されており，面積の合計は，日本の国土の約14％を占める。

　自然公園法の前身は，1931年に制定された国立公園法である。1911年に「日光を帝國公園となす請願」が議会に提出されたことに端を発し，その後多くの国民からの要望が高まって，1931年に国立公園法が制定され，それに基づいて1934年3月16日に瀬戸内海，雲仙，霧島の3カ所が日本初の国立公園に指定された（日光は，阿寒，大雪山，中部山岳〔図10-8〕，阿蘇とともに1934年12月に指定された）。この法律によって，一定の条件を満たす地域を公園として指定し，利用の制限を行うこととなり，その後，国立公園は19カ所，国定公園は16カ所の地域が指定された。

コラム7　**台湾に生きる国立公園設立に向けての日本人の志**

　日本統治下の台湾においても内地同様国立公園の制度が整えられ，1937年12月，大屯，次高タロコ，新高阿里山の3カ所が指定された。このとき，日本政府および当時の大蔵省が外客誘致による経済効果を目論んだことは否めないが，内務省から台湾総督府に招聘され台湾における国立公園制度設立の中心メンバーであった田村剛は，現地調査を何度も行い，地元との折衝を重ねた上で，外客誘致を主目的に置くことを否定した。彼は，この地における特徴的な自然保護の重要性を強調した上で，そして何よりも，一部特権階級のものではなく，地元住民の健康増進と気分高揚こそ国立公園の主目的であるとしたことから，まず地元住民が気軽に訪れることができる国立公園を目指して整備を進めた。

　その後太平洋戦争が勃発したため，日本政府による台湾の国立公園整備は道半ばで終了したが，この3地区では田村をはじめとする当時の思想が生かされている。1982年に台湾で国家公園法が成立し，この3カ所（名称は，大屯は陽明山，次高タロコは，雪覇と太魯閣に分割，新高阿里山は玉山に変更）に墾丁と金門を加え，現在は6カ所が国家公園として指定されている（劉，2000）。

太魯閣（タロコ）峡谷

図10-8 中部山岳国立公園西穂高千石尾根と2階建ての新穂高ロープウェイ

国立公園法では，都道府県立自然公園は，国立公園・国定公園と目的が同じであるにもかかわらず，法律上の根拠が曖昧であったこと，また，国立公園に関する開発制限の規定も実効性の乏しいものであったことから，1957年に自然公園法にその使命を引き継ぎ，国立公園法は廃止された。

国立公園および国定公園の指定の変遷をたどると，1990年の暑寒別天売焼尻国定公園から2007年の丹後天橋立大江山国定公園まで，17年間のブランクがある。これは，暑寒別天売焼尻国定公園を最後に国内の自然保護は一段落したとして新規の指定はしていなかったのだが，国定公園指定が世界遺産の文化遺産推薦に際し求められる法的保護根拠にもなるということから，人為的景観も保護対象として組み込まれるようになったためである。国立公園も，1987年の釧路湿原国立公園から2007年の尾瀬国立公園（日光国立公園からの分割）までの20年のブランクがあり，その後，妙高戸隠連山，屋久島，奄美群島，慶良間諸島，やんばる，さらに，西表石垣にもその範囲を広げ，西表石垣に名称変更するなど，新規の指定が続いているが，これらもすべて世界遺産登録への布石と捉えていいだろう。

（5）エコツーリズム

エコツーリズムという用語は日本では特に頻繁に用いられているが，その定義は多岐にわたっている。日本では，環境省が，「自然環境や歴史文化を対象とし，それらを体験し，学ぶとともに，対象となる地域の自然環境や歴史文化の保全に責任を持つ観光のありかた」と定義している。そして，エコツーリズ

ムを振興することで，「地域の住民も自分たちの資源の価値を再認識し，地域
の観光のオリジナリティが高まり，活性化させるだけでなく，地域のこのよう
な一連の取り組みによって地域社会そのものが活性化されていくと考えられま
す」と述べられている。さらに，エコツーリズムを推進するために設立された
一般社団法人日本エコツーリズム協会では，国際的にはエコツーリズムに関す
る確立した統一された定義がないという現状を認めつつ，独自に以下のような
旅行形態をエコツーリズムと定義している。

エコツーリズムとは，

1　自然・歴史・文化など地域固有の資源を生かした観光を成立させること。

2　観光によってそれらの資源が損なわれることがないよう，適切な管理に基
づく保護・保全をはかること。

3　地域資源の健全な存続による地域経済への波及効果が実現することをねら
いとする，資源の保護＋観光業の成立＋地域振興の融合をめざす観光の考え方
である。それにより，旅行者に魅力的な地域資源とのふれあいの機会が永続的
に提供され，地域の暮らしが安定し，資源が守られていくことを目的とする。

　これらの定義からは，エコツーリズムは，自然保護と同時に歴史や文化もそ
の対象としていることや，学びの要素，保全への取り組みまですべて包含され
ているものと捉えることができる。

　しかし，そのような定義をしているのは日本だけである。世界では，「アク
セスできる類稀な自然環境を素材に観光客の興味を引く観光形態」（Holden,
2000），「観光地において，自然（と文化）を楽しむのが目的で行く観光形態」
（Middleton, 1998）のような定義が取り上げられている。すなわち，エコツーリ
ズムは，決して環境にやさしい，地球にやさしい観光形態ではないし，環境問
題への関心を高める観光形態でもない。そして，環境に対して問題意識を持っ
ている人が参加する観光のことでもない。エコツーリズムとは，ただ単に「自
然環境を素材とした観光形態」であって，日本人がエコツーリズムという語感
に抱く環境にやさしいイメージは，イメージだけであるということを理解して
おかないと，期待したものとは異なるものに出会うことになる。世界では，エ
コツーリズムの名の下に，普段は入らない自然の奥深くまで観光客が入ること

になり，批判の多いマスツーリズムでは実際にはそれほど深刻にはならなかった観光による環境破壊がエコツーリズム振興で起こってしまっている事例が，開発途上国において多く報告されている。結局，エコツーリズムのエコは，高いツアー料金の支払い能力のある人（エコノミック・キャピタル）のエコだという批判（Mowforth and Munt），エコの名を振りかざして観光地の環境を破壊する「エゴツーリズム」だという批判（Holden）があることも理解した上で，エコツーリズムを振興していく必要がある。

　ただ，エコツーリズムの振興によって，旅の品質向上に効果的な影響をもたらした事柄もある。国立公園等の自然公園における環境の保全は，もともと環境省の職員や地方自治体の職員らによって，あるいは自然保護官またはパークレンジャーという業務を行う人材によって成り立っていた。この人たちが，自然保護の大切さや，自然との付き合い方等を来訪者に教えてくれていた。そこで，エコツーリズムでは，単に案内するだけでなく，その自然資源の有する意味や，人間との関連性を読み解いて伝えるガイドを「インタープリター」と称し，その存在を重要視している。インタープリター，すなわち通訳者が，自然資源が語りかける様々なメッセージを観光客にも分かりやすい言葉に訳して伝えることが求められる。エコツーリズムでは，自然保護官やレンジャーの人々もインタープリターとして，自然に関する豊富な知識を伝えるだけでなく，事故，天候の急変，自然災害等の緊急事態に対しても観光客を守る能力を持ち合わせている。まさに，インタープリターは，観光客というゲストに対して，地元がサーバント（奴隷，召使い）の立場にならず，ホスト（主人）として振る舞えるための仲介者としての位置づけである。観光客と地元が対等の関係となれることこそ，観光地が持続可能になる要諦である。この取り組みは，すべての観光形態が見習うべき事項である。

注
(1)　観光対象は観光資源と観光施設からなると表現している文献も多いが，両方の中間に位置するものも多く存在し，観光はそもそも商業的に成立するのが前提であることから，その意味では観光施設は地域にとっては観光で富を生む「資源」とも考

えられる。そのため，本書では，敢えて観光資源と観光施設を分ける必要はないとの考え方に則り，両方とも観光資源と捉えることとした。

(2)　心理学とそれの延長にある人間科学は人文学に分類される場合もあるが，海外では理系に属している場合があるのでここでは外しておく。

(3)　このときにヴェネツィアにおいて世界で初めて海上検疫が始まった。40日上陸を認めなかったことで，イタリア語の「40」を表す語「quaranta」から，「quarantine（検疫）」という言葉が生まれた。

(4)　メディチ家はその家紋から，医学，薬学も手掛けていたと思われる。フィレンツェは今でも世界最古の薬局「サンタ・マリア・ノヴェッラ薬局」が観光資源として多くの観光客を迎えている。

(5)　気がついていない人も多いが，モナ・リザの背景には豊かな自然風景が描かれている。

(6)　参考：LINE トラベル jp「犬好き必見‼福島県須賀川からお伊勢参りに行った忠犬「シロ」の犬塚」。

(7)　伊勢以外では，おしと呼ぶことが一般的である。

第11章
観光資源論Ⅱ：その他の観光資源と世界遺産

1　複合観光資源

複合観光資源(1)とは，自然観光資源と人文観光資源の両方の要素を持ったものである。世界遺産に，世界複合遺産というカテゴリーがあることは後で詳しく述べるが，世界複合遺産の登録はハードルが高く，複合的要素があっても世界文化遺産として登録されている事例もある。本書では，世界遺産への登録問題とは別に，自然要素と人文要素を兼ね備える観光資源を挙げるものとする。

（1）温　泉

温泉を観光資源として利用している国は日本以外にも存在するが，日本は火山大国であるから，必然的に温泉が多く湧出し，観光資源としても積極的に活用されている。ヨーロッパでは主に療養に利用されている一方，日本では，療養を目的とする湯治も古くからなされてきたが，娯楽や歓楽的な要素が主目的となっている場合が多い。また，ヨーロッパと日本に共通して行われているのが，飲泉である。エビアンももともとは温泉水であるし，炭酸水のウィルキンソンは，もともとは湧き出してくる鉱泉を利用したものであった。

温泉に関する人文観光資源的な要素は，それぞれの温泉の開湯の歴史をたどることで触れることができる。

「日本三古湯」は，兵庫県の有馬温泉，和歌山県の南紀白浜温泉，愛媛県の道後温泉とされている。有馬温泉と南紀白浜温泉は『日本書紀』にその記述が見られ，道後温泉は『伊予国風土記』にその記述が見られる。

道後温泉は，古代，傷を負った白鷺が湧き出ている湯でその傷を治し，元気

図11-1　道後温泉本館

になって飛び去ったことから，地元の人たちがこの湯に入ってみると病人も元気になったとの伝説が残されており，これが道後温泉の発見のエピソードとして知られている。また，『伊予国風土記』では，重病になった少彦名命を助けるために，大国主命が連れてきて湯に入れたところ，少彦名命は全快して，喜んで足踏みしたとの伝説が書かれてある。その足踏みをした石が今も道後温泉本館前に玉の石として残されている。また，飛鳥時代，聖徳太子も来浴し，湯の丘に石碑を立てたと伝わっている（この石碑は現存していない）。また，『万葉集』に掲載されている額田王の歌「熟田津に船乗りせむと月待てば潮もかなひぬ今は漕ぎ出でな」は道後で詠まれたと言われている。それ以来，歴代の天皇，皇室の人々がたびたび来訪している。また時宗の一遍上人は道後の生まれで，一遍上人の筆による南無阿弥陀仏と書かれた湯釜は現存し，湯釜薬師として道後公園に祀られている。現在の道後温泉本館は1894年に建立され，日本唯一の皇族専用浴室「又新殿」，夏目漱石の小説『坊っちゃん』ゆかりの「坊っちゃんの間」もあり，国の重要文化財にも指定されている。

　また，各地の温泉では，温泉の湯や熱を利用した特産品，土産品が製造されている。温泉玉子，蒸し饅頭，湯の花等が地場産業となって地域経済を支えている。

（2）観光農林水産業

　農林水産業の営みを観光客にも体験してもらうアトラクションは国内外でポピュラーである。海外ではアグリツーリズム，イタリアではアグリツーリズモ

などと呼ばれ，農家に滞在して農業体験を行ったり，採れたての農作物で作られた料理やワインなどを楽しんだりする取り組みが親しまれている。もともとイタリアでは1980年代半ばから，スローフード運動が盛んになり，ファーストフードの対極にある，農薬を使っていない地元の新鮮な食材を使って，伝統的な調理法で，ゆっくりと食を楽しむというライフスタイルが多くの国民の共感を得ていた。

　わが国でも古くから観光農園は盛んで，いちご，さくらんぼ，なし，ぶどう，桃，ブルーベリーなどの果物狩り，イモ掘り等が楽しまれている。また，収穫時期に直売所が設けられることがある。酪農の分野でも，観光牧場は盛んで，乳搾り体験や，新鮮なミルクやヨーグルト，アイスクリームが楽しめるところが多い。林業においては，木こりはハードルが高いが，木工細工体験やたけのこ掘り，山菜狩り，キノコ狩り等は実施しているところもある。漁業では，観光客に釣りをさせることを遊漁といい，一つのジャンルとして定着している。遊漁を専門に営む漁師もいて，釣船や漁師レストランや船宿を経営したり，地引き網や潮干狩り等の体験プログラムを準備したりしている。さらに，ホエールウォッチング，イルカウォッチング等，漁をするのではなく，見る体験も盛んになってきている。

　農林水産省は，農業を観光資源とする観光を「グリーンツーリズム」と名づけ，モデル地区を指定し振興を図っている。

（3）文化的景観

　文化的景観という言葉が最近いろいろなところで目につくようになってきた。文化的景観とは，人間社会が自然環境による制約の中で，社会的，経済的，文化的に影響を受けながら進化してきたことを示す景観のことを指す。このことは，すなわち，人間の手が加えられてはいるが，自然と共に生きていくことが実現できている景観，または人間の手が加えられていなくても，そこに人間の文化的な意義を付け加えたような景観が挙げられる。

　この文化的景観という概念は，ユネスコの世界遺産委員会で1992年に採択された新しい概念である。世界遺産の分類上は文化遺産だが，自然的要素に特筆

すべき点がある場合には複合遺産となっている。文化的景観を理由に登録された世界遺産の第1号は，ニュージーランドのトンガリロ国立公園である。この遺産は1990年に自然遺産として登録されていたが，マオリの信仰の対象としての文化的側面が評価され，1993年に複合遺産となった。

　文化的景観には3つのカテゴリーに分類されている。

①意匠された景観

　　庭園や公園，宗教的空間など，人間によって意図的に設計され創造された景観。

②有機的に進化する景観

　　社会，経済，政治，宗教等の要求によって生まれ，自然環境に対応して形成された景観。農林水産業などの産業とも関連している。すでに発展過程が終了している「残存する景観」と，現在も伝統的な社会の中で進化する「継続する景観」とに分けられる。

③関連する景観

　　自然の要素がその地の民族に大きな影響を与え，宗教的，芸術的，文学的な要素と強く関連する景観。

　世界遺産の中で，文化的景観を登録名に冠した物件は，「石見銀山遺跡とその文化的景観」（日本），「スクルの文化的景観」（ナイジェリア），「バーミヤン渓谷の文化的景観と古代遺跡群」（アフガニスタン）等に見られる。また，登録名に文化的景観と書かれていなくても，「フィリピン・コルディリェーラの棚田群」はまさに文化的景観の代表例である。巡礼の道として登録された「紀伊山地の霊場と参詣道」も文化的景観である。

　1992年以前には文化的景観を理由とする登録は存在しなかったが，フランスの「ヴェルサイユの宮殿と庭園」，ギリシアの「メテオラ」など，現在登録されるのであれば，文化的景観を主張するだろうと思われる遺産も多く存在する。

　日本では，2005年4月1日に施行された改正文化財保護法によって，文化的景観が文化財の一つとして新たに盛り込まれた。日本では，特に重要であると

みなされる景観は重要文化的景観として全国で65件が定められている。重要文化的景観に定められているものを見てみると，多くは棚田や段々畑など農業景観が最も多いが，漁村，山村等自然と共生している景観，鉱山や水路等自然に対して人工的に関与を加えている景観，さらには元の自然とは全く関係ない景観も含まれている。文化的景観は複合遺産にカテゴライズされているが，今後は自然との共生ではなく，純粋に文化的なものや産業遺産的なものが増えていくように想定される。自然と共生する案件が比較上減ってきたとき，文化的景観は複合資源から外す必要が出てくるであろう。

2　社会観光資源

　ここまで，自然観光資源，人文観光資源，そしてその両面を具有した複合観光資源に関して説明をしてきた。そして，これらに属する観光資源を除いた有形観光資源を社会観光資源と分類する。すなわち，歴史・美術・宗教・哲学等の人文学的分野に誘引力を見出していない工場・企業見学や製造体験をする産業観光，ダム・橋梁・道路等土木景観や造形を見るインフラツーリズム，都市建造物・近代公園等の建造物，テーマパーク，リゾート・レクリエーション施設，スポーツ施設，公共サービス施設，ショッピングツーリズムを推進する小売業，駅・空港・港湾施設，鉄道・バス・タクシー等の公共交通機関の車両，航空機材，船舶等はすべてこのカテゴリーに属する。

　このカテゴリーに属する観光資源は，歴史的な価値が生じてきた場合は，人文観光資源に移る。観光では，古いから価値がある場合もあるが，新しいからこそ価値がある場合がある。そのように，時間経過がその資源の価値を減ずるものは，人文観光資源には移らず，社会観光資源に位置づけられる。

　また，既往研究で，観光資源と観光施設を分けているものが多く見られるが，観光施設としての宿泊施設について，その建造物としての意匠を楽しむ観光形態も多くあることから，観光施設を観光資源の枠外に位置づけるのではなく，観光資源の一部という考え方に則っている（第10章第1節（1）（2）参照）。

3　無形観光資源

（1）無形観光資源の定義と範囲

　人々を観光に駆り立てるのは，有形物だけではなく，食事や祭り，イベントなどの無形物の存在は大きい。そこで，音楽・ダンス（舞踊）・劇等の芸能，伝承，社会的慣習，儀式，祭礼，伝統工芸技術のような無形物で観光資源となっているものを無形観光資源と分類する。後述するが，世界無形文化遺産のカテゴリーでは，口承による伝統及び表現（無形文化遺産の伝達手段としての言語を含む），芸能，社会的慣習，儀式及び祭礼行事，自然及び万物に関する知識及び慣習，伝統工芸技術が対象となっている。

（2）無形観光資源の拡張

　体験型観光や着地型観光をニューツーリズムと称していかにも特別な新しい観光のように扱っているものも散見されるが，内容を詳しく見てみると決して新しくもないものが多く，このニューツーリズムという用語は，いわゆるバズワードであって実質的な内容を持たないから，今後は使われなくなっていくだろう。ただ，このニューツーリズムの対象とされる観光資源は，無形観光資源に位置づけられるものが多い。無形文化遺産とか無形文化財とかというと，どうしても古臭い印象を抱くものが多いが，新しい観光形態がこの無形観光資源のところに多く見出すことができる。

①"聖地巡礼"

　聖地巡礼に" "を付けたのは，人文観光資源の一般的な社寺・教会参詣，巡礼とは異なるものであるからである。ここでいう"聖地巡礼"とは，特にアニメや漫画などの作品において物語の舞台となった場所を「聖地」と呼び，実際に「聖地」を訪問することをいう。内閣府はクールジャパン政策の一環として，世界に日本製のアニメーションや漫画をアピールするために，アニメツーリズムを推進している。映画やドラマではフィルムツーリズムと呼ばれる。こ

のようなメディアコンテンツを使った
観光形態に関して，最近ではコンテン
ツツーリズムという呼称が定着してき
た。

　しかし，この物語の舞台を訪問する
旅の形態は今に始まったものではなく，
ドラマ，映画の舞台はたびたび話題に
なっているし，古くは文学散歩と称し
て，文学作品の舞台を訪ねる旅はポピ
ュラーである。熱海の貫一お宮で知ら
れる『金色夜叉』は明治30年に発表さ
れたものが，今でも観光資源となって
いる。また，演歌はご当地演歌（ご当
地ソング）というジャンルもあるよう
に，歌の舞台には歌碑が設置されてい
るところも多い。

図11- 2　『天気の子』の舞台となった
　　　　　代々木会館

　2019年7月19日公開の映画『天気の子』の舞台の一つとなったのは代々木会
館である（図11- 2）。8月1日にこのビルが取り壊しになるということで，筆
者は7月29日に行ってみたが，海外から“聖地巡礼”に来ている人も見られた。
ちなみに，このビルは1974年上映の『傷だらけの天使』の舞台でもある。

　②ガストロノミーツーリズム
　ガストロノミーとは，食事・料理と文化の関係を考察することをいう。食を
中心とした旅の形態で，ただ食べるだけでなく，その食の文化的背景等にも思
いを馳せることが求められている。また，和食がユネスコの無形文化遺産に登
録されているということは，食が単なる食べ物としてではなく，文化として評
価を受けているということの証左である。ただ，これも特に新しいものではな
く，食を目的とした旅はかつてから存在していたので，ガストロノミーとツー
リズムが合体するのは，当然の流れであった。

図11-3 岡山名物きびだんご
のラベル

製造がどこか明かしたくない土産
物は「製造者」の欄が「販売者」と
なっている。

土産物もその土地の農産物を使ったものが多く見られる。ただ，最近は土産品を名乗っているにもかかわらず，その土地で製造していないだけでなく，その土地に存在しない企業が表のパッケージだけを変えて陳列している土産品が目立ってきた。土産品を買うときは，パッケージの裏のラベルを確認して，きちんとその地で製造されているかをチェックすることを勧めたい（図11-3）。

③コミュニティ・ベースド・ツーリズム

コミュニティ・ベースド・ツーリズムはマーケット主導ではなく，観光地の地元住民主導でその地元固有の文化や生活様式を体験することを目的とした小規模の観光形態をいう。開発途上国においては，経済効果を目論んで観光開発をした際，地元主導ではなくマーケット主導で行われてしまうと，リーケージ効果が現れてしまうことがしばしば報告されてきた。地元には結局利益が落ちず，マーケットにすべて持っていかれてしまい，地元住民は脆弱な季節労働，非正規労働の地位に固定化されてしまう。そのデメリットを是正するために，地元住民が自分たちの身の丈にあった規模でゲストハウスを経営したり，地元の自然や風物を利用した体験的アクティビティを提供したりする観光が開発途上国で注目されている。自然観光資源の中のエコツーリズムも，元はこの考え方から発展してきた。観光客自身も，観光地の発展に貢献するという意識を持ってこそこの形態は持続可能になる。よって，滞在先でボランティアを行うのも，観光客が地元の発展に貢献するという発想で旅を実施するのだからこの範疇に入る。

ただ，このコミュニティ・ベースド・ツーリズムの欠点としてよく言われている点は，提示されている体験内容も自然散策やカヌー川下りといったことに収斂していて，地元固有と言いながらどこでもあまり代わり映えがしないこと

や，ゲストハウスのサービス水準に差が見られ，接客業としての基本的なクオリティが守られていないところも少なくないこと，さらに，小規模なので，旅行会社や世界のメガホテルチェーンの大量送客，大量受け入れに対して，結局大きなムーブメントになりえていないこと等が挙げられる。

　しかし，これも，Airbnb 等のオンラインでの新たなビジネスモデルの登場で，新たな流通手段を持つことで注目されてくることが期待される。そして，大手のやり方を真似るのではなく，小規模なら，小規模ならではの特徴を生かして，生き残る手段を考えるべきである。小規模であれば，大手ではできない人との交流が可能になるはずである。観光の原点に返り，ホスピタリティという言葉が生まれた頃のことや，巡礼の歴史のことを再度思い起こし，なぜ人は命がけであっても旅に駆り立てられるのか，人は自分の人生をかけがえのないものにするためには何が必要なのかという観点から考えていけば，コミュニティ・ベースド・ツーリズムの向かう先は自ずと答えが出るはずである。

4　世界遺産と観光

（1）世界遺産とは

　世界遺産とは，人類全体にとって，現在だけでなく，将来世代にも共通した価値（顕著な普遍的価値：Outstanding Universal Value）を持つ自然や文化財を世界遺産条約に基づき国際的に守っていく枠組みである。

　世界遺産条約が成立するきっかけは，1960年代にエジプトのナイル川で始まったアスワンハイダムの建設である。古代ギリシアの歴史家ヘロドトスが「エジプトはナイルの賜物」と表現したように，ナイル川は，砂漠に水をもたらしただけでなく，毎年定期的な洪水とそれに伴う氾濫によって，流域に肥沃な土壌をもたらし，その結果，暦や測量学も発展したことから，まさに古代エジプト文明はナイル川のおかげで成立したと言える。しかし，現代になって，このナイル川の氾濫は人々の安全を脅かし，生活に不自由をきたすことから，氾濫を防止し，安定的な電力供給を目的として，大規模ダムの建設が決定された。しかし，ダムが完成したら，古代エジプト文明の一部であるヌビア地方の「ア

ブ・シンベル神殿」などが水没してしまうことが判明した。そこで，ユネスコ
は，経済開発と遺産保護の両立を図るべく，ヌビア地方の遺跡群の救済キャン
ペーンを世界に向けて実施した。このことが，世界遺産条約の理念の誕生につ
ながったのである。1978年に米国の「イエローストーン国立公園」やエクアド
ルの「ガラパゴス諸島」など12件が最初の世界遺産として，世界遺産リストに
登録された。2019年10月現在，1121件が世界遺産リストに登録されている（世
界遺産アカデミー）。

（2）世界遺産の申請と登録

　世界遺産に申請するには，次の5つの条件が必要となる。

　①遺産を持つ国が世界遺産条約の締約国であること
　②予め各国の暫定リストに記載されていること
　③遺産を保有する国自身から申請があること
　④遺産が不動産であること
　⑤遺産を保有する国の法律などで保護されていること

　各国から暫定リストが提出され，その案件の中で，要件が揃ったものが推薦
されると，文化遺産はICOMOS（国際記念物遺跡会議）が，自然遺産はIUCN
（国際自然保護連合）が専門調査を行う。その結果，ユネスコの世界遺産委員会
が審査し，「登録」「情報照会」「登録延期」「不登録」の4段階で決議が行われ
る。
　さらに，登録基準として，以下の10項目のうち最低でも1項目以上が認めら
れなければならないとされている。

　（ⅰ）　人類の創造的資質を示す傑作。
　（ⅱ）　建築や技術，記念碑，都市計画，景観設計の発展において，ある期間ま
　　　　たは世界の文化圏内での重要な価値観の交流を示すもの。
　（ⅲ）　現存する，あるいは消滅した文化的伝統または文明の存在に関する独特

図11-4 世界文化遺産に登録されているタージマハル
登録基準は(i)。

な証拠を伝えるもの。

(iv) 人類の歴史上において代表的な段階を示す，建築様式，建築技術または科学技術の総合体，もしくは景観の顕著な見本。

(v) ある文化（または複数の文化）を代表する伝統的集落や土地・海上利用の顕著な見本，または，取り返しのつかない変化の影響により危機にさらされている，人類と環境との交流を示す顕著な見本。

(vi) 顕著な普遍的価値をもつ出来事もしくは生きた伝統，または思想，信仰，芸術的・文化的所産と，直接または実質的関連のあるもの。（この基準は，他の基準とあわせて用いられることが望ましい。）

(vii) ひときわ優れた自然美や美的重要性をもつ，類まれな自然現象や地域。

(viii) 生命の進化の記録や地形形成における重要な地質学的過程，または地形学的・自然地理学的特徴を含む，地球の歴史の主要段階を示す顕著な見本。

(ix) 陸上や淡水域，沿岸，海洋の生態系，また動植物群衆の進化，発展において重要な，現在進行中の生態学的・生物学的過程を代表する顕著な見本。

(x) 絶滅の恐れのある，学術上・保全上顕著な普遍的価値をもつ野生種の生息域を含む，生物多様性の保全のために最も重要かつ代表的な自然生息域。

図11-5 世界複合遺産に登録されているパラオのロック
アイランドの南部ラグーン

登録基準は(iii)(v)(vii)(ix)(x)。

　以上のうち，(i)〜(vi)に相当するのが世界文化遺産，(vii)〜(x)に相当するのが世
界自然遺産の対象となる。すなわち，世界文化遺産は，人類の歴史が生み出し
た記念物，建造物群，遺跡，文化的景観を指す。世界自然遺産は，地球の生成
や動植物の進化を示す地形，景観，生態系を指す。そして，(i)〜(vi)のうちのい
ずれか1つ以上と，(vii)〜(x)のうちのいずれか1つ以上を認められた遺産，すな
わち，文化遺産と自然遺産の両方の価値を兼ね備えているものを世界複合遺産
とする。

(3) 世界遺産の価値

　さらに，世界遺産の価値を表すキーワードとして，「真正性」と「完全性」
という2つの用語が挙げられる。

①真正性（Authenticity）

　真正性とは，文化人類学のフィールドでよく使われる用語である。世界遺産
では，文化遺産の登録の際に求められる価値であり，建造物や景観がそれぞれ

の文化的背景の独自性や伝統を継承しているかどうかが議論される。ただ，真正性は，時代を経ても修復の必要がない石で建造されたものが中心の欧州の思想そのものであった。それに対して，アジア，アフリカには木や土で建造されている地域も多く，それは解体修理や再建をした場合は，真正性は担保できないのかという疑義が呈された。そこで，日本主導で新たなる真正性の定義がなされ，地理，気候，環境等の自然条件と，文化，歴史的背景等の条件の中で，最適な保存技術や修復法で文化を後世まで伝え続けていけば，真正性は担保されるという考え方が認められた。

②完全性（Integrity）

完全性とは，すべての世界遺産に求められる価値で，世界遺産の「顕著な普遍的価値」を構成するために，必要な要素がすべて含まれ，長期的な保護のための法律等の体制が整っていることが求められている。また，その法律に則って，遺産を保全，保護するための予算や保全計画も整えておく必要がある。さらに，遺産の顕著な普遍的価値を損なわないように，遺産の周囲に経済活動や開発等を制限するバッファーゾーンを設定することも求められている。

（4）無形文化遺産

グローバリゼーションの過度な進展や生活様式の変容などに伴い，世界中の民族固有の生きた文化に衰退や消滅などの脅威がもたらされるとの認識から，無形文化遺産の保護を目的として，「無形文化遺産の保護に関する条約（無形文化遺産保護条約）」が2003年のユネスコ総会において採択された。この条約によって，それまで世界遺産条約が対象としてきた有形の文化遺産に加え，無形の文化遺産についても国際的保護を推進する枠組みが整った。条約の策定段階から積極的に関わってきた日本は，2004年にこの条約を締結した。

この条約においては，口承による伝統及び表現，芸能，社会的慣習，儀式及び祭礼行事，自然及び万物に関する知識及び慣習，伝統工芸技術といった無形文化遺産について，締約国が自国内で目録を作成し，保護措置をとることが求められている。日本からは，「能楽」「歌舞伎」「和食」など21件が登録されて

いる。世界では，インドの「ヨガ」，ジャマイカの「レゲエ音楽」等が登録されている。

（5）世界遺産の今後の展開

　世界遺産は1978年に初めての登録を行って以来，様々な課題を乗り越えて，修正を加えながら発展をしてきた。世界遺産が今後も機能していくために，以下のような点を強化していくことが求められている。

　①地理的拡大

　特に世界文化遺産は，登録されている遺産が西欧のキリスト教の宗教施設に偏っているという指摘がなされてきた。そのため，「普遍的」ということを主張しながらも，世界遺産リストが普遍性を持ち合わせていないという批判を受け，世界遺産をまだ持っていない国や地域からの登録を強化し，地理的な不均衡を是正することが求められる。また，文化や歴史的背景，自然環境が共通かつ連続性がある遺産をシリアル・ノミネーション・サイト（Serial Nomination Site）と呼ぶが，このような連続性のある遺産も重視されている。また，国境を越えて存在する遺産をトランスバウンダリー・サイト（Trans-boundary Site）と呼ぶが，国境線にとらわれずに登録できるようにする取り組みも始まった。上野の国立美術館も含まれる「ル・コルビュジエの建築作品」は，シリアル・ノミネーション・サイトでもあり，トランスバウンダリー・サイトでもある事例である。

　②産業関連遺産の強化

　産業関連遺産は文化財となかなかみなされず，現在も稼働中のものは体系的な保護や保全ができていないことが多かったが，このような産業遺産にも価値を見出し，積極的に保護していく方向性が示されている。

　③先史時代の遺跡群の強化

　先史時代の遺跡は，遺産価値を示す科学的根拠が少ないことから，今まであ

まり登録が進んでいない。しかし，人類の歴史をはじめからたどることも重要
であることから，積極的に登録をしていくことが求められている。

④世界遺産のブランド力の向上

　他に模倣のできないものであること，世界に共通して通用し，世界中に世界
遺産ファンが存在することから，世界遺産のブランド価値を認識し，さらに保
存と活用に生かしていくことが求められる。

5　観光の光と影の資源——被災地観光，戦跡観光

（1）「負の世界遺産」（？）

　世界遺産の種別を語る際，「負の世界遺産」という言葉をしばしば見かける。
人類が犯した悲惨な出来事を伝え，そうした悲劇を二度と起こさないための戒
めとなる物件を指すと一般的には捉えられているが，「負の世界遺産」という
用語は，分類だけでなく，その定義もユネスコやその他世界遺産に関係する諸
機関で公式になされたことはない。

　「イエローストーン国立公園」や「ガラパゴス諸島」等とともに，世界遺産
に最初に登録された12件の世界遺産の中に，セネガルの「ゴレ島」が含まれて
いる。ここは，アフリカ人奴隷をアメリカ大陸に売り渡すための拠点となった
島であり，出港を待つ奴隷のための独房のような部屋や大砲などが当時のまま
残っている。また，翌1979年には有名な「アウシュヴィッツ強制収容所（現在
の名称は，アウシュヴィッツ＝ビルケナウ—ドイツ・ナチの強制・絶滅収容所（1940年
—1945年））」が登録された。

　これらは，登録基準の(vi)に相当する。翌1980年の第4回世界遺産委員会では，
基準(vi)のみで登録することの是非が議題に上り，基準(vi)のみで登録することは
見送ることが望ましいとされた（これは現在も明文化されている。）。

　その後，1996年に原爆ドームが登録候補に入った際，委員会は紛糾した。特
に米国と中国が原爆ドームの登録に反対した。最終的な決議では，この2国か
らの反対はない代わりに，この2国から懸念の声明が出された。そして，この

遺産の登録名称は，「原爆ドーム」ではなく，「Hiroshima Peace Memorial」となっていて，あくまでも平和希求の象徴としての存在ということで，評価基準の適用に当たっては「戦争」との関連は意図的に隠された。

　最初に述べた通り，観光は「国の光を観る」に由来している。光があれば影もあるわけで，影を観ることも，観光の一形態である。

　　歴史はつねに勝者によって記されるということだ。ふたつの文化が衝突して，一方が敗れ去ると，勝った側は歴史書を書き著す。自らの大儀を強調し，征服した相手を貶める内容のものを。

　　　　　　　　　　　　　　　　（ダン・ブラウン『ダ・ヴィンチ・コード　上』）

歴史書に書かれていない歴史を，今に残された遺産，遺跡から想像し，勝者ではない側の想いに触れてみるのも，観光だからこそできることである。

（2）ダークツーリズム（？）

　観光の光と影の問題に関する研究カテゴリーとして，世界的には「ダークツーリズム」という枠組みの一部として捉えられている。日本でダークツーリズムという用語は，2010年代中後半に，東日本大震災後の被災地を訪問する観光が紹介されたことで認知された。その際，井出（2012）がダークツーリズムを「悼む旅」といった概念で提唱して，哀しみを共有する旅であるといった側面が強調されて伝わっている。

　しかし，このような概念は日本だけの特色である。[3]ダークツーリズムという言葉が初めて提唱された英国においては，Lennon and Foley（2001）が「死や災害に関する地域を訪ねる旅」と定義している。それ以上でもそれ以下でもない。幽霊屋敷探訪のように，おどろおどろしいものを敢えて見るといった興味本位のニュアンスも含まれている。このことから，被災地観光イコールダークツーリズムではなく，ダークツーリズムの中の一側面として被災地観光があるという関係性で捉えた方が分かりやすい。

　そして，被災地において観光客を受け入れる地元住民の立場から見ると，自

分たちが「ダーク」であるということが受け入れ難いという意見を多く聞く。そのため，ダークツーリズムを解釈の変更で無理やり拡張するよりも，日本では敢えてダークツーリズムという一括りの枠組みを設けずに，災害の被災地を訪問する場合は，被災地観光や復興観光，戦争の跡地を訪問する場合は，戦跡観光と，それぞれの名称で語るべきであると考える。

（3）被災地観光

　未曾有の大災害となった2011年３月11日の東日本大震災は，復興途上で観光客に被災の現場と復興のプロセスを見せる観光の受け入れを行った。

　被災遺構の保存か撤去かの選択は10年近く経過した現在でも議論が続いているところもある。地域住民は津波で大事な人，大事なものを失い，そのぽっかり空いた心の穴を数年で埋めることなどはできない。そのような中，地域住民に様々な思いの交錯する被災遺構を残すコンセンサスを取るということは極めて困難である。その中で，いち早く，国からの保存の予算がつく算段が立っていない段階から，次世代にこの教訓を残すという強い信念の下に保存が決定されたのが，岩手県宮古市田老地区の旧たろう観光ホテルである。

　たろう観光ホテルの松本勇毅社長は，震災時，ホテルの６階から迫り来る大津波を決死の覚悟でビデオカメラに収めた。津波はホテルの３階まで達し，３階まではことごとく破壊された。松本社長はそのときの映像があまりにも生々しいのでマスコミには出さずにいたものの，これは絶対に後世に伝えていかなければいけないとの強い想いで，自分がビデオカメラを回したまさにその６階の部屋に大画面ディスプレイを置き，震災後田老を訪れる人たちにその生々しい映像を見せることにした。宮古市も「学ぶ防災」プログラムを立ち上げ，全国から訪れる視察や教育旅行に対して，被災者が震災ガイドとなって，「二度とこのような悲劇を繰り返してはならぬ」という強いメッセージを，このたろう観光ホテルから伝えていた。

　そんな中，復興庁の小泉進次郎政務官（当時）が，震災から２年半が経過した2013年10月19日にたろう観光ホテル（図11-6）を視察し，復興交付金での保存を検討する意向を示した。小泉氏は「やはりインパクトがある。遺構には震

図11-6　たろう観光ホテル全景

図11-7　津波の恐怖と未来への希望を語りかける「学
ぶ防災」震災ガイドの活動

災を知らない世代にも津波の怖さがわかる意義がある」と強調したと岩手日報
が報じている。この小泉氏の決断が，それまで撤去一辺倒であった震災遺構を
保存するという選択肢を初めて提示したのである。

　現在は，旧たろう観光ホテルは宮古市が買い取り，宮古市観光協会に「学ぶ
防災」チームが組成され，専門のガイドが当時の説明を観光客に対して行って
いる（図11-7）。ガイドは，悲惨な津波の状況の説明に加えて，常に希望を語
っている。この悲劇を繰り返さないために次世代に語り継ぐという強く固い信

念の下で訪問者に語りかけている。その想いの強さこそ，人の心に伝わってくる。活動を始めた当初は，震災ガイドをするなんて震災を食い物にしているといった批判も受けたそうである。しかし，そのような批判をものともせず，信念に基づいて伝えていく勇気こそ，人の心に訴えかけることができる。ガイドの存在こそが，震災が起こった過去と現在，そして被災地と観光客の発地との間にある分断をつなぐものである。ガイドの解説があるから，目の前の震災遺構が，単なる遺構ではなく，悲しみを共有する媒介になるのである。ガイドの存在があれば，多くの人が亡くなった震災遺構の前でピースサインをしながら自撮りする観光客はいない。

（4）戦跡観光

　パラオはグアム・サイパンの南，フィリピンの東に位置する200の島からなる島嶼国である。美しい島々の景観が広がり，ロックアイランドは世界複合遺産にも登録されている。パラオはホワイトサンドのビーチが点在しており，ビーチリゾート，ダイビング，スポーツフィッシングでは世界の愛好者が訪れる。国旗は青地に黄色の丸で，これは日の丸に倣ってデザインされた。パラオ語には日本語由来の言葉が多くあり，今でも親日の国民が多い。

　知る人ぞ知るという存在だったそんなパラオが一躍有名になったのが，2015年4月8日と9日に行われた天皇皇后両陛下（現・上皇上皇后両陛下）訪問である。

　パラオは第2次世界大戦時，日本軍と米軍の間で熾烈な戦闘が行われた地である。天皇皇后両陛下はここで亡くなった多くの人々の慰霊のために訪問された。

　第2次世界大戦が起こる前，パラオはドイツから引き継いだ日本の委任統治領であった。この地の地政学的見地から，南洋庁がパラオのコロール島に置かれ，その後日本海軍の施設や要塞などが多く作られた。特にペリリュー島には東洋一の大きさを誇るX型の滑走路が敷設されていた。太平洋地域での第2次世界大戦が始まると，日本本土に上陸する前に米軍はフィリピンを攻略するため，ペリリュー島の滑走路をターゲットとした。1944年9月15日にペリリ

図11- 8　旧日本海軍司令部

図11- 9　千人壕

ュー島オレンジビーチが米軍の最初の上陸地点となった。

　2010年に米国からペリリュー戦争歴史協会（The Peleliu War Historical Society）が派遣した調査団が初めて来島して今も残っている戦跡の調査を行ったところ，約280点の戦跡を発見した（The Peleliu War Historical Society, 2012）。

①旧日本海軍司令部

　建物に木々が生い茂っている（図11-8）。爆撃で穴が大きく空いたままたたずんでいるが，日本海軍が司令部として建設したことから建物の基礎や枠組みは頑丈であり，現在も，台風や高潮が襲来するときに地元住民はここに避難しに来ている。内部には寝室や浴室，台所，トイレなど整った設備が現在も見て取れる。部屋の隅は真四角ではなく曲線になっていたり，階段の手すりに意匠が凝らされたりと当時としては洒落たデザインが凝らされている。

②千人壕

　ペリリュー島北部の波止場から数百メートル南下した水戸山の斜面にある防空壕である（図11-9）。山全体に4階建てのビルほどの壕が作られた。ペリリュー島の戦いの当初は，軍属の防空壕として使用されていたが，米兵が北部まで攻めてきたときは野戦病院の機能も有していた。内部は複雑に入り組んでいて，文字通り1000人の兵士，軍属が隠れていた。壕内には当時水を貯めていたビールの空き瓶や靴底，飯盒などが現在も残されている。入り口には火炎放射器で攻撃された生々しい焼け跡も残されている。

③中川大佐終焉の地

　ペリリュー守備隊長中川州男大佐は米軍が攻撃してくることが分かると，地元のパラオ人たちをコロール本島に逃し，犠牲を最小限に抑えた。現在パラオ人が親日的であるのは，この中川大佐のリーダーシップと愛溢れる住民対応によるところが大きい。中川大佐は，絶望的な戦況の中でも，命を粗末にする万歳突撃を禁じ，壕や洞窟に籠もってのゲリラ戦を展開した。当初米軍は3日で陥落させると豪語していたが，中川大佐はたった1連隊にして米軍の圧倒的な

図11-10　中川大佐終焉の地

図11-11　海軍弾薬庫跡・現ペリリュー戦争博物館

海兵連隊や陸軍歩兵師団に大打撃を与え，後退を余儀なくさせた。最終的に中川大佐は「サクラ，サクラ」の電報とともに大山の山奥の陣地で自刃するが，その自刃の地までのルートは，まだ地雷も残っていて，足元も悪いため，手前に碑が建立されている（図11-10）。

　④海軍弾薬庫跡・現ペリリュー戦争博物館
　かつて海軍の弾薬庫として使用されていた建物が今も残っている（図11-11）。

壁にはたくさんの砲弾痕があり，爆撃を受けて開いた壁穴をふさぐために窓が作られている。戦後，米軍の診療所になったが，独立後，博物館として公開されている。日本軍関係者と米軍関係者の双方から収集した資料が展示されてある。一つの博物館で，日米両方の視点でペリリューの戦いが理解できるのは貴重である。

　このように多くの戦跡を生々しく見ることができる観光地は他にはない。パラオにおいて戦跡を保存し平和への意識を高めていくことは大変重要かつ有効な方策である。トミー・レメンゲサウ前大統領は，価値観を共有する国からの訪問を期待したいと述べている。すなわち，観光を単なる経済効果だけで見るのではなく，国家のアイデンティティを正しく認識し，それをアピールすることで，観光客に対する地元住民のスタンスがサーバント（奴隷・召使い）になることなく，ホストとゲストという対等な関係で，価値観を共有した真の意味での交流ができることこそが，国際観光のこれからの目指していく道である。

注

(1)　言わずもがなだが，カジノの導入を前提とするIR（特定複合観光施設）と複合観光資源は全く関係ない。

(2)　最近の聖地巡礼では，必ずしも舞台となっていなくてもファンがゆかりの地を探し出すことも楽しみの一つとなっているようである。福岡県の「竈門（かまど）神社」は，週刊少年ジャンプ（集英社）で人気を博した漫画『鬼滅の刃』の主人公の苗字が神社名と同じ「竈門」であることや，修験者が着用する市松模様の装束と主人公の羽織の柄に類似性があることから「作品のルーツが竈門神社にあるのではないか」ということで，ファンがコスプレをして竈門神社に"聖地巡礼"している。

(3)　井出の論文，書籍が引き金となり，被災地観光をダークツーリズムの枠組みで論じることに対して賛否両論の議論が巻き起こることとなる。大森信治郎は自身が石巻で観光産業を経営している観点からも，ダークという言葉の持つネガティブなイメージが，前向きに復興に取り組みたい被災者の気持ちを逆なでするということで，「復興ツーリズム」「祈る旅」といったダークツーリズムとは異なる「新たな枠組み」で被災地観光を論じることを主張した。大森と井出は2012年に宮城大学で行われた日本観光研究学会全国大会で直接議論をし，その後井出は，英国をはじめとす

るただ「死」や「影」を扱う旅といったダークツーリズムの既存概念で論じるのではなく，悲しみに寄り添い，共感するといった心理的な要素を含めてダークツーリズムを捉えなおすことを提唱した。ここから，ダークツーリズムの概念が世界と日本で乖離することとなった。

結びにかえて
観光のこれから

　本書の構想は2018年9月に始まった。ちょうど，インバウンドブームはとどまるところを知らず，インバウンドと対比して長年伸び悩んでいたアウトバウンドも久しぶりに史上最高数を記録し，人手不足から学生たちの就職活動も絶好調，東京オリンピック・パラリンピックの成功に期待が寄せられる，そんな時期だった。日本最大の旅の大見本市「ツーリズムエキスポ」の会場で，ミネルヴァ書房の編集者前田有美さんと出会い，議論がスタートした。

　そのときは，誰もが観光のバラ色の未来を信じて疑っていなかった。実は地域住民のことを全く考慮に入れずに観光振興を推進したことから生じるオーバーツーリズムなどの問題が既に出始めていたものの，そして観光によってもたらされる豊かさなど，観光関連産業に属さない一般人は誰も実感できていないにもかかわらず，まさに「イケイケドンドン」な政府主導の雰囲気に観光業界は飲まれていった。出国税で独自財源を得たことで予算が大幅増額になった観光庁をはじめとする省庁，および自治体からの観光関連予算の大盤振る舞いによって，お客様から得る旅行代金よりも，大きな補助金獲得に血眼になる観光事業者や自治体関係者が増えていた。業者の選定も癒着や忖度で決まっていくモラルハザードが蔓延し，業界はことごとく政権のイエスマンと化した。その結果，お客様が視界に入らなくなり，マーケティングの潮目が見えなくなっていった。勢いのあるインバウンドばかりに目が行き，主張しない国内需要が静かに退場していることに気がつかないでいた。気がついた人も，日本人の人口は今後減少の一途を辿るからといった後付けの理論で，その需要減退を正当化した。

　そんな観光業界——哲学も倫理観も思いやりもなく，歴史も踏まえず，ただ目の前の経済効果だけに目がくらんだ状態——に容赦なく鉄槌を下したのが，

2020年初頭から世界を襲ったコロナウイルスである。観光業界の景色はコロナウイルス蔓延前と後では一変した。インバウンドは対前年比99.9%減，緊急事態宣言が発出され不要不急の外出を禁じられ，宣言が解除された後も，県を跨ぐ移動は自粛が求められた。廃業に追い込まれた事業者も少なくない。ゼミ生とともにお世話になった思い出深い旅館からの廃業したとの知らせや，観光収入のみに頼ってきた小島嶼開発途上国（SIDS：Small Island Developing States）が1人の感染者も出していないのに他国との交流が途絶えて経済的に大打撃を被り，そこでガイドになって頑張っていた教え子が帰国してきたといった連絡をもらうたびに，メディアで流れる「コロナ禍で真に実力のある者が生き残り，そもそもコロナがなくてもいずれダメになる者が淘汰され，より日本は強靭化される」なんていう論調に怒りを覚え，やりきれない気持ちが溢れてきた。本書の執筆は，そんな状況下で，巣篭もりの中で仕上げることとなった。

　国際航空運送協会（IATA）の推計によると，世界の国際線需要が2019年と同水準に回復するのは，2024年とされている。ただ，推計なので，2024年に戻る保証はどこにもない。歴史を紐解くとコレラやスペイン風邪の大流行のときも，第2波，第3波が押し寄せてきた。特にスペイン風邪のときは，第2波，第3波の方が甚大な被害をもたらした。それを考慮すると，2024年に需要が回復するというのは，いささか楽観的すぎるのではないかと思われる。さらに，これだけリモートワークが定着したことで，出張の必然性が低下したはずであり，コロナ前のビジネス需要がそのまま戻るとは思えない。また，日本が回復したとしても，海外各国で蔓延がまだ続いていたら，渡航には至らない。また，航空便は，エコノミークラスは密状態である。今までも，エコノミークラスでの欧米ロング路線の渡航は苦痛を強いられてきたが，これは仕方がないものとして捉えられてきた。しかし，密の状態で，隣にどのような人が着席するかも分からない中で，完全に収束していないのにロング路線を使用するのは敬遠する人が増えてくるのではなかろうか。

　一方で，IATAは国内路線に関しては，2022年に2019年と同水準に需要が回復すると推計している。こちらも2019年と同水準まで回復するかは疑わしいものの，国内線の方が需要回復が早いのは推計で言われている通りではなかろう

か。今後の観光産業の復活には，コロナ前までないがしろにしてきた国内需要の取り込みが重要であることは間違いない。そして，何よりも地元を大切にするべきだということをここで声を大にして主張したい。本書では，観光による発展を持続可能にするための3要素の一つとして，観光客・地域住民・観光事業者の三方一両得を掲げている。観光客の満足度向上は言うに及ばず，コロナ前まであまりにも地域住民がないがしろにされてきた。観光発展のために日常生活に犠牲を払っていた観光地に住む人々が多かった。これを今後は解消し，真に地元から歓迎される観光地のあり方を追求していかなければならない。そのためには，観光施設，観光資源を地元の人がもっと日常で使っていく仕組みを構築するべきである。コロナで苦境に陥った旅行観光業界を支援すべく政府が主導したGo To キャンペーンは，地元の観光施設の良さを知る機会として進めていれば，バラマキではなく意味のあるものになったのにと残念な思いを持たざるを得ない。ただ，北海道は独自に「どうみん割」のような地元の観光施設を使ったときに割引になる施策を講じた。国が一手に引き受けるよりも，北海道のような取り組みに対して予算を配分し，地方が独自に，今まで近いがゆえに気がつかなかった地元の魅力を地元民が知る機会にするべきであった。

　これからは，効果的なプロモーションとともに，効果的な抑制策（ディマーケティング）の手法も検討していかなければならない。コロナの広がりの中，「来ないでください」というメッセージを発した自治体がある。気持ちは分かるが，メッセージが強すぎた。来ないでという拒絶は記憶に残り続け，さあ緊急事態宣言が解除されましたから来てくださいと言われても，体は動かない。コロナ前，もともと，観光産業界では，禁止，拒否の類はタブーであった。私も新入社員のときに「お客様にはNo と言うな。Yes と言って，その後どうやったらYes を実現できるか考えろ」と叩き込まれた。このマインドが，カスタマーハラスメントの温床となってしまったとの反省点もあるにはあるが，No と言うことの重大さを事業者は痛いほど知っている。その点に行政は無頓着であった。では，どのように抑制するのが効果的かは，今後の観光研究の研究対象となりうる。

　「観光は平和へのパスポート（Tourism；Passport to Peace）」というフレーズ

はよく引用される。これは，1966年11月4日の国際連合第21回総会において，1967年を国際観光年とする決議が採択された際に提示されたスローガンである。この言葉が引用される際，「平和でなければ観光は実現できない」という解説が添えられるが，よく考えると，それは平和へのパスポート，すなわち平和構築に積極的に観光が寄与しているのではなく，平和という状態が保証されて初めて観光が成立するという，単なる状況の説明にしかなっていない。

　私が大学時代に受講した「平和研究」という講義において，古屋安雄教授が最後に発したメッセージが強烈に頭に残って離れない。古屋教授は「君たちは単なる Peace lover で終わってはいけない。積極的に行動する Peace maker にならなければいけない」と生意気なバブル時代の学生だった私たちに檄を飛ばした。その言葉は，いまだにはっきりと覚えている。「平和じゃなきゃ観光は成り立たない」という今の観光は，単なる Peace lover だ。観光が真の Peace maker になれてこそ，観光学が学問として一人前になるときだと信じている。そのために，観光は何をなすべきか。自然災害が起こったとき，復興に観光が寄与できないか。二度と起こしてはいけない悲惨な戦争や事故の当事者がいなくなって風化が進んでいるときに，観光が次世代にその教訓を伝えることはできないだろうか。私はこの10年，これらの取り組みを継続してきた。最近，若い観光学者の中から，コスタリカにおいてウミガメの卵が闇取引でマフィアの収入源になっていたものを，観光振興がそこにオープンに関与することで，マフィアを排除し，地域経済に貢献する枠組みを構築する研究をしている研究者が現れた。そしてそのような新進気鋭の研究者に対する助成研究の枠組みを，これまた新進気鋭の旅行会社旅工房の高山泰仁社長は積極的に提供してくれている。「旅行会社が観光で平和構築の立役者として貢献する」という高山社長の志は，業界全体で共有していかなければならない。ここにきて，今までにはない新たな観光学の地平を切り開く息吹を感じている。真に Peace maker として世界に貢献できる観光とは何なのか，これからも模索していきたい。

　序章で紹介した松下幸之助は，戦後の荒廃した日本を再興すべく，PHP (Peace Happiness through Prosperity：(経済的) 繁栄による平和と幸福) 運動を展開した。松下は戦後いち早く観光立国を主張したが，今日国が推進する観光立国

の姿をPHPをもじって表現すると，PHPT（Peace and Happiness through Prosperity by Tourism：観光による経済的繁栄を通しての平和と幸福）となろう。観光の効果を単なる経済効果に限定してしまっているのである。これに対し，松下は人間の心の寛容さを観光振興で高めることを主張していたことは特筆に値する。すなわち，観光が平和と幸福に直結するPHT（Peace and Happiness through Tourism：観光そのものがもたらす平和と幸福）を松下は言いたかったに違いない。

　私が，コロナ後の世界が元には戻らないと思うもう一つの要因が，価値観の対立である。これからは剥き出しの欲望がぶつかり合う世の中になるのではないかとの危惧を強く抱く。そんな中，これまでのPeace lover的なアプローチで観光振興をしていくと，事なかれ主義になり，問題を単に先送りして，目先の経済効果だけを今の構成員で享受する利那的な結果を招いてしまう。さらに，観光が外交の武器になりうるということが明らかになってきた。自らの主張を聞き入れられなければ，自国の観光客の渡航を止めることで，相手国の経済活動を停滞させ，言うことを聞かせる手法が一部の国で既に実践されてきている。観光による国家の攻撃は，受け入れ側の市民の中での分断を生む。観光産業が，よかれと思って争わない姿勢で対応していくことで，観光に関係しない人々の反発を招くこともありうる。相手国が観光を外交戦略的に利用していることに対して，我が国をはじめ，世界の国々はまだ無防備である。

　価値観を共有しない者との関係性はどうすればよいのか。人間関係の指南書では，そういう人とは付き合わないようにしましょうとか，静かに退出しましょうとか書かれてあるが，観光は先述した通り，お客様を断ることはできないのである。しかし，気持ちのありようとしてはどうすればよいのか，このことについては，まだ私自身も解にたどり着いてはいない。観光がこの件に関してなんらかの解にたどり着くことができれば，真の意味で，観光が平和へのパスポートになるだろう。

　私はその解は人文学にあるのではないかと思っている。本書が人文観光資源に重きを置いたのはそのためだ。

　人文学が花開いたのは，14世紀のイタリアからである。それまでの長い中世

は，教会が絶大なる力を持ち，普遍的な権威を有した。権力は教会に集中し，規律が求められた。その教会の権威が綻んだ大きな要因の一つとして，ペストの流行が挙げられる。ペストを前に，教会は無力であるだけでなく，誤った方向性を示し，人々はその権威を疑問視するようになった。そこで，地中海貿易で財を得た市民が，人間の可能性を信じ，一人ひとりの人間を大切にした古代ギリシア・ローマ古典に範を求めた。これが人文学の始まりである。

　思い出して欲しい。コロナ流行前，中央集権的リーダーシップを求めていなかったか。観光の世界では特に，無意識のうちに自由よりも統制を求めていなかったか。目先の補助金に目がくらんで，自由をいとも簡単に手放してはいなかったか。自分がやりたい信念よりも，ビッグデータに基づく統一的な解に対してひれ伏していなかったか。かつて観光は外部リスクに脆弱な産業だと思われていたのに，いつの間にか乱高下なく倍々で伸びていくとなぜ疑いなく信じこんだのか。歴史にもヒントが多く存在するのに，それを研究する学問を古くさいと蔑ろにした。人の言うことに黙って従うほうが楽に決まっている。自由は自分を律することと表裏一体なので，実は楽ではない。でも，それでも自由を持ち続けるためには，人間の力と良心を信じ，一人ひとりが考え続けなければならない。それを追求するのが，人文学だ。

　コロナへの対応で，統制への志向が，市民から出てくることへの危惧の念を私は抱く。

　ホテル王と呼ばれたセザール・リッツが現在まで続く高い名声を得たのは，コレラが流行し，壊滅的な打撃を被ったときに，清潔こそ顧客が最も求めている点だとして，制服を一日何回も着替え，共同だったバスルームを部屋毎に設置するなど，斬新な工夫をしたからだった。新しい世を作るのは，統制に頼る心ではないことを歴史が訴え続けている。

参 考 文 献

浅井新介（2015）『マイス・ビジネス入門』日本ホテル教育センター

新井俊一（2008）『観光振興論』国際観光サービスセンター

井出明（2012）「悼む旅としてのダークツーリズム」『日本観光研究学会学術論文集第27号』日本観光研究学会

一般社団法人サービス連合情報総研（2018）「デジタル変革とツーリズム」『SQUARE第191号』一般社団法人サービス連合情報総研

岡本伸之編（2001）『観光学入門——ポストマスツーリズムの観光学』有斐閣アルマ

小野善一郎（2014）『あなたを幸せにする大祓詞』青林堂

小野善一郎（2015）『日本を元気にする古事記のこころ』青林堂

小野善一郎（2019）『大嘗祭のこころ』青林堂

香川眞編（2007）『観光学大事典』木楽舎

木下斉（2020）「「観光で地方創生」の裏で乱立する「予算依存型DMO」——幻想の地方創生　東京一極集中は止まらない」『Wedge』2020年2月号

清瀬みさを（2001）『人文学としての芸術研究』法律文化社

グラフトン，アンソニー，ヒロ・ヒライ監訳（2015）『テクストの擁護者たち——近代ヨーロッパにおける人文学の誕生』勁草書房

小池洋一・足羽洋保編（1988）『観光学概論』ミネルヴァ書房

公益財団法人日本交通公社（2019）「観光客急増で問われる地域の"意思"」『観光文化240』

公益財団法人日本交通公社（2018）『旅行年報2018』公益財団法人日本交通公社

サイファー，ワイリー，野島秀勝訳『文学とテクノロジー』白水社

JTB（出版年不明）『"命のビザ"を繋いだもうひとつの物語　～ユダヤ人避難を支えたJTBの役割～』JTB

塩見英治・堀雅通・島川崇・小島克巳編（2017）『観光交通ビジネス』成山堂書店

宍戸学他（2017）『観光概論（第10版）』JTB総合研究所

島川崇（2002）『観光につける薬——サスティナブル・ツーリズム理論』同友館

島川崇（2010）「松下幸之助と観光立国」『PHP Policy Review』Vol.4，No.20，PHP総合研究所

島川崇編（2019）『観光と福祉』成山堂書店

島川崇・神田達哉・青木昌城・永井恵一（2020）『ケースで読み解くデジタル変革時代

のツーリズム』ミネルヴァ書房

城山三郎（1980）『臨3311に乗れ』集英社

綜合ユニコム（2019）『レジャーランド＆レクパーク総覧2020』綜合ユニコム

竹村亞希子（2012）『超訳・易経』角川SSC新書

竹村亞希子（2014）『リーダーの易経』角川SSC新書

竹村牧男（2020）「精神性の高い旅とは　本来の命がよみがえるきっかけに」『旬刊旅行新聞』第1783号，2020年1月11日，旅行新聞新社

藤稿亜矢子（2018）『サステナブルツーリズム』晃洋書房

徳江順一郎（2018）『ホスピタリティ・マネジメント』同文館

富田敏之（2018a）『地方創生の先駆者──岩切章太郎の実践観光哲学』ユーフォーブックス

富田敏之（2018b）「地方創生の先駆者　岩切章太郎の観光事業」『日本国際観光学会自由論集』Vol.2，日本国際観光学会

中谷秀樹編（2017）『観光と情報システム』流通経済大学出版会

平山昇（2012）『鉄道が変えた社寺参詣』交通新聞新書

平山昇（2015）『初詣の社会史──鉄道が生んだ娯楽とナショナリズム』東京大学出版会

藤本幸男（2011）「商品の未来を考える　事例研究「ルックJTBの決心」」『旅行商品企画の理論と実際』同友館

ホテル・ニューグランド八十年史編集委員会（2008）『ホテル・ニューグランド八十年史』株式会社ホテル、ニューグランド

松沢成文（2007）『破天荒力──箱根に命を吹き込んだ「奇妙人」たち』講談社

松下幸之助（1954）「観光立國の辯──石炭掘るよりホテル一つを──」『文藝春秋』1954年5月号

毛利勝彦（2015）「大学から考える日本の教育」松下政経塾教育懇談会資料

山口由美（2015）『箱根富士屋ホテル物語』小学館

山田桂一郎（2019）真の観光立国を目指す──インバウンドを地域振興へ活かすために」『地域づくり』2019・2月号

劉東啓（2000）「第二次世界大戦以前における台湾国立公園の成立に関する研究」『ランドスケープ研究』No.62, Vol.5

Burns, P. M. and Holden, A. (1995) *Tourism: A New Perspective*, Prentice Hall, Hempstead

Burns, P. M. and Cleverdon, R. (2000) "Planning Tourism in a Reconstructing Economy: the Case of Eritrea", Dieke, P. ed., *The Political Economy of Tourism*

Development in Africa, Forth Cognizant Communication, New York

Butler, R. (1999) "Sustainable Tourism", *Tourism Geographies*, Vol.1, No.1, February 1999

Chastonay, A. (2005) *Cesar Ritz Life and Work*, Cesar Ritz Foundation

Cleverdon, R. (1999) *Unpublished Materials*, London Metropolitan University, London

Felsenstein, D. *et al.* (1999) "Does Gambling Complement the Tourism Industry?" *Tourism Economics*, Vol. 4, No. 3, September 1999

Hall, C. M. (2000) *Tourism Planning Policies, Processes and Relationships*, Prentice Hall, Harlow

Holden, A. (2000) *Environment and Tourism*, Routledge, London

Lennon, J. and Foley, M. (2001) *Dark Tourism*, Cengage Learning Business Pr, UK

Middleton, V. (1998) *Sustainable Tourism: A Marketing Perspective*, Routledge, London

Mowforth, M. and Munt, I. (1998, 2003) *Tourism and Sustainability*, Routledge, London

ANA (2019)「ANA Travel & Life　世界の美術館・博物館入館者数ランキング」, https://www.ana.co.jp/travelandlife/infographics/vol25/（閲覧日2020年4月15日）

インフィニ (2020)「NDC の疑問にズバリお答え」, https://www.infini-forest.com/special/ndc/（閲覧日2020年5月18日）

エアトリ (2018) プレスリリース「今まで行った美術館・博物館で最も良かったのは "大原美術館""ルーヴル美術館" 一緒に美術館・博物館へ行きたい芸能人 男性は "石坂浩二""綾瀬はるか", 女性は "井浦新""綾瀬はるか" ～エアトリが「旅行先での芸術」に関する調査を実施～」, http://skygate.lekumo.biz/press/files/20180918.pdf（閲覧日2020年5月18日）

JTB (2012)「JTB100年の歩み」, https://www.jtbcorp.jp/jp/100th/history/（閲覧日2020年6月1日）

世界遺産アカデミー (2020)「世界遺産リスト」, https://www.sekaken.jp/whinfo/list/（閲覧日2020年8月15日）

永山久徳 (2019)「公取委の OTA 立入検査は旅行者にメリットを生み出すか　宿泊施設から見た業界事情」TRACY, https://www.traicy.com/posts/20190411109115/（閲覧日2020年5月18日）

人名索引

あ 行

足立全康　189
有吉忠一　8,58
イエス　192
一遍上人　191
稲盛和夫　74
岩切章太郎　7
岩倉具視　18
岩崎弥太郎　5
エスコフィエ，オーギュスト　2,60
エル・グレコ　189
大迫辰雄　62
大原孫三郎　188

か 行

金谷善一郎　6
カナレット　187
カラバッジオ，ミケランジェロ・メリージ・ダ
　29
空海　150
玄葉光一郎　48
小泉純一郎　74,159
小泉進次郎　225
ゴーギャン，ポール　190
コートールド，サミュエル　190
児島虎次郎　189
ゴッホ，フィンセント・ファン　190

さ 行

佐藤栄作　7
使徒ヤコブ　192
渋沢栄一　56
釈尊　192
首座使徒ペテロ　192
上皇上皇后両陛下　227
聖徳太子　210
スー，ジン　49
杉原千畝　62

セザンヌ，ポール　189,190

た 行

田中角栄　117
ダンテ，アリギエーリ　184
チェンバレン，バジル・ホール　5
ドガ，エドガー　190

な 行

中川州男　229
中曽根康弘　117
夏目漱石　210
二宮忠八　65

は 行

ハーン，ラフカディオ　5
ビュールレ，エミール　190
福澤諭吉　4
プリンス・オブ・ウェールズ（エドワード7
　世）　4
ブルネレスキ，フィリッポ　186
古屋安雄　236
ブルントラント，グロ・ハーレム　45
ペトラルカ，フランチェスコ　185
ポター，ベアトリクス　200,201

ま 行

前川春雄　157
松下幸之助　11
マネ，エドゥアール　190
ミケランジェロ，ブオナローティ　185
水戸岡鋭治　117
南新助　57
陸奥宗光　56
モジリアニ，アメデオ　190
モネ，クロード　189

や 行

山口正造　6

山口仙之助　4
横山大観　189

ら　行

ライト兄弟　65
ライト，フランク・ロイド　58

リッツ，セザール　1, 238
ルノワール，ピエール＝オーギュスト　190
レメンゲサウ，トミー　231

わ　行

ワイル，サリー　60

事項索引

あ　行

アーユルヴェーダ　192
アイデンティティ　26, 39, 162, 231
アウトバウンド　19, 71, 75, 233
アカデミズム　i
商人宿（駅前旅館）　134
アクセシブル・ツーリズム　39, 49, 50
アグリツーリズム（アグリツーリズモ）　210
アグリゲーター　116
アジェンダ21　47
明日の日本を支える観光ビジョン　160
アスワンハイダム　217
アニメツーリズム　214
アフィニティ・グループ　80
アブ・シンベル神殿　217
アマデウス　109
アンシラリー・サービス　114
安心保障関係　145
アントレプレナーシップ（起業家精神）　26
イエローストーン　198
イスラム教　191
伊勢神宮　194
一体関係　150
イメージ　28, 29
入込客数　19
岩倉使節団　55
インセンティブ・ツアー　80
インタープリター　206
インバウンド　19, 71, 74, 75, 136, 140, 141, 159,
　　233, 234
インフラツーリズム　213
ウェルカムプラン21　74
エアオン　67
『易経』　15
エキナカビジネス　122
エコツーリズム　30, 170, 204, 205, 216
エゴツーリズム　206
エスニック・ツーリズム　46

オーガナイザー　80
オーバーツーリズム　38, 162
オーバーブッキング（過剰予約）　85
女将　137
オプショナルツアー　101
おもてなし　143
御師　197
温泉　27, 209
温泉法　155

か　行

開発学　20
開発途上国　27
開発のための持続可能な観光国際年　51
海洋資源　37
学際的　i
カジノ　28
ガストロノミー　215
語り部　ii
カトリック教会　184
環境汚染　10
環境と開発に関する世界委員会（WCED）　44
環境と開発に関するリオ宣言　47
環境負荷　30
関係性マネジメント　143
観光開発　10
観光学　i
観光基本法　74, 156
観光客，ゲスト（客人）　33, 206
観光協会　163
観光産業　38
観光事業者　33
観光資源　179-181, 183, 211
観光対象　180
観光地域づくり組織（DMO）　164
観光地価格　28, 49
観光地（着地）（観光デスティネーション）　39
観光庁　74
観光農園　211

観光のリーケージ（Leakage）効果　27, 216
観光のリンケージ（Linkage）効果　25
観光は平和へのパスポート（Tourism：
　Passport to Peace）　235
観光立国　11
観光立国懇談会　74
観光立国推進基本計画　74
観光立国推進基本法　74
間接的な利益　26
感動経営　149
感動の強要　149
規制緩和　43
季節労働　27
既得権益　26
記念物　182
喜賓会（Welcome Society）　56, 57
ギブアウェイ　169
9・11同時多発テロ　71
漁業　37
キリスト教　192
近代化理論（モダニゼーション・セオリー）
　22, 40-42, 46
グランドツアー　186
グリーンツーリズム　31, 211
クルーズ　130
クルーズトレイン　118
グローバリゼーション　22, 42-44, 46
グローバルMICE戦略・強化都市　175
グローバルMICE都市　175
グローバル・アライアンス（提携）　43, 106-
　108
グローバル観光戦略　159
グローバルスタンダード　43
景観保護　9
検疫法　156
検索疲れ　91
顕著な普遍的価値　217
航空規制緩和　106
航空憲法　68
高度経済成長　11
コードシェア（共同運航）　107
故宮博物院　188

国際会議観光都市　175
国際会議などの誘致の促進及び開催の円滑化等
　による国際観光の振興に関する法律（コン
　ベンション法）　174
国際観光局　64
国際観光ホテル整備法　156
国際連盟　58
国定公園　201, 202, 204
国民休暇村　156
国民宿舎　156
国立公園　198, 199, 201-203, 206
国立横浜国際平和会議場（パシフィコ横浜）
　176
国連環境開発会議（地球サミット，リオ・サミ
　ット）　47
国連持続可能な開発会議　48
国連ミレニアムサミット　48
個人手配　86
個人旅行　86
コミッション　97
コミュニティ　39, 41
コミュニティ・ベースド・ツーリズム　46, 216
雇用　25
コレラ　2, 56, 238
金剛界曼荼羅　150
コンテンツツーリズム　215
コンベンションビューロー　164, 177

さ　行

サービスのパッケージ化　145, 147
サステナブル・ツーリズム　22, 31, 37, 38, 46
サステナブル・ディベロプメント　44
サブ空港　110
サプライヤー　91
産業革命　21
産業観光　213
参詣　190
サンタ・マリア・デル・フィオーレ大聖堂
　186
サンティアゴ・デ・コンポステーラとそこに至
　る巡礼路（スペイン，フランス）　192
サン・ピエトロ大聖堂　192

三方一両得　33
シーズナリティ　91
自然環境保全法　156
自然観光資源　180, 198, 209, 213
自然景観　9, 198, 201
自然公園　201, 202
自然公園法　201
自然破壊　10
自然保護　9, 206
持続可能（性）　ii, 45
持続可能な開発目標（SDGs）　35, 48, 49, 167
市民参加　45
社会観光資源　213
ジャパン・ツーリスト・ビューロー　57, 180
修学旅行　64
宗教施設　190
重伝建　156, 198
周遊券　59, 121
宿泊業　20
宿場町　198
受注型企画旅行　80, 82, 97
出入国管理令　156
主任添乗員　99
巡礼　190-192
障害　50
障害者　50
障害の個人モデル　50
障害の社会モデル　50
城下町　198
少数派（マイノリティ）　50
小島嶼開発途上国（SIDS）　234
真正性　39, 220
神道　150, 192
新東京国際空港（成田空港）　68
人文学　181, 237, 238
人文観光資源　180, 181, 187, 209, 213
人文主義　181, 185
スカイチーム　106
スケールメリット　97
スターアライアンス　106
ステイクホルダー　ii, 32, 163
3レターコード　114

スローフード運動　211
“聖地巡礼”　214
セイバー　100, 109
政府観光局　29, 56, 165
世界遺産　217, 218, 220-223
責任ある観光　49, 162
接客業　143
全国総合開発計画（全総）　156
総合旅行業務取扱管理者資格　ii
総合旅程管理主任者資格　ii
相互信頼関係　146, 148, 149, 151, 153

た　行

ダークツーリズム　224, 225
第1次ホテルブーム　66
第3種旅行業　82
胎蔵界曼荼羅　150
ダイナミックパッケージ　101
第2次世界大戦　64
第2次ホテルブーム　66
第2種旅行業　81
太平洋戦争　7
多数派（マジョリティ）　50
タビナカ　101
旅の恥はかき捨て　49
団体旅行　86
治安　28
地域限定旅行業　82
地域資源　179, 180, 205
地域住民　33
着地型観光　29
直接的経済効果　25, 27
ツアーオペレーター　82, 95, 96
ツーウェイツーリズム　19
ツーリズム　15
低開発状態　40
低開発理論（アンダーディベロプメント・セオリー）　22, 41, 42, 46
ディストリビューター　96
ディズニー　149
ディスプレー・バイアス　109
ディベロッパー　27

デスティネーション　38, 162, 167
手配旅行　80, 82
天安門事件　76, 157
添乗，添乗業，添乗業務，添乗員　ii, 78, 88, 99
伝染病　28
テンミリオン計画　68, 157
東京オリンピック　66, 116
東京ディズニーランド　125
２レターコード　114
トーマス・クック社　56
特別補償義務　82
都道府県立自然公園　201

な　行

ナショナルトラスト　199-201
成田縛り　74
日米修好通商条約　55
日露戦争　59
日清戦争　56
日中戦争　7
日本三古湯　209
日本旅行業協会　19
日本列島改造論　117
ニューツーリズム　214
農村　198
ノーショウ（No Show）　92

は　行

バイラテラル　107
博物館　95, 187, 188, 230, 231
バスガイド　9, 126, 128, 129
パッケージツアー　22
パトロネージ　185
幅下限　71
ハブ・アンド・スポーク　105, 106
ハブ空港　74
バブル経済　69
バリアフリー　153
バルク運賃　67, 156
万国博覧会　1
犯罪　27
パンデミック　71

販売報奨金（キックバック，スケールメリット，
　　リベート，R）　69, 97
東日本大震災　75
被災遺構　225
ビジット・ジャパン・キャンペーン　74, 159
美術館　95, 187-190
フィルムツーリズム　214
ブーム　31, 32
複合観光資源　209
福祉的対応　50
仏教　150, 192, 193
負のインパクト　27
負の世界遺産　223
不平等条約　18, 55
プラザ合意　68, 157
フリークエント・フライヤーズ・プログラム
　　（FFP）　107
フルサービスキャリア（FSC）　105, 112, 113,
　　152
ブルントラント委員会　45
ブルントラントレポート　44
プロダクト・アウト　171
文化財　182, 183
文化財保護法　156, 177, 182
文化庁　183
分割・民営化　117
文化的景観　182, 211, 212
平和　12, 235-237
ペスト（黒死病）　184, 238
ボーイング747　67, 156
ホールセラー　71, 96
募集型企画旅行　77, 80-83, 86, 97, 128
ホスト（主人）　39, 206
ホスピタリティ　143, 144, 146-148, 217
ぼったくり　28, 49
ホテリエ　1
ホテルチェーン　21, 217
ボトムアップ　47

ま　行

マーケット（発地）　28, 29, 39
マイノリティ　39

マスツーリズム　31, 46
まちづくり　169
満州事変　58
ミレニアム開発目標（MDGs）　48
民営化　43
民俗文化財　182
民鉄（民営鉄道）　118
民泊　140
無形観光資源　214, 183
無形資源　180
無形文化遺産　221
無形文化財　182, 183
メタサーチエンジン　99, 103
メディチ家　185

や　行

有形文化財　182
ユニークベニュー　176, 177
ユニバーサルスタジオジャパン（USJ）　125
ユニバーサルデザイン　39
よそ者，若者，ばか者　171, 172
45・47体制　68, 70

ら　行

ランドオペレーター　→　ツアーオペレーター
リスク　27, 28
リスペクト　ii
リゾート法（総合保養地域整備法）　158
リテーラー　96
リピーター　2, 31
リベラルアーツ　i, 23
料飲部門　138
領事裁判権　55
料理長　3, 60
旅館業法　65, 135, 136, 155
旅館業法施行令　135
旅券法　68, 156
旅行あっ旋業法　65, 81, 156
旅行業者代理業　82
旅行業法　77

旅行サービス手配業　82, 95
レクリエーション　156
レスポンシブル・ツーリズム　49

わ　行

ワンワールド　106

欧　文

A350XWB　106
AI　152
BtoB　115
CRS　109
CRS規制法　109
DC-8　66
Destination Marketing Company　164
Food&Beverage　138
GDS　109, 111, 114
GHQ（連合国軍最高司令官総司令部）　64, 65
IATA（国際航空運送協会）　114, 234
ICOMOS（国際記念物遺跡会議）　218
IT運賃（包括旅行運賃）　67, 111
JNTO（日本政府観光局，国際観光振興機構，
　　国際観光振興会）　157, 165
LCC　74, 109-112
MICE　173-177, 181
NDC　114-116
NGO　27, 47
OTA　89, 96, 99-103, 137
Our Common Future　44
PDCAサイクル　164
Peace lover　236
Peace maker　236
SARS　71
SDGs　→　持続可能な開発目標
Travel, Enjoy, Respect　52
UNWTO（国連世界観光機関）　35, 43, 47, 49,
　　51, 165, 166
WTTC（世界旅行ツーリズム協議会）　47, 160,
　　161

《著者紹介》

島川　崇（しまかわ・たかし）

1970年　愛媛県松山市生まれ。
1993年　国際基督教大学卒業。
　　　　ロンドンメトロポリタン大学院MBA（Tourism & Hospitality）修了。
　　　　東京工業大学大学院情報理工学研究科情報環境学専攻博士後期課程満期退学。
　　　　国際基督教大学アーツ・サイエンス研究科博士後期課程在籍。
　　　　日本航空株式会社，財団法人松下政経塾，韓国観光公社客員研究員，株式会社日本総合研究所研究員，東北福祉大学，東洋大学を経て，
現　在　神奈川大学国際日本学部国際文化交流学科観光文化コース教授。日本国際観光学会会長（2016年〜2022年）。
　　　　総合旅行業務取扱管理者，総合旅程管理主任者，サービス介助士。
著　書　『観光につける薬——サスティナブル・ツーリズム理論』同友館，2002年。
　　　　『観光と福祉』（編著），成山堂書店，2019年。
　　　　『ケースで読み解くデジタル変革時代のツーリズム』（編著），ミネルヴァ書房，2020年，『人が活躍するツーリズム産業の価値共創』（編著），成山堂書店，2021年，ほか多数。

新しい時代の観光学概論
——持続可能な観光振興を目指して——

2020年11月1日　初版第1刷発行　　　　　　　〈検印省略〉
2022年11月30日　初版第3刷発行

定価はカバーに
表示しています

著　者　島　川　　　崇
発行者　杉　田　啓　三
印刷者　中　村　勝　弘

発行所　株式会社　ミネルヴァ書房
607-8494　京都市山科区日ノ岡堤谷町1
電話代表　（075）581-5191
振替口座　01020-0-8076

©島川　崇，2020　　　　　　中村印刷・藤沢製本

ISBN978-4-623-08673-3
Printed in Japan

竹内正人・竹内利江・山田浩之 編著　　　　　　　　　A 5 判・304頁
入門　観光学　　　　　　　　　　　　　　　　　本　体 2800円

高山陽子 編著　　　　　　　　　　　　　　　　　　　A 5 判・252頁
多文化時代の観光学　　　　　　　　　　　　　本　体 2800円
　　──フィールドワークからのアプローチ

西川克之・岡本亮輔・奈良雅史 編著　　　　　　　　　A 5 判・348頁
フィールドから読み解く観光文化学　　　　　本　体 2800円
　　──「体験」を「研究」にする16章

井口　貢・池上　惇 編著　　　　　　　　　　　　　　A 5 判・384頁
京都・観光文化への招待　　　　　　　　　　　本　体 3500円

安村克己・堀野正人・遠藤英樹・寺岡伸悟 編著　　　　B 5 判・224頁
よくわかる観光社会学　　　　　　　　　　　　本　体 2600円

寺本　潔・澤　達大 編著　　　　　　　　　　　　　　A 5 判・178頁
観光教育への招待　　　　　　　　　　　　　　本　体 2000円
　　──社会科から地域人材育成まで

遠藤英樹 著　　　　　　　　　　　　　　　　　　　　A 5 判・196頁
ツーリズム・モビリティーズ　　　　　　　　本　体 2500円
　　──観光と移動の社会理論

ヴァレン・L・スミス 編　市野澤潤平ほか 監訳　　　　A 5 判・468頁
ホスト・アンド・ゲスト　　　　　　　　　　　本　体 7000円
　　──観光人類学とはなにか

北川宗忠 編著　　　　　　　　　　　　　　　　　　　四六判・274頁
観光・旅行用語辞典　　　　　　　　　　　　　本　体 2500円

─────────── ミネルヴァ書房 ───────────
https://www.minervashobo.co.jp/